COLLECTION
FOLIO DOCUMENTS

Anna Politkovskaïa

La Russie
selon Poutine

Traduit de l'anglais
par Valérie Dariot

Gallimard

Titre original
PUTIN'S RUSSIA

The Harvill Press, Londres, 2004.

© Anna Politkovskaïa, 2004.
© Arch Tait, 2004, pour la traduction anglaise.
© Buchet/Chastel, un département de Meta-Éditions, 2005,
pour la traduction française.

Introduction

Ce livre est un portrait de Vladimir Poutine — et de la Russie qu'il dirige —, mais l'homme qu'il décrit ne correspond en rien à la vision idyllique que s'en fait l'Occident.

Confronté à la réalité russe, on ne conserve pas longtemps ses illusions. Vladimir Poutine, pur produit des services secrets, n'a pas réussi à dépasser ses origines et n'a jamais cessé de se conduire comme un lieutenant-colonel du tristement célèbre KGB. Aujourd'hui comme hier, sa principale préoccupation reste de régler ses comptes avec ses concitoyens épris de libertés, libertés qu'il s'obstine à piétiner comme il le faisait dans sa précédente carrière.

Ce livre proclame aussi que tout le monde en Russie n'est pas prêt à accepter sans mot dire les agissements de Poutine. Nous ne voulons plus être des esclaves, même si cela sert les intérêts de l'Occident. Nous exigeons la liberté.

Ce livre n'analyse pas la politique de Poutine, car je ne suis pas politologue. Je ne suis qu'une femme, un être humain parmi des millions, un visage dans les rues de Moscou, de Grozny ou de Saint-Pétersbourg. Ceci est un recueil de mes émotions griffonnées à la hâte dans les marges de la vie telle que les gens la vivent aujourd'hui en Russie. Il est encore trop tôt pour prendre le recul nécessaire à une analyse dépassionnée des choses. Je me contente de témoigner de l'instant présent et d'écrire ce que je vois.

1

L'armée russe
face aux mères de soldats

En Russie, l'armée est un système clos semblable à une prison. Comme dans une prison, nul n'y entre de son plein gré, et une fois que les autorités vous ont mis là, votre existence devient celle d'un esclave.

Dans tous les pays, l'armée est une grande muette, très discrète sur ses activités. Cela explique sans doute que, partout dans le monde, les généraux donnent l'impression d'appartenir à un club fermé dont les membres présentent un profil uniforme, quels que soient l'État et le gouvernement qu'ils servent.

Pourtant, au-delà des similitudes, l'armée russe possède ses spécificités, notamment dans les relations qu'elle entretient avec la population civile. Les pouvoirs publics civils n'ont aucun contrôle sur ses agissements. Dans la hiérarchie militaire, le simple soldat appartient à une caste méprisée. Il n'est personne et il n'est rien. Derrière les murs des casernes, un gradé peut lui faire subir n'importe quoi, au même titre qu'un officier supérieur a tous les droits sur l'un de ses subalternes.

Vous pensez sûrement que tout ne peut pas être aussi noir. Et, certes, il arrive parfois que les choses s'améliorent un peu, qu'un individu isolé prenne sur lui de rappeler ses hommes à la raison. Mais ce sont bien les seules lueurs d'espoir sur un horizon désolé.

Mais que font ceux qui dirigent le pays ? Le chef de l'État est aussi le commandant suprême des armées. On pourrait donc supposer qu'il est personnellement responsable de ce qui s'y passe.

Nos dirigeants, hélas, dès qu'ils prennent leurs fonctions au Kremlin ne font aucun effort pour lutter contre le sentiment d'impunité qui règne dans ses rangs. Bien au contraire, ils accordent toujours plus de pouvoir aux officiers d'état-major. Selon qu'il leur tiendra la bride plus ou moins serrée, les militaires soutiendront un leader politique ou bien saperont son autorité. Les seules tentatives d'humaniser tant soit peu notre armée furent entreprises sous Eltsine, dans le cadre d'un programme visant à promouvoir les libertés démocratiques. Elles firent long feu. Car nos dirigeants sont davantage préoccupés de se maintenir au pouvoir que de sauver la vie de simples soldats. Si bien que, soumis aux tirs de barrage de l'état-major général, Eltsine dut agiter le drapeau blanc et capituler.

Officier lui-même, Poutine n'a quant à lui rien tenté. Et c'est logique. Lorsqu'il est apparu dans le paysage politique russe comme un candidat à la présidence, et non plus comme le directeur honni du tant détesté FSB[1], il a d'emblée annoncé la couleur : l'armée, qui avait périclité sous Eltsine, allait connaître une renaissance. Pour relever la tête, il ne lui manquait qu'une seconde guerre en Tchétché-

1. FSB : Bureau fédéral de sécurité, le service de renseignement russe. (*Toutes les notes sont de la traductrice et de l'éditeur, à l'exception de celles qui sont spécifiquement indiquées comme étant de l'auteur.*)

nie. Tout ce qui s'est passé depuis dans le nord du Caucase trouve son origine dans cette profession de foi de notre président. Lorsque a éclaté la seconde guerre de Tchétchénie, les militaires ont reçu carte blanche et c'est en masse qu'ils ont voté en faveur de Poutine à l'élection présidentielle de 2000. Ce nouveau conflit leur offre, il faut le dire, de nombreux avantages : des décorations à la pelle et un avancement rapide dans la hiérarchie. Les généraux en service d'active trouvent là une occasion d'entamer une carrière politique et sont rapidement promus aux plus hautes fonctions. Après son humiliation sous Eltsine et sa défaite lors de la première guerre de Tchétchénie, la renaissance de l'armée est donc une mission accomplie.

Quel a été précisément le rôle de Poutine, nous le verrons dans les récits qui vont suivre. Il vous appartiendra ensuite de décider si vous désirez vivre dans un pays où vos impôts servent à financer une telle institution. Que ressentirez-vous lorsque votre fils atteindra l'âge de dix-huit ans et que la conscription le recrutera comme « matériel humain » ? Que penser d'une armée dont les soldats désertent chaque semaine, parfois par compagnies entières ? Que penser d'une année dans laquelle, pour la seule année 2002, plus de cinq cents hommes, soit l'équivalent d'un bataillon entier, sont morts non pas au combat, mais à la suite de mauvais traitements ; d'une armée dont les officiers volent sans vergogne, du billet de dix roubles envoyé à un soldat par ses parents à des colonnes entières de blindés ; d'une armée dont les officiers sont unis dans leur haine commune des mères de soldats, parce qu'il arrive parfois, quand le scandale va trop loin, que ces mères s'insurgent, qu'elles exigent des explications à la mort de leurs fils et demandent le châtiment des coupables ?

Nous sommes le 18 novembre 2002. Nina Levourda, institutrice retraitée après vingt-cinq ans de carrière, est une vieille femme usée, accablée de toutes sortes de maux. Ses gestes sont lents et pénibles, pourtant cela fait des heures qu'elle patiente, comme elle l'a souvent fait au cours de l'année écoulée, dans l'inconfortable salle d'attente du tribunal intermunicipal de Krasnaïa Presnaïa, à Moscou.

Nina n'a personne d'autre à qui s'adresser. C'est une mère sans fils. Pire, une mère sans la vérité sur son fils. Le lieutenant Pavel Levourda, né en 1975, était connu de l'armée sous le matricule U-729343. Il est mort en Tchétchénie au début de cette deuxième guerre dont le président Poutine annonçait qu'elle marquerait la renaissance de notre armée. Ce n'est pas son décès, mais les circonstances qui l'ont entouré et les événements qui l'ont suivi, qui ont poussé Nina à s'adresser aux instances judiciaires. Cela fait maintenant onze mois qu'elle les assiège avec un seul but : obtenir de l'État une explication officielle sur la raison pour laquelle son fils a été abandonné sur le champ de bataille. Et par la même occasion apprendre pourquoi, depuis sa mort, elle a été traitée avec un tel mépris par le ministère de la Défense.

Depuis sa plus tendre enfance, Pavel rêvait de devenir soldat. De nos jours une telle vocation n'est pas très répandue, loin de là. Lorsqu'ils s'inscrivent à l'Académie militaire, les garçons des familles pauvres ne poursuivent pas d'autre but que de retourner à la vie civile, une fois leur diplôme en poche. Les innombrables rapports rendus par le Bureau du président qui se félicitent d'une augmentation des candidatures à l'entrée dans les écoles militaires disent la vérité. Mais cet engouement est moins dû au prestige de l'institution qu'à l'extrême dénuement de ceux qui cherchent à obtenir une éducation par ce moyen. Cette situation explique également l'inquiétante pénurie de jeunes officiers. En effet, dès qu'ils quittent l'école, les nouveaux diplômés, pour éviter de rejoindre leur garnison, tombent gravement malades et envoient des certificats attestant qu'ils souffrent d'infirmités aussi sérieuses que soudaines. Dans un pays corrompu comme la Russie, de telles attestations ne sont pas difficiles à obtenir.

Mais Pavel n'était pas de ceux-là. Il souhaitait sincèrement devenir officier. Ses parents avaient tenté de l'en dissuader, parce qu'ils savaient quelle vie difficile l'attendait. Piotr Levourda, son père, était lui-même officier, et sa famille avait dû le suivre de garnison en garnison dans des endroits toujours plus reculés.

Rappelons qu'au début des années 1990 l'Union soviétique était en pleine désagrégation. Tout partait à vau-l'eau et il fallait être fou pour entrer dans une Académie militaire qui n'arrivait même plus à nourrir ses élèves.

Pourtant Pavel s'est accroché à son rêve. Il est parti étudier à l'École militaire supérieure d'Extrême-Orient. En 1996, nommé officier, il était affecté dans la région de Saint-Pétersbourg. Mais en 1998, on l'expédia dans l'enfer de la 58ᵉ armée.

En Russie, la 58ᵉ armée traîne derrière elle une réputation désastreuse et symbolise la dégénérescence de toute une institution. Certes, cette décomposition avait commencé avant l'arrivée de Poutine. Toutefois celui-ci porte en la matière une lourde responsabilité, parce qu'il laisse les officiers livrés à l'anarchie sans aucun contrôle et parce qu'il les place au-dessus des lois. Quels que soient leurs forfaits, ils ne sont, pour ainsi dire, jamais poursuivis.

La 58ᵉ armée, c'est aussi celle du général Vladimir Chamanov, héros des deux guerres de Tchétchénie, réputé pour sa très grande brutalité à l'encontre des populations civiles. Quand il s'est retiré du service, le général Chamanov s'est fait élire gouverneur de la province d'Oulianovsk, profitant de la notoriété acquise durant la seconde guerre de Tchétchénie. On ne compte plus, en effet, ses apparitions à la télévision pour informer le peuple russe que « tous les Tchétchènes sont des bandits » qui méritent d'être exterminés. Et ce discours lui a valu le plein soutien de notre président.

L'état-major de la 58ᵉ armée est basé à Vladikavkaz, la capitale de la république d'Ossétie du Nord, frontalière de la Tchétchénie et de l'Ingouchie. Ses troupes ont combattu durant la première guerre tchétchène et participent à la seconde. Suivant l'exemple de leur général, son haut commandement s'est forgé une sinistre réputation pour sa violence envers les civils tchétchènes, mais aussi envers ses propres hommes, soldats et officiers subalternes. C'est à Rostov-sur-le-Don que se situe le quartier général du district militaire du Caucase du Nord dont dépend la 58ᵉ armée. Dans cette ville de Rostov, les archives du Comité des mères de soldats sont constituées pour l'essentiel des dossiers d'hommes de troupe ayant déserté leur poste à la suite des brimades infligées par leurs supérieurs, les officiers de ce fameux corps, connu par ailleurs pour ses hauts faits en matière de pillage d'entrepôts militaires et de trahisons systématiques. Ce sont eux, par exemple, qui revendent à la résistance tchétchène des armes volées dans leurs propres arsenaux et se rendent ainsi coupables d'intelligence avec l'ennemi.

Je connais personnellement de nombreux jeunes officiers qui ont déployé des efforts inouïs pour éviter de servir dans ce corps. Mais Levourda n'a pas cherché à se défiler. Il est resté fidèle au poste, toutefois ses lettres se sont chargées de tristesse. Et quand il venait en permission, ses parents le voyaient s'étioler sous leurs yeux. Ils le suppliaient de démissionner, mais Pavel leur répondait : « Le devoir, c'est le devoir. » Il faisait manifestement partie de ces jeunes gens que les autorités peuvent décrire à juste titre comme d'authentiques patriotes. Il croyait sincèrement aux valeurs d'honneur et de mérite, à une renaissance de l'armée, mais pas à la manière d'un Poutine.

En 2000, Pavel Levourda tenait une occasion de refuser d'aller se battre dans le Caucase du Nord —, et qui aurait pu le blâmer s'il l'avait saisie ? À l'époque, nombre de jeunes officiers se sont fait exempter. Mais lui a expliqué à ses parents qu'il ne pouvait pas abandonner ses hommes.

Le 13 janvier 2000, il partait au combat et rejoignait, dans la région de Moscou, le 15e régiment d'infanterie motorisée de la 2e division de la garde, dite « division Taman » (unité n° 73881). Le 14 janvier, Nina entendait pour la dernière fois la voix de son fils au téléphone. Il avait signé un engagement spécial pour partir en Tchétchénie et…

Ce que présageait ce terrible « et » était parfaitement clair.

« J'ai pleuré, j'ai tout tenté pour le faire revenir sur sa décision, se souvient Nina, mais Pavel m'a répondu qu'il n'était plus possible de faire marche arrière. Alors j'ai demandé à ma nièce qui vit à Moscou de se rendre sur-le-champ à la division Taman et de parler à mon fils. Mais quand elle est arrivée sur les lieux, elle a appris qu'elle l'avait manqué de quelques heures. Pavel s'était déjà envolé pour Mozdok. » Cette ville se situe dans le nord de l'Ossétie, à la frontière avec la Tchétchénie. Quand la guerre a éclaté, l'endroit a servi de base principale au commandement unifié des forces et des troupes mobilisées pour l'opération antiterroriste de Poutine.

C'est ainsi que, le 18 janvier 2000, le matricule U-729343 posait le pied sur le sol tchétchène.

« Je suis actuellement cantonné dans le sud-ouest de Grozny […] », écrivait-il dans la seule et unique lettre qu'il envoya à ses parents durant sa guerre. Elle était datée du 24 janvier 2000.

« La ville est assiégée et les combats font rage. Les tirs ne s'arrêtent jamais. La ville est en flammes et le ciel obscurci par une épaisse fumée noire. Parfois un obus de mortier atterrit non loin de nous, ou bien c'est un missile largué par un bombardier qui siffle à nos oreilles. L'artillerie tonne jour et nuit. Les pertes dans notre bataillon sont épouvantables. Dans ma compagnie, tous les officiers ont été mis hors de combat. Celui qui dirigeait cette unité avant moi a été emporté par l'un de nos pièges explosifs. Lorsque je suis allé trouver le commandant de mon unité, celui-ci en attrapant maladroitement son fusil a par mégarde laissé partir une salve à quelques centimètres de moi. C'est un miracle que je n'aie pas été touché. Tous les gars ont rigolé et m'ont dit : "Pacha, avant toi, nous avons eu cinq officiers et toi tu as bien failli ne pas durer plus de cinq minutes !" Les hommes ici sont sympathiques, mais sans grande force de caractère. Les officiers sont sous contrat[1]. Quant aux appelés, bien que très jeunes, ils se tiennent correctement, dans l'ensemble. Nous dormons tous sous la tente, à même le sol. Nous sommes infestés par la vermine et nous mangeons de la merde. Rien de nouveau sous le soleil. Nous n'avons aucune idée de ce qui nous attend. Nous allons peut-être attaquer, mais on ne sait pas quand. Ou bien nous resterons ici à macérer dans notre jus jusqu'à en devenir dingues. Ou bien encore, ils nous rassembleront et nous réexpédieront tous à Moscou. Ou Dieu sait quoi encore. Je ne suis pas malade, mais mon moral est au plus bas. Je vous quitte en vous embrassant très fort.

« Votre Pacha. »

Ce n'était certes pas une lettre faite pour rassurer des parents inquiets. Mais, à la guerre, on perd cette faculté de rassurer les autres, de ménager la sensibilité de ceux qui sont restés au loin quand soi-même on a été choqué au-delà de toute mesure.

Toutefois, il s'est avéré par la suite qu'en écrivant cette lettre Pavel avait réellement voulu rassurer ses parents. Car, lorsqu'il l'a rédigée, il n'était pas couché dans une tente à s'interroger sur son avenir. Depuis le 21 janvier, en effet, il participait vraiment à la guerre. Il avait d'abord pris le commandement

1. Des militaires de réserve recrutés à travers le pays pour faire la guerre en Tchétchénie.

d'une pièce de mortier, puis de toute la compagnie. Les autres officiers étant effectivement hors de combat, il ne restait plus que lui pour diriger les hommes.

Il ne se trouvait pas non plus aux abords de Grozny, comme il le prétendait.

Le 19 février, dans le village d'Ouchkaloï, district d'Itoum-Kaline, alors qu'il portait assistance aux groupes de reconnaissance de son bataillon pris dans un encerclement et qu'« il couvrait la retraite de ses camarades », selon les termes officiels de sa citation à l'ordre du Courage, le lieutenant Levourda succombait « à une importante hémorragie due à de multiples blessures par balle ».

Pavel Levourda est donc mort à Ouchkaloï. Durant l'hiver 2000, les combats y étaient féroces. Une guerre de partisans acharnée se disputait dans les forêts et les étroits sentiers de cette région montagneuse. Mais, s'il était mort, où donc était son corps ?

La famille n'a vu venir aucun cercueil contenant les restes de celui qui avait été le fils de Nina Levourda. Si elle n'avait pas de corps à ensevelir, c'était parce que l'État, que le jeune homme avait défendu avec loyauté et au péril de sa vie, l'avait tout bonnement perdu.

Endossant le double rôle d'enquêteur et de procureur militaire, Nina découvrit que le 19 février 2000, date officielle du décès de son fils, les fameux camarades dont il devait couvrir la retraite s'en étaient effectivement sortis, mais en abandonnant derrière eux Pavel ainsi que six autres soldats qui les avaient sauvés en ouvrant une brèche dans leur encerclement. Ces derniers, bien que blessés, étaient toujours en vie. Ils ont hurlé et supplié leurs compagnons de leur porter secours, comme en ont plus tard témoigné les habitants du village. Ces montagnards ont eux-mêmes bandé les plaies des blessés, mais ils ne pouvaient pas faire plus. Ouchkaloï est un petit village isolé, sans hôpital, sans médecin, sans même une infirmière.

Pavel Levourda a été abandonné sur le champ de bataille, puis on l'a oublié. On a oublié son corps, oublié qu'une famille attendait son retour. Les survivants ont effacé de leur mémoire ceux qui y étaient restés pour qu'ils puissent continuer à vivre.

Le sort honteux réservé à Pavel Levourda après sa mort est une parfaite illustration de l'état d'esprit qui règne dans notre armée. Pour elle, l'être humain n'est rien. Personne ne tient la comptabilité des troupes et nul ne se sent responsable vis-à-vis des familles.

L'armée ne s'est souvenue de Pavel Levourda que le 24 février lorsque, selon les informations fournies par l'état-major général en Tchétchénie, le village d'Ouchkaloï vidé de ses *boïeviki*[1] est repassé sous le contrôle des forces fédérales. (Cette version en réalité a été mise au point *a posteriori* pour prouver qu'« il n'existait aucune possibilité objective » de récupérer le corps de Pavel.)

Le 24 février, l'armée a bien rapatrié d'Ouchkaloï les corps de six des sept soldats qui avaient brisé l'encerclement du village. Mais n'ayant pas retrouvé celui de Pavel, elle l'oublia.

Pendant ce temps, sa mère se rongeait les sangs. Depuis le 7 février, date à laquelle elle avait reçu l'unique lettre de son fils, elle ne savait plus rien de

1. Terme à connotation péjorative qui désigne les combattants indépendantistes tchétchènes.

lui. Le service d'information téléphonique mis en place par le ministère de la Défense ne lui était d'aucun secours. Lorsqu'elle parlait avec les officiers de permanence du chagrin qui la rongeait lentement, il lui semblait parler à une machine. Invariablement, elle obtenait d'eux la même réponse : « Le lieutenant Pavel Petrovitch Levourda ne figure pas sur la liste des soldats morts ou portés disparus. »

Pendant plusieurs mois, Nina a écouté les informations prétendument complètes fournies par le service. Le plus incroyable, c'est que même après qu'elle eut localisé les restes de son fils par ses propres moyens, après qu'elle eut été officiellement informée de sa mort, personne ne prit la peine de mettre à jour la base de données de cette permanence téléphonique.

Mais pour en revenir au déroulement des faits, le 20 mai, soit trois mois après les combats d'Ouchkaloï, la police locale mettait au jour « une fosse contenant les restes d'un homme dont le corps portait les signes d'une mort violente ». Ce n'est pourtant que le 6 juillet, après encore un mois et demi d'appels quotidiens au service téléphonique de renseignement et au commissariat militaire local, que la police consentit à remplir, sous le numéro 464, le formulaire de réponse à une demande d'information sur une personne disparue.

Le 19 juillet, le formulaire parvenait enfin au service de police judiciaire de Briansk, la ville où résidaient alors les parents de Pavel. À l'époque où elle faisait le tour de toutes les administrations, Nina avait signalé la disparition de son fils auprès de la police locale. C'est ainsi que, le 2 août, l'inspecteur Abramochkine de la police criminelle se présenta au domicile des Levourda.

La seule personne présente était une autre Nina, la nièce de Pavel, alors âgée de quatorze ans. L'inspecteur la questionna à propos de son oncle, lui demanda quelle sorte d'affaires personnelles il avait sur lui, et fut très surpris d'apprendre que le disparu était un soldat. L'inspecteur Abramochkine s'était vu confier cette enquête de routine. C'était donc lui et non un envoyé officiel du ministère de la Défense qui venait informer la mère d'un héros que son fils avait été officiellement classé parmi les personnes disparues et que, depuis le 20 février, le versement de sa solde et de toute autre forme de rémunération était suspendu. La police d'Itoum-Kaline avait envoyé l'inspecteur sur les lieux pour qu'il obtienne des parents de Pavel « l'adresse postale du campement permanent de l'unité 73881 dans laquelle servait leur fils », en vue de prendre contact avec son commandant et d'éclaircir les circonstances entourant la mort d'un homme qui, selon la description qu'en avait faite sa mère, ressemblait à l'un de leurs officiers.

Le passage entre guillemets est extrait d'un courrier officiel et il nous en dit long sur les réalités de notre armée et sur la nature de cette guerre que mène Poutine dans le Caucase. Dans cette armée, la main droite ignore ce que fait la main gauche. Il y est donc plus simple d'adresser un courrier à des parents vivant au loin que de passer un coup de fil au quartier général des forces armées à Khankala (une base militaire située près de Grozny).

L'inspecteur Abramochkine, en voyant l'état de désarroi de cette famille, incita Nina Levourda à se rendre au plus vite à Rostov-sur-le-Don. Il avait appris, en effet, que les restes d'un soldat inconnu, rapatriés d'Ouchkaloï, avaient été déposés à la morgue militaire pour y être identifiés par le colonel Vladimir Chtcherbakov, directeur du laboratoire de médecine légale n° 124. Il convient de souligner ici que le colonel Chtcherbakov est un homme réputé et respecté en Russie, parce qu'il accomplit sa mission non par soumission au haut commandement et à l'état-major général, mais avec un sens profond de son devoir envers les familles.

Abramochkine conseilla aussi à Nina de ne pas trop espérer, parce qu'en Russie tout est possible, et confondre un cadavre avec un autre y est chose fréquente. Dans le même temps le Comité des mères de soldats[1] de Briansk apportait son assistance à la famille, et c'est grâce à ses bons offices et aux efforts de l'inspecteur Abramochkine que le prestigieux 15e régiment de la garde et la non moins prestigieuse division Taman reconnurent enfin que le septième corps oublié à Ouchkaloï par ses soi-disant camarades pouvait bien être celui de Pavel Levourda.

« Nous sommes arrivés à Rostov le 20 août, me raconte Nina. Aussitôt, je me suis rendue au laboratoire médico-légal. L'entrée n'était pas gardée. J'ai pénétré dans le bâtiment et j'ai poussé la porte de la première salle d'autopsie. Sur la table, une tête sans corps reposait sur un support. Ce n'était déjà plus qu'un crâne, mais je l'ai immédiatement identifié, même s'il y en avait d'autres à côté. C'était bien celui de Pavel. »

Pouvons-nous mesurer ou racheter la douleur éprouvée par cette mère ? Évidemment non. Qui pourrait de toute façon contester à des médecins

---

1. Créé en 1989, le Comité des mères de soldats, né de la société civile, œuvre pour la défense des droits des appelés et des soldats.

légistes le droit d'exposer des crânes humains sur leur table d'autopsie ?

Mais le fait est que nous devenons chaque jour un peu plus une nation endurcie, indifférente à la souffrance d'autrui, une nation amorale.

Après sa terrible rencontre avec le crâne de son fils, qu'elle avait effectivement identifié sans erreur, on administra à Nina un sédatif. Peu après, un représentant de l'unité 73881 se présenta à elle. L'inspecteur Abramochkine, ayant appris des Levourda l'adresse de cette unité, avait télégraphié au commandant qui avait dépêché un homme à Rostov-sur-le-Don pour les formalités.

L'émissaire montra à Nina un document, qu'elle eut le temps de lire avant de perdre connaissance. Ce papier disait que le lieutenant-colonel A. Dragounov, commandant par intérim de l'unité 73881, et le lieutenant-colonel de la garde A. Pochatenko, chef d'état-major de cette même unité, demandaient que l'on informât les « citoyens Levourda » du fait que, « lors d'une mission militaire, leurs fils, fidèle à son engagement de soldat, manifestant courage et détermination, était mort au combat ». Visiblement, l'unité cherchait à effacer toute trace de son regrettable oubli.

Quand Nina reprit ses esprits, elle lut ce document plus attentivement et constata qu'il n'indiquait pas quand son fils était mort.

« Il n'y a pas de date, fit-elle remarquer à l'émissaire.

— Inscrivez vous-même celle qui vous conviendra, répondit-il.

— Comment ça, l'inscrire moi-même ? s'emporta Nina. Je connais la date de naissance de mon fils. Je suis en droit de connaître celle de sa mort. »

L'homme haussa les épaules avec l'air de dire : « Je ne fais qu'obéir aux ordres. » Puis il lui donna à lire un extrait d'une directive donnée aux forces opérationnelles de « rayer le lieutenant Levourda de la liste des membres du régiment ». Celui-ci non plus ne portait ni date ni motif, mais il arborait de nombreux tampons et des signatures en bas de page. Du même air candide, l'homme suggéra à Nina de remplir elle-même les blancs et la pria, une fois rentrée chez elle, de remettre le document au commissariat militaire local afin qu'il puisse rayer Pavel de ses registres.

Nina s'abstint de répondre. À quoi bon discuter avec celui qui n'a ni cœur, ni esprit, ni âme ?

« Ce serait plus commode, vous comprenez, poursuivit l'émissaire, ça m'éviterait d'aller moi-même jusqu'à Briansk. »

C'était évidemment plus facile. La vie est tellement plus simple quand on ne s'embarrasse pas des détails. Prenez Sergueï Ivanov, notre ministre de la Défense, fidèle ami de Poutine depuis l'époque où celui-ci travaillait pour le FSB à Saint-Pétersbourg. Il ne se passe pas une semaine sans qu'il apparaisse sur nos écrans de télévision pour nous lire les communiqués de guerre du président. Sur le ton qu'empruntait déjà Goebbels durant la Seconde Guerre mondiale, il martèle que personne ne nous forcera à « nous agenouiller devant les terroristes » et qu'il entend poursuivre la guerre en Tchétchénie jusqu'à sa « fin victorieuse ». Jamais le ministre ne prononce une parole pour les soldats et les officiers qui lui permettent, ainsi qu'à son président, de ne pas perdre la face en « s'agenouillant devant les terroristes ». Il s'agit là d'une ligne politique clairement néosoviétique : l'être humain n'a aucun droit à une existence autonome, il n'est que le rouage d'une machine et n'a d'autre fonction que de mettre en œuvre sans état d'âme les desseins politiques de ceux qui sont au pouvoir. Un rouage n'a pas de droit, il n'a même pas droit à une mort digne.

Oui, il est tellement plus commode d'être un esprit simple, de renoncer à tous les détails complexes, de ne pas chercher à savoir, au-delà des formules toutes faites, comment se traduit sur le terrain la ligne du Parti et du gouvernement. Dans le cas qui nous occupe, ces détails sont que, le 31 août 2000, le matricule 729343 fut finalement enseveli dans la ville d'Ivanovo, où les parents de Pavel avaient déménagé pour fuir Briansk et les sombres souvenirs qui lui étaient attachés. Nina avait reçu de l'institut de médecine légale de Rostov le crâne qui était vraisemblablement tout ce qui restait du corps de son fils.

En Russie, beaucoup de gens ont entendu parler de Nina Levourda, parce que très exactement neuf jours après avoir porté en terre la dépouille de son fils, si durement arrachée aux instances militaires, elle se rendit au quartier général du 15e régiment, dans la région de Moscou. En quittant Ivanovo, elle n'avait pas d'autre intention que de rencontrer face à face les officiers qui avaient commandé Pavel, de les regarder dans les yeux et d'y lire, qui sait, des remords pour toutes ces choses qu'ils avaient oublié de faire.

« Bien sûr, je ne m'attendais pas à des excuses, me confie-t-elle, mais j'espérais au moins voir un peu de compassion sur leur visage. »

Seulement voilà, lorsqu'elle arriva à la division Taman, personne ne voulut recevoir cette mère. Le commandant n'était pas disponible. Pendant trois longs jours, Nina resta à l'attendre, sans rien boire de chaud, sans manger, sans dormir, sans que quiconque ait pour elle la plus petite attention. Les officiers passaient en courant devant elle, comme des cafards, et faisaient semblant de ne pas remarquer sa présence. C'est alors que Nina se fit le serment de poursuivre l'État en justice, d'engager une action contre le ministère de la Défense et contre son plus haut représentant, Sergueï Ivanov, pour les souffrances morales qu'on lui avait infligées, non par le décès de son fils — après tout il était mort dans l'accomplissement de son devoir — mais par ce qui s'était passé ensuite. En clair, elle voulait obtenir des réponses à ses questions et connaître le nom du responsable.

Nina obtint des résultats. Tout d'abord, son fils fut décoré de la médaille du Courage à titre posthume et la cérémonie eut lieu au commissariat militaire d'Ivanovo. Ensuite, l'armée prit sa revanche. Le ministère de la Défense et la division Taman partirent en guerre contre cette mère qui avait osé exprimer son indignation face à leur attitude. En l'espace d'un an à peine, il n'y eut pas moins de huit audiences devant le tribunal, la première le 26 décembre 2001, la dernière le 18 novembre 2002, mais sans aucun résultat. La cour ne put même pas se prononcer sur le bien-fondé de la plainte déposée par Nina. Sûrs de leur immunité, les représentants du ministère de la Défense ne se donnèrent pas la peine de se présenter aux audiences. Ils auraient eu tort d'agir autrement. La plainte de Nina Levourda contre l'État russe fut en effet examinée par le juge Tioulenev du tribunal intermunicipal de Krasnaïa Presnaïa, à Moscou, qui conclut qu'une mère n'avait « aucun droit d'information » sur le corps de son propre fils, et que le ministère de la Défense n'était par conséquent nullement tenu de lui fournir de tels renseignements. Nina s'adressa au tribunal municipal de Moscou où, au vu de l'absurdité du précédent verdict, le dossier fut renvoyé devant la cour de Krasnaïa Presnaïa pour une nouvelle audience. La technique employée par la machine étatique contre cette mère endeuillée consista, pour les représentants officiels du ministre Ivanov et du haut commandement des forces terrestres dont dépendent la division Taman et le 15e régiment d'infanterie motorisée, à boycotter systématiquement les séances du tribunal. Si bien que Nina Levourda continuait de perdre ses journées à effectuer le voyage d'Ivanovo à Moscou pour se retrouver face à un banc des accusés vide. Nina, une pauvre femme qui ne percevait qu'une retraite d'État à peine suffisante pour lui éviter de crever de faim et dont le mari avait sombré dans la boisson après les funérailles de leur fils, incapable de faire face à leur douleur.

Au tribunal de Krasnaïa Presnaïa, où son dossier avait été renvoyé par la cour municipale de Moscou, la juge Bolonina finit par perdre patience et, à la cinquième absence des accusés, elle condamna le ministère de la Défense à une amende de 8 000 roubles. Hélas, cette amende fut payée par les contribuables russes et non prélevée sur les deniers personnels de M. Sergueï Ivanov. La loi russe ne prévoit rien de tel. Elle ne défend pas les intérêts des plus faibles, mais ceux des autorités détentrices du pouvoir.

Le 18 novembre 2002, après leur condamnation à cette amende, les représentants du ministère se présentèrent enfin au tribunal, toutefois leur comportement était pour le moins étrange. Ils prétendirent ne rien connaître de l'affaire, refusèrent de décliner leur identité et imputèrent tous les problèmes à l'incurie qui régnait dans leur administration. Cette fois, le procès fut ajourné au 2 décembre.

Dans le sinistre couloir du tribunal, Nina pleurait.

« Pourquoi se conduisent-ils de cette façon ? demandait-elle. À les voir, on croirait qu'ils n'ont rien à se reprocher. »

Comme j'envie notre ministre de la Défense si impitoyable envers son propre peuple. Pour lui, les choses sont simples, il ne s'encombre pas de détails, avec les mères des soldats tombés dans sa « guerre contre le terrorisme », dont il nous parle avec des trémolos dans la voix. Il n'entend pas leur chagrin, il ne ressent par leur douleur. Il ne sait rien des existences qu'il a détruites, rien des milliers de mères et de pères abandonnés par le système pour qui leurs enfants ont donné leur vie.

« Poutine ne peut pas tout faire », proteste le chœur des partisans du président russe.

C'est vrai, il ne peut pas tout faire. Son rôle est de réfléchir aux méthodes, de donner le ton, car, en Russie, tout le monde imite l'homme qui siège à la tête de l'État.

À présent, vous connaissez sa vision de l'armée. Poutine porte l'entière responsabilité de la brutalité implacable qui imprègne cette institution et l'État tout entier. La brutalité est un dangereux virus qui peut rapidement infecter toute une société. D'abord dirigée contre le peuple tchétchène, elle est maintenant utilisée contre les citoyens russes, ceux que les chantres du patriotisme appellent « les nôtres », y compris ces mêmes « nôtres » qui, par patriotisme, se sont battus contre les premières victimes de cette infection.

« Il avait fait un choix, c'est vrai. Il a suivi son destin », dit Nina en essuyant ses larmes. La juge Bolonina passe devant nous dans sa robe. L'expression de son visage est impénétrable. « Mais tout de même, ce sont des hommes comme nous autres. »

Le sont-ils vraiment ? Parfois quand je vois l'image glaciale de Poutine, je me pose la question. S'il y a en lui quoi que ce soit d'humain, il le cache bien.

CINQUANTE-QUATRE SOLDATS
RETOURNENT CHEZ LEUR MÈRE

Les gens émigrent de Russie quand ils ne peuvent y rester plus longtemps sans mettre leur vie en péril, ou bien quand l'État menace leur intégrité et leur dignité. Le 8 septembre 2002, c'est exactement ce qui s'est produit dans les rangs de l'armée lorsque cinquante-quatre soldats ont abandonné les armes et voulu rentrer chez eux.

Le centre d'entraînement de la 20ᵉ division d'infanterie motorisée de la garde s'étend à la sortie du village de Proudboï dans la région de Volgograd. C'est là que viennent d'être expédiés les hommes de la 2ᵉ section de l'unité 20004 depuis leur base permanente de Kamychine, située dans cette même région de Volgograd.

L'événement n'a rien d'inhabituel. Ces soldats ont été amenés là afin de recevoir une formation dispensée par leurs officiers supérieurs, leurs « pères-commandants ». Mais voilà que le 8 septembre, ces mêmes officiers, le lieutenant-colonel Kolesnikov, les majors Chiriaïev et Artemiev, les lieutenants Kadaïev, Korostylev et Kobets ainsi que le sous-lieutenant Pekov décident de mener une enquête qui n'est pas de leur ressort. Alors que les soldats sont rassemblés pour l'exercice, ils apprennent que des investigations vont être menées afin de découvrir qui a volé pendant la nuit un VDR, véhicule de débarquement et de reconnaissance, appartenant au centre.

Par la suite, les soldats affirmeront que personne n'avait volé ce véhicule et qu'il était resté à son emplacement habituel, sur le parc de stationnement de la division. Seulement voilà, les officiers s'ennuyaient. Ils se soûlaient depuis plusieurs jours, se sentaient probablement mal d'avoir tant bu et avaient décidé de se divertir en bousculant un peu leurs hommes. Ce n'était pas la première fois qu'un tel incident se produisait au centre d'entraînement de Kamychine qui souffrait d'une réputation exécrable.

Après cette annonce, un premier groupe de soldats est entraîné dans la tente des officiers. Il s'agit des sergents Koutouzov et Kroutov et des deuxièmes classes Gueneralov, Gourski et Gritsenko. Les autres reçoivent l'ordre d'attendre dehors. Bientôt ils entendent les cris et les grognements de douleur de leurs camarades roués de coups par les officiers. Quand on les jette hors de la tente, les hommes de ce premier contingent rapportent que les officiers les ont frappés sur les fesses et sur le dos avec des manches de pelle et leur ont distribué des coups de pied dans le ventre et les côtes. Leur corps porte des traces visibles de ces sévices.

Sur ce, les officiers leur annoncent qu'ils vont

faire une pause. Le lieutenant-colonel, les deux majors, les trois lieutenants et le sous-lieutenant vont manger et ils informent le reste des soldats que quiconque refusera de révéler le nom de celui qui a volé le VDR sera battu comme ceux qui gisent à présent dans l'herbe, devant la tente.

Sur ce, les gradés partent avaler leur soupe.

Quant aux soldats, ils prennent la tangente. Ils se mutinent et choisissent de ne pas attendre comme des moutons partant à l'abattoir. Ils laissent derrière eux les sentinelles, car déserter son poste est un crime passible de la cour martiale et du bataillon disciplinaire, ainsi que les soldats Koutouzov, Kroutov, Gueneralov et Gritsenko qui ne sont pas en état de marcher.

Leur colonne quitte le centre d'entraînement et prend la direction de Volgograd, où les cinquante-quatre soldats espèrent trouver de l'aide.

Quelque cent quatre-vingts kilomètres séparent Proudboï de Volgograd, c'est une longue distance, mais les hommes la couvrent et marchent en rang, sans chercher à se cacher, le long d'une route très fréquentée, notamment par les gradés de la 20e division. Aucun véhicule ne s'arrête, personne ne songe à demander à ces soldats où ils se rendent sans officier, en violation du règlement militaire.

Ils marchent jusqu'à la tombée de la nuit, puis s'arrêtent pour dormir dans un bosquet à proximité de la route. Personne ne se lance à leur recherche. Pourtant en quittant le mess après leur repas, un lieutenant-colonel, deux majors, trois lieutenants et un sous-lieutenant ont pu constater une importante baisse de leurs effectifs dans la 2e section, puisqu'il ne leur reste pour ainsi dire plus aucun homme à commander.

Cela ne les empêchera pas d'aller se coucher sans savoir où sont passés les soldats dont ils sont responsables au regard de la loi. Ils savent pertinemment qu'en Russie aucun officier n'a jamais été inquiété pour un accident survenu à l'un de ses hommes.

Le 9 septembre, au petit matin, les cinquante-quatre mutins se remettent en route, une fois encore sans que leur présence le long de cette nationale n'éveille la curiosité du moindre officier.

Ce contingent d'hommes animés par le respect de leur dignité marche pendant un jour et demi et personne dans la 20ᵉ division ne signale leur disparition. Le 9 septembre au soir, ils font leur entrée dans Volgograd sans se cacher. Ils sont remarqués par la police, sans éveiller son intérêt, et continuent jusqu'au centre-ville.

« Il était environ 6 heures du soir et nous nous apprêtions à rentrer chez nous quand soudain le téléphone a sonné et une voix nous a demandé : "Est-ce qu'il serait possible de venir vous voir, si vous n'êtes pas fermé ?" rapporte Tatiana Zozoulenko, directrice de l'organisation Droits des mères pour la région de Volgograd. "Venez !" ai-je répondu. Mais j'étais loin de m'attendre au spectacle que j'allais découvrir. Quatre jeunes soldats sont entrés dans notre minuscule bureau et nous ont annoncé qu'ils étaient en tout cinquante-quatre. Je leur ai demandé où étaient les autres et ils m'ont conduite au sous-sol du bâtiment. Tous leurs camarades se tenaient là. Cela fait onze ans que je travaille pour cette organisation, mais je n'ai jamais rien vu de tel. Ma première préoccupation a été de savoir où nous allions tous les mettre, car c'était déjà le soir. Nous leur avons demandé s'ils avaient mangé. "Non, nous ont-ils répondu, pas depuis hier." Plusieurs de nos collègues sont parties acheter tout le pain et le lait qu'elles purent trouver. Les garçons se sont jetés sur cette nourriture comme des chiens affamés, mais c'était un spectacle auquel nous étions habitués. Les soldats sont très mal nourris dans leurs régiments et souffrent de malnutrition chronique. Lorsqu'ils ont été rassasiés, je leur ai demandé : "Quel but poursuivez-vous par votre mutinerie ?" Ils m'ont dit : "Nous voulons que les officiers coupables d'avoir frappé nos camarades soient punis." Nous avons décidé de les faire dormir par terre, dans nos locaux, et de nous laisser jusqu'au matin pour agir. Le lendemain, à la première heure, nous irions au bureau du procureur de la garnison. J'ai verrouillé la porte et je suis rentrée chez moi. Je n'habite pas loin des bureaux et je me disais que je serais rapidement sur place si on avait besoin de moi. À 11 heures ce soir-là, je les ai appelés, mais personne ne m'a répondu. J'ai pensé qu'ils étaient épuisés et qu'ils dormaient déjà ou bien qu'ils avaient peur de décrocher. À 2 heures du matin, j'ai été réveillée par notre avocat, Sergueï Semouchine. Il avait reçu un appel anonyme qui le prévenait de "protéger les locaux". Quelques minutes plus tard, j'étais sur place. À l'extérieur de notre bâtiment stationnaient des voitures militaires avec à leur bord des officiers. Les soldats avaient disparu. Les officiers ne se sont pas présentés et quand je leur ai demandé où étaient passés les hommes, ils n'ont pas répondu. »

Les membres de l'organisation découvriront ensuite que leurs ordinateurs, qui renfermaient des informations sur des délits commis au sein de la 20e division, ont été piratés et pillés. Sous un tapis, ils trouveront un mot d'un soldat disant qu'il ignore où on les emmène, qu'ils sont battus et demandent de l'aide.

Qu'ajouter d'autre ? Les officiers du centre d'entraînement n'ont bizarrement remarqué la disparition de leurs hommes qu'après avoir reçu un appel de leurs supérieurs dans la soirée du 9 septembre. Tatiana Zozoulenko venait d'alerter les médias de Volgograd et l'histoire des soldats en vadrouille avait été diffusée sur les ondes. L'état-major régional avait aussitôt demandé des explications aux officiers. Et c'est ainsi que, durant la nuit, des voitures s'étaient garées devant les locaux de l'organisation Droits des mères et que les cinquante-quatre soldats absents à l'appel avaient été mis aux arrêts dans les cellules de la Kommandantur.

Par la suite, ces soldats seront rendus à leur unité et à ces mêmes officiers dont les mauvais traitements les ont poussés à la mutinerie. Tatiana Zozoulenko demandera au procureur militaire Tchernov, dont la fonction est de veiller au respect de la loi au sein de sa garnison de Volgograd, pourquoi il a agi de cette façon et, sans ciller, celui-ci lui répondra : « Parce que ce sont nos hommes. »

Le mot est lâché, ce sont nos hommes, autant dire nos esclaves. Cette histoire nous rappelle que, dans l'armée russe, rien ne change. Il faut y veiller à protéger constamment une conception pervertie de l'honneur des officiers, honneur jugé plus important que la vie et la dignité d'un simple soldat. Si ce jour-là cinquante-quatre hommes ont déserté le centre d'entraînement de Kamychine, la cause en est une détestable tradition militaire russe qui veut que le soldat appartienne corps et âme à son officier. Ce dernier a toujours raison et peut traiter comme il l'entend les hommes placés sous ses ordres. Mais cet épisode nous amène aussi à un triste constat : l'idée d'un contrôle civil des instances militaires, qui fit couler tant d'encre sous Eltsine et donna même lieu à un projet de loi, est aujourd'hui morte et enterrée. Le président Poutine a une vision très traditionaliste de l'armée et de ses officiers. Il ne voit aucune utilité à une surveillance civile des forces armées.

Derrière cette histoire, ce qui est en jeu, c'est la réputation de la 20ᵉ division — ou division Rokhlin, du nom de son commandant, Lev Rokhlin, héros de la première guerre de Tchétchénie et aujourd'hui député de la Douma (chambre basse du Parlement) — et en particulier de son unité 20004, dont la renommée dépasse largement la région de Volgograd et s'étend à toute la Russie.

« Pendant toute une année, nous avons envoyé des informations concernant des délits commis par les officiers de l'unité 20004 au bureau du procureur militaire, principalement à M. Tchernov, mais aussi à tous les échelons de la hiérarchie, jusqu'au parquet militaire général à Moscou, m'explique Tatiana Zozoulenko. Cette unité est en tête de notre classement pour le nombre de plaintes reçues de soldats. Les officiers battent leurs hommes, et ils extorquent leur solde de service d'active à ceux qui rentrent de Tchétchénie (la 20ᵉ division a participé à la première et à la seconde guerre de Tchétchénie et elle continue de combattre dans cette région). Nous avons remué ciel et terre, mais sans aucun résultat. Le bureau du procureur a étouffé l'affaire. L'épisode du centre d'entraînement de Kamychine est un exemple de la totale impunité dont bénéficient les officiers, et son issue était prévisible[1]. »

D'AUTRES TÉMOIGNAGES

Comme tous les pays, la Russie octroie à l'armée une part de son budget qui donne lieu à d'amples débats. Le lobby militaire fait pression pour obtenir de nouveaux investissements et les dépenses sont payées par les deniers publics. Jusque-là, rien d'anormal, tous les États procèdent ainsi. Toutefois, la Russie a ceci de particulier qu'elle est un fabricant d'armes et qu'elle vend sa production dans le monde entier. Rappelons que le célèbre kalachnikov est notre invention. Pour beaucoup de Russes, c'est même une source de fierté.

Mon propos n'est pas de noyer le lecteur sous les chiffres. Je me demande seulement si les gens sont

---

1. Cette histoire reçut une immense publicité, à tel point qu'une enquête officielle fut ouverte sous l'autorité du procureur général militaire. Celle-ci a établi que les officiers avaient certes abusé de leur pouvoir durant l'« entraînement » de leurs hommes, mais que les soldats, par leur mauvais comportement, avaient poussé leurs supérieurs à perdre leur sang-froid. L'affaire ne fut pas jugée. Aucun des officiers incriminés ne fut condamné. Les soldats furent dispersés dans différentes unités afin de prévenir toute nouvelle mutinerie. Ce jugement de Salomon a été rendu par un système judiciaire tenu de bout en bout par les seules forces armées. Dans les affaires de ce type, l'enquête est confiée au procureur militaire. Les juges des tribunaux militaires sont eux-mêmes des membres des forces armées qui ont prêté serment de loyauté et sont subordonnés à une hiérarchie qui remonte jusqu'au ministère de la Défense. Il résulte d'un tel système que le parquet et les magistrats n'ont aucune indépendance dans les jugements qu'ils rendent *(N.d.A.)*.

heureux de l'ordre établi par le président Poutine, car c'est à mes yeux le meilleur critère pour juger des actes d'un chef d'État. C'est en cherchant une réponse à cette question que je me rends au Comité des mères de soldats. Aux femmes présentes, je demande : « Vos fils étaient-ils contents de rejoindre l'armée ? Est-ce que cela a fait d'eux des hommes ? » Leurs témoignages sont édifiants.

Dans un tableau, à mon avis, ce sont les petits détails qui ont le plus d'importance.

Micha Nikolaïev vivait dans la région de Moscou. Sa famille l'a vu partir à l'armée en juillet 2001. Il était affecté à un poste frontière, à dix heures de vol de la capitale, dans le village de Goriatchi Pliaj, sur l'île d'Anoutchina, dans l'archipel des Petites Kouriles.

Les Petites Kouriles sont l'objet d'un contentieux territorial qui nous oppose au Japon depuis la Seconde Guerre mondiale. Aussi, pendant que nos politiciens se disputent avec leurs homologues nippons, il faut bien que quelqu'un garde la frontière. C'était la mission de Micha. Mais le jeune homme n'a pas tenu plus de six mois à cet avant-poste de l'Extrême-Orient russe, car il est mort le 22 décembre 2001.

Dès l'automne 2001, il s'était mis à écrire à ses parents des lettres alarmantes. Il venait de découvrir sur son corps des ulcères purulents et leur demandait de lui expédier des médicaments : de la pommade balsamique Vichnievski, du sulfanilamide. « Envoyez tout ce que vous pourrez trouver pour traiter l'infection : antiseptiques, analgésiques, bandages et sparadrap, parce que ici nous n'avons rien du tout. » Ses parents lui expédièrent un colis sans récriminer. Ils savaient que l'armée manquait de fonds et ils pensaient que sa maladie n'était pas si grave, puisque Micha occupait toujours son emploi de cuisinier à la cantine du camp. S'il était réellement infecté, il ne serait pas autorisé à manipuler des préparations culinaires.

Pourtant Micha a continué de cuisiner pour les troupes, même après que sa peau se fut couverte de plaies purulentes. Le médecin qui l'a autopsié a, du reste, rapporté que les tissus du pauvre garçon éclataient au moindre contact avec le scalpel. En ce début de xxi⁰ siècle, un soldat russe a littéralement pourri sous les yeux de ses officiers, sans recevoir aucun soin. Ce qui a tué Micha, c'est la négligence de ses supérieurs.

Dmitri Kisselev servait dans le village d'Istra, dans la région de Moscou, autant dire qu'il pouvait se considérer verni. Il était proche de la capitale, où vivaient ses parents. Ceux-ci pouvaient donc lui rendre visite et au besoin demander à rencontrer son commandant. On était bien loin des îles Kouriles. Mais cette position privilégiée n'a pas sauvé Dmitri de la dépravation de ses officiers.

Le lieutenant-colonel Alexandre Boronenkov, son supérieur, avait mis sur pied un petit « business » très lucratif, ce qui dans l'armée russe actuelle n'a rien d'inhabituel. Leur solde étant indigente, beaucoup de militaires se trouvent ainsi des petits àcôtés. L'officier Boronenkov avait choisi de faire le commerce de ses hommes. Istra est en effet un endroit où se sont implantées beaucoup de résidences secondaires. Le lieutenant-colonel avait donc imaginé de vendre les services de ses soldats aux propriétaires des datchas environnantes. En échange de leur travail, les hommes ne recevaient que leur nourriture, leur salaire étant versé directement à leur commandant. Ce cas n'est pas exceptionnel. La vente de conscrits comme travailleurs non rémunérés est une pratique très répandue. Ces nouveaux esclaves sont pour les officiers une forme de monnaie d'échange et un moyen de s'obtenir les faveurs de gens « utiles ». Si l'un d'eux, par exemple, a besoin de faire réparer sa voiture, il envoie au garage un groupe d'hommes qui travaillera gratis aussi longtemps qu'il le faudra, et en contrepartie il obtiendra sa réparation sans débourser un sou.

C'est ainsi que, fin juin 2002, le soldat Dmitri Kisselev, nouvelle recrue, fut réduit en esclavage et vendu à un certain Karaboutov, membre de l'association d'horticulture Mir du district d'Istra. Initialement, il était là pour construire une maison mais, avec sept autres appelés, il fut affecté au creusement d'une profonde tranchée sur toute la longueur de la parcelle. Le 2 juillet, à 19 heures, les flancs de cette tranchée s'effondrèrent, ensevelissant trois garçons, dont Dmitri qui mourut étouffé sous la terre. Ses parents tentèrent de faire condamner le lieutenant-colonel Boronenkov, mais le coupable réussit à échapper aux poursuites grâce à l'appui des gens « utiles » qu'il comptait dans ses relations. Dmitri était leur fils unique[1].

---

1. Cet incident a été traité à peu près comme l'affaire du centre d'entraînement de la 20e division d'infanterie motorisée de la garde. Une enquête fut menée par le parquet de la garnison, dont les membres étaient subordonnés au commandant de l'unité dans laquelle l'incident s'était produit. Ici encore, le parquet acquitta les officiers. La « vente » et la location de soldats par leurs supérieurs hiérarchiques directs est une pratique courante en Russie. Cédés comme main-d'œuvre bon marché, ils sont employés à des travaux agricoles ou sur des chantiers. En général, les officiers perçoivent le salaire

Le 28 août 2002, le corps d'armée 42839 fut déployé en Tchétchénie, près du village de Kalinovskaïa, une zone qui n'avait pas connu de combats depuis longtemps. Les « papys » y occupaient leur temps à se soûler à mort. Les papys, soldats du rang sur le point d'être démobilisés et versés dans la réserve, forment la force la plus terrifiante et la plus meurtrière de notre armée. Un soir, les papys vinrent à manquer de vodka. Ils ordonnèrent au premier soldat qui passait par là d'aller en chercher au village. L'homme, qui s'appelait Iouri Diachenko, refusa. C'était son tour de garde et il ne pouvait pas abandonner son poste. En outre, comme il le leur expliqua, il n'avait pas d'argent. Les papys lui expliquèrent qu'il n'avait qu'à voler quelque chose au village et obtenir en échange de la vodka.

Mais Iouri réitéra son refus : « Non, je n'irai pas. » Alors les papys le battirent comme plâtre jusqu'à 5 heures du matin et, entre deux volées de coups, ils le soumirent à des sévices cruels et dégradants. Ils plongèrent une serpillière dans les latrines puis étalèrent les excréments sur le visage de leur victime. Ils l'obligèrent à frotter le sol et quand il se pencha, l'un après l'autre, ils lui enfoncèrent le manche du balai dans l'anus. Pour conclure leur « séance d'entraînement », comme ils l'appelaient, ils traînèrent Iouri jusqu'à la cantine et l'obligèrent à avaler une

---

de leurs hommes. Il est extrêmement rare que les soldats soient rémunérés autrement qu'en nature (cigarettes, vivres et couvert). Il arrive même que la transaction ne donne lieu à aucun échange d'argent. Si le gradé et l'employeur sont des gens corrects, les soldats sont détachés de leur unité pour une période plus ou moins longue et ont ainsi l'assurance d'être mieux nourris que dans l'armée *(N.d.A.)*.

boîte de trois litres de bouillie d'avoine, en le rossant s'il faisait mine d'arrêter.

Où étaient les officiers cette nuit-là ? Eh bien, eux aussi s'étaient saoulés et se trouvaient dans l'incapacité physique d'entreprendre quoi que ce soit. Le 29 août 2002, à 6 heures, le soldat Iouri Diachenko fut retrouvé dans le dépôt de provisions. Il s'était pendu.

La Sibérie n'est pas la Tchétchénie. On y est bien loin des combats mais, pour Valeri Poutintsev, cela ne fit aucune différence. Ce garçon originaire des environs de Tioumen fut affecté dans le chef-lieu de district d'Oujour, dans la région de Krasnoïarsk, et rejoignit le corps d'élite des forces en charge des missiles stratégiques. Sa mère, Svetlana Poutintseva, était aux anges. Parce qu'ils manient des armements de pointe, parmi les plus dangereux existant sur la planète, les officiers de ce corps ont la réputation d'être les mieux éduqués de l'armée. Ils ne boivent pas, ne battent pas les recrues et maintiennent une stricte discipline dans leurs troupes. Pourtant, elle aussi commença bientôt à recevoir des lettres inquiétantes, dans lesquelles son fils traitait ses supérieurs de chacals :

« Bonjour maman. Avant toute chose, je te demande que cette lettre ne soit lue par personne d'autre que toi, surtout pas par grand-mère. Tu seras d'accord avec moi que nous ne devons sous aucun prétexte détériorer le peu de santé qui lui reste. Je me fais beaucoup de souci pour elle [...]. Je ne peux pas accepter de devoir travailler comme un esclave pour le bénéfice de gens que je méprise. Plus que tout au monde, je veux le bien des miens, de ma famille. Depuis que je suis ici, je mesure combien vous êtes tous importants pour moi [...]. »

Mais Valeri n'eut jamais la chance de retourner parmi les siens. Dans la caserne d'Oujour, les officiers se laissaient aller aux agissements les plus éhontés. Les lieutenants dépossédaient les soldats de tout ce qu'ils avaient et infligeaient des traitements humiliants à ceux qui, comme Valeri, essayaient de défendre leur dignité. Au cours des six mois qu'il passa dans cette unité, quatre soldats partirent dans des cercueils. Tous avaient été battus à mort.

Le premier petit jeu auquel se livrèrent ses officiers consista à lui confisquer son uniforme (or nos soldats ne possèdent pas d'autre tenue que cet uniforme). Ils l'informèrent que pour le récupérer il devait le leur racheter. Ils escomptaient qu'il écrirait chez lui et demanderait qu'on lui envoie de l'argent en urgence. Seulement Valeri résista. Il savait que sa mère vivait très modestement avec sa grand-mère retraitée, sa sœur et sa petite fille, et qu'elle n'avait pas les moyens de lui envoyer de l'argent. Pour ce refus, il reçut des corrections répétées. Jusqu'au jour où il en eut assez et se retourna contre ses supérieurs. Il fut mis aux arrêts pour insubordination. Là, ses officiers mirent en scène une tentative d'évasion qui leur fournit un prétexte pour le blesser gravement. Svetlana Poutintseva était très inquiète. Elle téléphona au commandant de l'unité, le lieutenant-colonel Boutov. Celui-ci, pour la « rassurer », l'informa qu'il savait comment battre les gens sans laisser aucune trace. Toutes affaires cessantes, Svetlana prit le premier vol pour Oujour, où elle trouva son fils à l'article de la mort. Blessé par balle, il était touché dans la région pelvienne, au niveau de la vessie, des uretères et de l'artère fémorale.

À l'hôpital, on lui dit de trouver du sang pour une transfusion : « En urgence, car nous n'en avons pas ici. » Seule, dans une ville qu'elle ne connaissait pas, cette femme était censée trouver des donneurs. Elle retourna en hâte à la caserne pour demander de l'aide. Le commandant refusa. Elle courut partout, à travers toute la ville, pour essayer de sauver son fils. En vain. Faute d'avoir reçu une transfusion, Valeri mourut le 27 février 2002. Dans l'une de ses dernières lettres, il écrivait à sa mère : « Je n'attends pas grand-chose de mes supérieurs. Tout ce qu'ils savent faire, c'est humilier les gens. »

Retour dans la région de Moscou. Le 4 mai 2002 au matin, l'unité 13815 est stationnée dans le village de Balachikha. Deux femmes employées au bâtiment des chaudières du camp entendent des appels à l'aide. Elles se précipitent dehors et découvrent dans la cour une tranchée dans laquelle un soldat est enterré jusqu'au cou. Les deux femmes creusent pour le dégager et coupent les liens qui lui entravent les mains et les pieds, puis elles l'aident à sortir de ce trou.

À ce moment-là arrive le major Alexandre Simakine. Il est dans une rage noire et ordonne sans ménagement aux deux femmes de laisser ce soldat où il est. Il est en train de donner une leçon au deuxième classe Chesnokov et, si elles ne retournent pas sur-le-champ à leur travail, il les fera renvoyer.

Mais le deuxième classe Chesnokov, libéré de son trou, a déserté son unité.

En Russie, l'armée a été de tout temps l'un des piliers de l'État. Elle demeure à ce jour une vaste prison où, derrière les fils barbelés, de jeunes citoyens sont détenus sans procès. Comme une prison, elle possède ses règles propres, dictées par les officiers. L'armée est un lieu où « buter les gens jusque dans les chiottes » est une méthode d'entraînement ordinaire. « Buter les gens jusque dans les chiottes », l'expression imagée est celle qu'a employée Poutine, lors de son entrée au Kremlin, pour décrire le traitement qu'il réservait aux ennemis de la Russie.

Il faut croire que cet état de choses convient à notre président, avec ses épaulettes de lieutenant-colonel et ses deux filles qui n'auront jamais à servir dans cette armée. Mais hormis la caste des officiers qui jouissent de leur statut de petits délinquants placés au-dessus des lois, le reste de la société a toutes les raisons d'être mécontent de cette situation. C'est surtout vrai de ceux parmi nous qui ont des fils en âge d'être appelés sous les drapeaux. Ceux-là n'ont pas le temps d'attendre les réformes promises depuis si longtemps et qui finissent toujours par s'enliser à un moment ou à un autre. Ils redoutent de voir leur enfant quitter la maison et partir pour un camp d'entraînement comme celui de Kamychine, pour la Tchétchénie, ou pour tout autre lieu d'où l'on ne revient pas.

2

Notre retour au Moyen Âge :
criminels de guerre de toutes les Russies

Il existe actuellement en Russie deux types de criminels de guerre coupables d'exactions commises durant la seconde guerre de Tchétchénie. Ce conflit déclenché en août 1999, alors que Vladimir Poutine venait d'être nommé Premier ministre, s'est poursuivi pendant les quatre années de son premier mandat présidentiel et n'est toujours pas terminé à ce jour.

Toutes les poursuites engagées pour crime de guerre possèdent une caractéristique commune : leur issue est conditionnée par des critères plus idéologiques que juridiques. *Inter arma silent leges,* quand les armes parlent les lois se taisent. Les coupables sont condamnés, non sur les conclusions d'une procédure équitable, mais sous l'influence des vents idéologiques soufflant du Kremlin.

Appartiennent à la première catégorie de criminels de guerre ceux qui ont effectivement participé aux combats. D'un côté, des membres de l'armée russe engagée en Tchétchénie dans ce qu'il est convenu d'appeler une « opération antiterroriste ». De l'autre, leurs adversaires, des combattants tchétchènes, des *boïeviki*. Les premiers sont innocentés de leurs crimes, les seconds au contraire se voient accusés souvent au mépris de la loi. Les premiers sont acquittés, même lorsqu'il existe des preuves manifestes de leur culpabilité (ce qui reste rare, puisque dans la majorité des affaires le parquet ne fait aucun effort pour trouver des éléments à charge). Les seconds sont condamnés à de très lourdes peines.

Le cas fédéral le plus connu est celui du colonel Boudanov, commandant du 160ᵉ régiment de chars du ministère de la Défense. Le 26 mars 2000, jour de l'élection de Poutine à la présidence, Boudanov a enlevé, violé et assassiné une jeune femme de dix-huit ans, Elsa Koungaïeva, qui vivait avec ses parents dans le village de Tanghi-Tchou, aux abords duquel était déployé le régiment du colonel au moment des faits.

Du côté tchétchène, l'affaire qui a fait le plus grand bruit est celle de Salman Radouïev. Chef de guerre réputé, le général de brigade Radouïev avait mené plusieurs raids terroristes durant la première guerre de Tchétchénie, lorsqu'il était à la tête de ce que l'on a appelé l'armée du général Doudaïev. Radouïev fut capturé en 2001, condamné à une peine de réclusion à perpétuité et mourut dans d'étranges circonstances dans la prison de haute sécurité de Solikamsk. Camp de travaux forcés, Solikamsk se trouve dans l'Oural, dans la région de Perm. Ses mines de sel servent de lieu d'exil depuis l'époque tsariste. Radouïev était une figure symbolique pour tous les combattants séparatistes tchétchènes. Les procès de ce type sont très rares et, bien évidemment, ils se tiennent d'ordinaire à huis clos afin de cacher au public le plus d'informations possible. Même si l'on ne s'explique pas bien la raison de cette extrême discrétion des autorités, le fait est qu'obtenir les minutes des procès engagés contre des combattants tchétchènes est une tâche difficile qui s'accomplit le plus souvent en catimini. Dans ces affaires, les accusés sont reconnus coupables sans qu'on perde de temps à rassembler et à examiner des preuves à charge.

C'est ainsi que, dans cette première catégorie de criminels de guerre, les accusés, qu'ils appartiennent aux forces fédérales russes ou aux combattants tchétchènes, ne bénéficient jamais d'un procès équitable. Leur condamnation prononcée, les Tchétchènes sont envoyés dans de lointaines colonies pénitentiaires, où ils ne survivent jamais longtemps et disparaissent dans des circonstances inexpliquées. Les sondages d'opinion montrent que même les citoyens qui soutiennent le gouvernement et la guerre de Poutine en Tchétchénie ont la conviction que ces personnes sont éliminées à la demande des autorités. Rares sont ceux en Russie qui croient à l'équité de l'appareil judiciaire. Pour tout le monde, ce système est entièrement soumis à l'exécutif.

Il existe une deuxième catégorie de criminels de guerre, celle des gens qui s'étant trouvés au mauvais endroit au mauvais moment se font broyer par le rouleau compresseur de l'Histoire. Ces gens ne sont pas des combattants, mais de simples Tchétchènes qui ont la malchance d'être là quand on a besoin d'un coupable. Le cas d'Islam Khassoukhanov en est un exemple emblématique. Dans cette affaire, tout nous rappelle les purges staliniennes qui ont connu leur apogée en 1937. Des témoignages sont extorqués par la violence ; sévices et drogues psychotropes sont employés pour briser la volonté de l'accusé. Tel est l'enfer qu'ont dû traverser la plupart des Tchétchènes emprisonnés dans les chambres de torture du FSB et de tous les autres services de sécurité qui sévissent en Tchétchénie. Des gens ont été torturés par les sbires d'Akhmad-Khadji Kadyrov, l'homme qui, jusqu'à son assassinat, fut à la tête du gouvernement fantoche mis en place par Moscou. Ils ont été torturés dans les postes de commandement militaire, torturés encore dans les cellules d'isolement de la police.

Tout cela avec la bénédiction du FSB qui coordonne et gère les opérations — le FSB soutenu par Poutine auquel il obéit au doigt et à l'œil.

STALINE EST TOUJOURS PARMI NOUS

Le dossier

Islam Cheikh-Akhmedovitch Khassoukhanov est né en Kirghizie en 1954. Il entre dans l'armée soviétique en 1973. Diplômé de l'école politique navale supérieure de Kiev, il sert dans la flotte de la Baltique à partir de 1978 puis dans la flotte du Pacifique à partir de 1989. En 1991, il termine l'Académie militaire politique Lénine à Moscou. En sa qualité d'officier de sous-marin diplômé d'une école militaire, Khassoukhanov appartient à l'élite de la marine russe. En 1998, quittant son poste de vice-commandant d'un sous-marin nucléaire de type B251, il est versé dans la réserve avec le grade de capitaine de première classe. Il s'installe à Grozny, où il prend la tête de l'inspection militaire puis de l'état-major opérationnel dans le gouvernement du président Aslan Maskhadov[1]. Il est marié, père de deux garçons, et sa seconde femme est la nièce de ce dernier. Khassoukhanov n'a activement participé ni à la première ni à la seconde guerre de Tchétchénie et ne s'est jamais caché des autorités fédérales. Pourtant le 20 avril 2002, il est arrêté dans le chef-lieu de district de Chali par une unité spéciale du FSB. Accusé d'être un « terroriste international » et « d'avoir participé à l'organisation de groupes armés clandestins », il est condamné par la Cour suprême de la République d'Ossétie du Nord à douze ans de détention dans un camp de travaux forcés.

La préhistoire du procès

Qu'est-ce qui attend un homme arrêté par le FSB ? Pas par la Tcheka de 1937, ni par le KGB de Soljenitsyne et du Goulag, mais par le Bureau fédéral de sécurité, institution financée par les contribuables russes d'aujourd'hui ? Personne n'en sait rien au juste, pourtant tout le monde tremble à

1. Aslan Maskhadov est le chef de la résistance tchétchène dans l'actuel conflit. En 1997, il fut élu président de la République tchétchène d'Itchkérie, dont la légitimité fut reconnue par le Kremlin et par l'Organisation pour la sécurité et la coopération en Europe qui avait envoyé ses observateurs lors du scrutin. Toutefois, en 1999, Poutine déclara qu'il ne reconnaissait plus le pouvoir du président Maskhadov. Celui-ci répondit en prenant la tête de la résistance contre l'occupation de la Tchétchénie par les troupes fédérales. Depuis lors, il vit dans la clandestinité. Comme l'a reconnu la Cour suprême de la République d'Ossétie du Nord, le témoignage de Khassoukhanov contre Maskhadov lui fut extorqué sous la torture. Les minutes du procès de Khassoukhanov, faisant état de sévices, ont été communiquées à Amnesty International qui continue de travailler sur ce dossier (N.d.A.).

l'évocation de son nom, comme au bon vieux temps de l'Union soviétique. Aujourd'hui comme alors, rien ne transpire, ou si peu. C'est pourquoi le cas d'Islam Cheikh-Akhmedovitch Khassoukhanov est une exception.

Si l'on en croit le dossier criminel classé sous le numéro 56/17, Islam Khassoukhanov aurait été arrêté le 27 avril 2002, dans la rue Maïakovski à Chali et accusé, conformément à l'article 222 du code pénal de la Fédération de Russie, « de possession et de port d'arme illégal ». En toute logique, un tel chef d'accusation laissait supposer que le dossier contenait une preuve de l'existence desdites armes.

En réalité, des individus armés, le visage masqué comme c'est souvent le cas en Tchétchénie, ont fait irruption au petit matin au domicile de parents de Khassoukhanov, où celui-ci vivait avec sa famille. Sans se donner la peine de dissimuler des armes à feu dans ses affaires, ils l'emmenèrent vers une destination inconnue. Les unités spéciales fédérales opérant en Tchétchénie dans le cadre de la lutte contre le terrorisme international sont depuis longtemps convaincues qu'elles peuvent absolument tout se permettre. Cette fois, elles agissaient sur un tuyau fourni par un informateur et ne doutaient pas qu'elles venaient de mettre la main sur le chef d'un groupe armé clandestin. Le sort de Khassoukhanov était scellé. Puisqu'il ne survivrait pas, on ne prit pas la peine d'enregistrer le moindre pistolet, le moindre fusil d'assaut comme pièce à conviction.

Pourtant le chef d'inculpation de port d'arme illégal fut maintenu. Fut également maintenue la fausse date d'arrestation portée au dossier, celle du 27 avril au lieu du 20 avril, soit un écart de sept jours. Ces trous noirs sont un trait récurrent des opérations antiterroristes en Tchétchénie. Pour un homme arrêté et porté disparu, la première semaine de détention est toujours la plus terrible. Il n'est encore enregistré auprès d'aucune administration et les organes de sécurité prétendent ne rien savoir de lui. Ses proches le cherchent partout, mais c'est comme s'il s'était évaporé. C'est ce laps de temps que les services de renseignement mettent à profit pour lui soutirer n'importe quels aveux.

Khassoukhanov n'a gardé presque aucun souvenir de la période du 20 au 27 avril 2002. Coups, injections, puis nouveaux coups et nouvelles injections. Il ne se rappelle rien d'autre. Dix mois après cette terrible semaine, le compte rendu d'audience du tribunal rapporte les propos de Khassoukhanov : « Durant les sept premiers jours, j'ai été détenu dans les locaux du FSB à Chali, où j'ai été passé à tabac. Depuis lors, j'ai quatorze côtes cassées et l'une d'elles m'a perforé un rein. »

Qu'attendaient de lui ses bourreaux ? Qu'il les conduise à Maskhadov. Ensuite, leur prisonnier pouvait bien crever de ses blessures. Seulement voilà, Khassoukhanov ne les a pas conduits à Maskhadov et, grâce à sa solide constitution d'officier de marine, il n'est pas mort non plus.

Le 30 avril, décision fut prise de constituer son dossier dans les formes. Avec l'aval d'Alexandre Nikitine, alors procureur général de Tchétchénie, il fut transféré vers un centre de rétention temporaire, dans un autre chef-lieu de district, le village de Znamenskaïa. Ce centre fut par la suite rayé de la surface du globe par une femme kamikaze qui y fit exploser la bombe qu'elle portait sur elle, le 12 mai 2003. L'événement a suscité dans la population tchétchène un sentiment de joie. Enfin justice était faite. Combien de gens avaient été torturés dans ce lieu et leur cadavre enterré en secret ?

À son arrivée à Znamenskaïa, Khassoukhanov était à l'agonie. Son corps était brisé, mais il respirait encore. Les sévices continuèrent, supervisés par le lieutenant-colonel Anatoli Tcherepnev, responsable adjoint de la section d'investigation à la direction du FSB en Tchétchénie. Tcherepnev allait devenir l'enquêteur principal dans le dossier Khassoukhanov, et c'est lui qui déciderait des tortures infligées et des méthodes employées pour obtenir les preuves indispensables.

> *Extrait des minutes du procès :*
> « Pourquoi a-t-on recouru à la violence lors de vos interrogatoires ?
> — Parce qu'ils insistaient pour savoir où se trouvait Maskhadov ainsi que le sous-marin que j'avais prétendument l'intention de détourner. Ce sont les deux questions qui ont donné lieu à des violences pendant les interrogatoires. »

Khassoukhanov ne pouvait pas conduire les enquêteurs à Maskhadov pour la bonne et simple raison qu'il n'avait pas revu son ancien compagnon depuis l'année 2000 et ne communiquait plus avec lui que par le biais de cassettes audio. Lorsque cela s'avérait nécessaire, Maskhadov s'enregistrait sur l'une d'elles et la faisait parvenir à Khassoukhanov par l'intermédiaire d'un messager. À l'occasion, Khassoukhanov lui répondait. Or l'un de ces messagers était devenu un informateur du FSB. C'est en janvier 2002 que Khassoukhanov avait reçu la dernière cassette transmise par ce canal, et il y avait répondu deux jours avant son arrestation en avril

2002. Sur ces enregistrements, Maskhadov demandait habituellement à Khassoukhanov de confirmer, pour mémoire, combien d'argent il avait confié à chacun de ses commandants de terrain. Nous verrons par la suite pourquoi il procédait ainsi.

Mais revenons à l'affaire du sous-marin, car elle mérite d'être exposée plus en détail. Avant de quitter le service d'active, Khassoukhanov avait occupé un poste d'officier supérieur sur un sous-marin. Il était le premier et le seul officier tchétchène à avoir jamais assumé une telle fonction sur un sous-marin nucléaire. C'est la raison pour laquelle le lieutenant-colonel Tcherepnev voulait le faire accuser « d'avoir mis sur pied un groupe armé clandestin dans le but de détourner un sous-marin atomique, d'entrer en possession d'une charge nucléaire, de prendre en otage des députés de la Douma, puis d'exiger des amendements à la Constitution russe en menaçant de faire exploser cette charge et d'exécuter les otages ». Cette citation est extraite d'un rapport communiqué par Tcherepnev au parquet de Tchétchénie pour demander la permission de prolonger la détention de Khassoukhanov. Permission qui lui fut accordée.

En dépit de tous les efforts de Tcherepnev pour l'incriminer, Khassoukhanov résista. En 1992, sachant qu'il servirait sur ce bâtiment, il avait supervisé en personne, au nom de son futur équipage, la construction et l'assemblage du sous-marin qu'on l'accusait de vouloir détourner.

Tcherepnev déploya sur ce dossier des trésors d'imagination. Le FSB créa de toutes pièces des documents prétendument écrits par des *boïeviki* sur la base de renseignements fournis par Khassoukhanov. Ils sont intitulés « Plan d'action des groupes armés clandestins tchétchènes pour la réalisation d'un sabotage sur le territoire de la Fédération de Russie et cartes manuscrites des bases de la 4e flotte de sous-marins nucléaires du Pacifique », ou encore « Plan d'exécution d'un acte terroriste sur le territoire russe ». Une note précise très utilement que « l'opération a été planifiée en décembre 1995 à partir d'indications visuelles et de renseignements de reconnaissance concernant la région qui nous intéresse ». C'est sous ces derniers mots que Khassoukhanov était censé apposer sa signature.

Le hic, c'est que le FSB n'est jamais parvenu jamais à le faire signer. Sa brutalité a redoublé, si c'était encore possible. Le prisonnier était à présent battu pour avoir contrarié ses plans.

Le seul document que Tcherepnev réussit à faire signer (à faire « viser », selon la terminologie employée dans le verdict) à un Khassoukhanov plongé dans un état second par la douleur et les substances psychotropes furent des feuilles vierges « d'instructions et d'ordres de mission de Maskhadov ». Après quoi, Tcherepnev écrivit sur ces feuilles tout ce qu'il pensait être utile à l'inculpation de Khassoukhanov. Voici un exemple de ces falsifications :

> Le 2 septembre 2002, Khassoukhanov diffusait un ordre de combat par lequel il enjoignait tous les commandants de terrain de semer des clous, des boulons et des roulements à billes sur les routes et axes de déploiement des forces fédérales, dans le but de masquer des mines et autres engins explosifs [...]. Ainsi, profitant de son rôle de premier plan dans le groupe armé clandestin, Khassoukhanov incitait de propos délibéré les autres combattants à commettre des actes terroristes dans le but d'empêcher la mise en place d'un ordre constitutionnel en République tchétchène.

Par ailleurs, Tcherepnev essaya également d'obtenir de son prisonnier qu'il signe, sans les avoir lus, les comptes rendus de ses interrogatoires, dont voici un extrait :

> *Question [attribuée à Tcherepnev]* : « On vous a montré la photocopie du document enregistré sous le numéro 215 reproduisant un communiqué aux officiers russes daté du 25 novembre 2000. Que pouvez-vous en dire ? »
> *Réponse [attribuée à Khassoukhanov]* : « La rédaction et la diffusion de tels documents faisaient partie intégrante de la propagande orchestrée par la direction des opérations au sein des forces armées de la République tchétchène d'Itchkérie qui était placée sous mon autorité immédiate. Les communiqués auxquels vous faites allusion avaient pour but de faire contrepoids à l'influence des médias russes dans leur couverture de l'opération antiterroriste et de ses progrès. Je n'étais pas sans savoir que la diffusion de ces documents pouvait mener à déstabiliser la situation sur le territoire de la République tchétchène, mais j'ai néanmoins poursuivi mes activités [...]. »

Cet extrait est une parfaite illustration de la rhétorique dont use notre armée. Durant tout un mois, Khassoukhanov fut torturé à Znamenskaïa, ce qui laissa amplement le temps à ses accusateurs d'accumuler contre lui des preuves de cet acabit.

> *Extrait des minutes du procès :*
> « Quand, à force de mauvais traitements, j'ai cessé de comprendre ce qu'on me demandait et de réagir, on m'a fait des injections et remis au FSB d'Ossétie du Nord. Toutefois, sur place, on a refusé de m'admettre dans le centre d'interrogatoire, car leur médecin affirmait qu'à la suite des sévices qu'on m'avait déjà infligés je pouvais mourir sous quarante-huit heures. C'est alors qu'on m'a transféré à la scierie n° YaN 68-I.
> — Avez-vous reçu une assistance médicale ?
> — Je suis juste resté trois mois à la scierie, le temps de me remettre de mes blessures. »

De quelle scierie est-il question ici ? Le lieu est parfois cité dans des récits de disparitions consécutives aux purges opérées en Tchétchénie. Certaines personnes ayant survécu à leur séjour dans cet endroit évoquent un « camp forestier », comme il en existait du temps de Staline, mais d'autres parlent tout simplement d'une scierie. Officiellement, ce site répertorié sous le numéro YaN 68-I est placé sous la tutelle du ministère de la Justice de la République d'Ossétie du Nord.

Ce que nous savons de cette fameuse scierie, c'est qu'elle accueille ceux qui ont été suppliciés presque jusqu'à la mort par les fonctionnaires des services de sécurité (en premier lieu les hommes du FSB). L'entreprise ferme les yeux sur le fait que ces gens n'ont pas de papiers et ne possèdent plus aucune existence officielle depuis que leur route a croisé celle des agents fédéraux.

Nous avons une dette envers ceux qui travaillent dans cette fabrique, parce qu'ils recueillent illégalement des hors-la-loi. Ils ont sauvé beaucoup de gens d'une mort certaine : des personnes qui devaient normalement périr, mais que les agents fédéraux n'avaient pas pris la peine d'achever pendant leur transfert de Tchétchénie en Ossétie, et d'autres qui ont été amenées à la scierie pour y rendre leur dernier souffle en épargnant au FSB de se salir les mains. Nul ne sait combien de malheureux y sont morts pendant la deuxième guerre de Tchétchénie et nul ne connaît leur identité. Ils n'ont rien laissé de leur passage, pas même une tombe. En revanche, nous savons combien ont survécu. Et Khassoukhanov était de ceux-là.

Un garde l'avait pris en pitié, tout bonnement, et

quand il était de service cet homme apportait de chez lui un peu de lait pour le prisonnier.

Ainsi, une fois de plus, Khassoukhanov survécut et une fois de plus il se trouva face à Tcherepnev. À la direction du FSB en Tchétchénie, il existe une règle qui veut que quiconque survit aux interrogatoires soit envoyé devant un tribunal. Ils sont évidemment très peu nombreux, ce qui explique que les « terroristes internationaux » soient si rarement jugés. Toutefois, pour donner le change, il est important que quelques procès aient lieu. Il faut de temps en temps condamner l'un de ces terroristes afin de satisfaire les dirigeants occidentaux qui demandent parfois des comptes à Poutine. Alors, celui-ci demande à son tour des comptes au FSB et au parquet général qui font de leur mieux pour le satisfaire, à condition bien sûr que quelqu'un ait survécu.

Vladikavkaz

Vladikavkaz est la capitale de la République d'Ossétie du Nord, frontalière de la Tchétchénie et de l'Ingouchie. L'Ossétie est engagée à part entière dans l'opération antiterroriste. Dans sa partie nord, la ville de Mozdok abrite la principale base militaire, où sont entraînés les groupes des forces fédérales avant leur départ pour la Tchétchénie. Mozdok a été l'objet de deux attentats-suicides en 2003. Le 5 juin, une femme monta dans un autobus transportant des pilotes de l'armée et déclencha sa bombe, puis le 1er août un homme précipita un camion bourré d'explosifs dans un hôpital militaire.

Vladikavkaz sert traditionnellement de décor aux procès truqués engagés contre de prétendus terroristes internationaux. Les avocats locaux sont moins des conseillers de la défense que des exécutants étroitement liés à la cour, au FSB et au parquet. Vladikavkaz est aussi la ville où les agents de la direction tchétchène du FSB font des « heures supplémentaires », c'est-à-dire qu'ils y transportent leurs prisonniers pour les interroger en terrain neutre, aussi loin que possible du conflit.

C'est ainsi que Tcherepnev s'est rendu auprès de Khassoukhanov, à Vladikavkaz, et qu'il lui a trouvé un avocat. Depuis le 1er juin 2003, la Russie s'est dotée d'un nouveau code de procédure pénale conforme aux normes européennes les plus exigeantes. Entre autres avancées, il interdit l'interrogatoire d'un suspect hors de la présence de son avocat. Mais quand les circonstances l'imposent, tout continue à se passer comme avant. Pour preuve, du 20 avril au 9 octobre 2002, soit pendant près de six mois, Khassoukhanov n'a bénéficié d'aucune représentation légale. C'est seulement après son séjour à la scierie, quand son crâne a été réparé, ses côtes et ses mains ressoudées, qu'on l'a jugé assez présentable pour comparaître devant la cour.

Ici encore, les détails ont leur importance. Le 8 octobre, Tcherepnev convoqua Khassoukhanov à un interrogatoire durant lequel il ordonna au prisonnier de lui adresser une requête dont il dicta lui-même les termes : « Je vous demande de me procurer un défenseur pour l'instruction préliminaire. Jusqu'à présent, je n'ai pas eu besoin des services d'un avocat et à cet égard je n'ai aucune plainte à formuler à l'encontre des services de police. Je vous prie de me fournir un avocat dont le choix sera laissé à la discrétion des enquêteurs. » Le 9 octobre,

Khassoukhanov subissait son premier interrogatoire en présence d'Alexandre Dzilikhov, avocat commis d'office[1]. Pendant tout le temps que dura l'interrogatoire, celui-ci ne donna à son client aucun conseil et resta passivement assis sans mot dire.

> *Extrait des minutes du procès :*
> « Pouvez-vous nous indiquer si la présence de votre avocat a fait une différence, si elle a modifié la conduite des interrogatoires ?
> — Oui, car avant on ne me donnait pas à lire le compte rendu à la fin de l'interrogatoire. Mais ce droit m'a été accordé après l'apparition de mon avocat. »

En tout, trois interrogatoires eurent lieu en présence du défenseur de Khassoukhanov, les 9, 23 et 24 octobre 2002. Pour être plus exact, Tcherepnev,

---

1. Le code de procédure pénale russe stipule que l'accusé doit pouvoir bénéficier de l'assistance d'un avocat commis d'office. Pendant la deuxième guerre de Tchétchénie, les forces de l'ordre ont perverti ce système en attribuant aux accusés des défenseurs qui étaient d'anciens membres de leurs services. Il existe également des avocats qui collaborent régulièrement avec le FSB et qui, par conséquent, comprennent mieux les besoins du renseignement que ceux des personnes qu'ils sont censés défendre. Leur rôle se limite à être là lorsque la présence d'un avocat est requise. Il arrive aussi parfois que le FSB nomme des avocats commis d'office pour représenter des suspects qu'ils ont eux-mêmes enlevés. Les proches ne savent rien de leur parent disparu. Le FSB le tient caché sans informer son entourage de l'endroit où il se trouve ni des chefs d'accusation retenus contre lui. Dans bien des cas, il n'existe même pas d'acte d'accusation. En détenant illégalement le disparu, le FSB empêche la famille d'engager un avocat. Les victimes peuvent ainsi disparaître pendant des semaines, voire pendant des mois. Pendant ce temps, on leur arrache des aveux sous la torture. Ce fut le cas de Khassoukhanov dont la disparition a duré six mois. Sa famille ignorait ce qu'il était devenu et où il se trouvait. Les services de police et de sécurité de la république niaient détenir une personne répondant à son nom, alors qu'à ce moment-là il était torturé par le FSB, bien qu'il bénéficiât de l'assistance d'un avocat (*N.d.A.*).

à ces trois occasions, s'est contenté de recopier sur de nouveaux formulaires les déclarations arrachées à l'accusé sous la contrainte à Znamenskaïa et celles-ci furent ainsi mises en conformité avec le code de procédure pénale.

Tcherepnev décréta que l'instruction serait close le 25 octobre. Il informa Khassoukhanov qu'il recevrait sous peu son acte d'accusation et qu'il devrait le signer le plus vite possible. Afin qu'il ne se fasse pas d'illusions, Khassoukhanov fut sorti pendant deux jours de son quartier de détention en isolement et, bien sûr, sans que son avocat soit présent. On lui avait placé une cagoule sur la tête. Il ignorait où on le conduisait et pensait qu'on allait l'exécuter. « C'est fini pour toi », lui annoncèrent ses gardiens en armant leurs fusils.

Cette exécution n'était qu'une mise en scène destinée à l'effrayer et à le pousser à signer son acte d'accusation.

Il signa, évidemment, mais sa volonté n'était pas brisée. À la fin du procès, il se rétracta sur tous les points contenus dans cet acte. Cela n'empêcha pas le nouveau procureur de Tchétchénie, Vladimir Kravtchenko, d'approuver ce texte et de le soumettre, presque inchangé, au verdict du juge Valeri Djioïev.

J'ai reproduit ci-dessous des extraits de cet acte et de ce verdict, accompagnés de mes commentaires. Ils montrent combien il est facile de monter de toutes pièces des dossiers, et combien les faussaires se soucient peu d'être démasqués et encore moins de savoir que ces pièces serviront à écrire l'Histoire (laquelle, selon la bonne vieille tradition de notre pays, sera très probablement retouchée avec le temps).

Premier extrait de l'acte d'accusation :

En avril 1999, Khassoukhanov [...] a rejoint de son plein gré un groupe armé interdit par la loi fédérale [...]. Il a pris contact avec Magomed Khambïev, un proche de Maskhadov, et s'est servi de son expérience pour mener une « inspection militaire » du groupe armé clandestin [GAC] qui venait d'être créé.

Après avoir quitté le service d'active, Khassoukhanov, rappelons-le, était retourné s'installer à Grozny. Seul et unique officier tchétchène instruit dans une école militaire, il avait été invité par Maskhadov à participer au gouvernement tchétchène. En 1999, il s'agissait du gouvernement républicain officiel, financé par Moscou, et Maskhadov était le président légitimement élu et reconnu de la Tchétchénie. L'inspection militaire réclamée par Maskhadov était une priorité absolue. La bureaucratie locale, tout comme la bureaucratie moscovite, était corrompue jusqu'à l'os, et le nouveau gouvernement avait besoin d'un homme d'expérience, capable de surveiller les capitaux destinés à l'armée et tout particulièrement les fonds publics octroyés par la Fédération russe. Alors pourquoi parle-t-on d'un groupe armé clandestin ?

Extrait des minutes du procès :

[Question de l'accusation] : « Considériez-vous comme légitimes les actions du président Maskhadov ?

— Oui, je ne pouvais pas savoir à l'époque que Maskhadov, son gouvernement et ses services de sécurité seraient par la suite considérés comme illégaux. Maskhadov était le président, et sa légitimité était reconnue par les dirigeants de la Fédération russe. Ils rencontraient ses ministres, lui octroyaient des fonds. Alors, évidemment, je ne savais pas que j'entrais dans un groupe armé clandestin.

— Étiez-vous chargé d'inspecter les finances et l'administration générale du ministère de l'Intérieur de la République tchétchène d'Itchkérie ?

— Oui, j'ai rendu les conclusions de mon audit au président Maskhadov au mois de juin 1999. J'y indiquais à quelle fin avait été allouée chaque somme d'argent. Ces informations m'avaient été fournies, très officiellement, par le ministère de l'Intérieur de la Fédération russe. Je n'avais aucune raison de soupçonner la moindre irrégularité. »

Le travail de Khassoukhanov avant la guerre consistait effectivement à contrôler les finances et l'administration, ainsi qu'à mettre sur pied un système d'audit et de surveillance des ressources financières allouées aux services de sécurité tchétchènes, à savoir le ministère de l'Intérieur, les gardes nationales et présidentielles et l'état-major général de l'armée. Pendant l'été 1999, Khassoukhanov constata que des sommes très importantes transitaient par l'état-major général pour l'achat d'armes et d'uniformes, mais que, par exemple, les lance-roquettes commandés par le ministère de la Défense à l'usine Krasniï Molot de Grozny étaient réputés inutilisables. Il s'agissait donc d'un cas patent de détournement de fonds publics. L'achat des uniformes militaires donnait lieu aux mêmes abus. Ils étaient cousus à 60 roubles la pièce dans la localité tchétchène de Goudermes, mais les documents s'y rapportant indiquaient qu'ils étaient fabriqués dans les États baltes pour un prix singulièrement plus élevé.

Khassoukhanov fit remonter ces informations jusqu'à Maskhadov. Ce fut le point de départ de ses démêlés avec les forces de sécurité du président, soupçonnées d'être à l'origine de ces malversations. Fin juillet, soit une semaine après qu'il eut pris la tête du bureau d'inspection militaire, Khassoukhanov était nommé au poste de chef d'état-major par Maskhadov qui avait un besoin urgent de gens honnêtes à ses côtés.

Le chef d'état-major Khassoukhanov entra donc en fonctions au début du mois d'août. Quelques jours plus tard éclatait la seconde guerre de Tchétchénie, à laquelle il refusa de participer.

À la lecture des minutes du procès (qui s'est tenu à huis clos), on ne peut s'empêcher de penser que tout cela n'est qu'une mascarade. Quelqu'un avait décidé que Khassoukhanov devait être lourdement condamné, mais ce quelqu'un n'avait pas précisé pour quel délit. On est en droit de se demander si, lors de son inspection en 1999, l'accusé n'aurait pas mis le doigt sur une chose qui devait revenir le hanter en 2002 et 2003. Pourrait-il s'agir de ces détournements de fonds fédéraux ? D'aucuns soupçonnent que ces malversations sont dans une très large mesure la véritable cause de la deuxième guerre de Tchétchénie. Rien de tel qu'une guerre pour faire diversion et couvrir à jamais les traces des coupables. Est-ce la raison pour laquelle les hautes sphères de l'armée russe restent farouchement opposées à des négociations de paix ?

Second extrait de l'acte d'accusation :
Khassoukhanov prenait une part active aux opérations du groupe armé clandestin et en 1999 il occupait des fonctions liées au financement de cette force. Il avait conçu et mis en place un système d'audit des ressources financières destinées à l'entretien des groupes armés clandestins de la garde nationale, du ministère de l'Intérieur ainsi que de l'état-major de la République autoproclamée d'Itchkérie. Comme à ce poste il avait fait la preuve de ses qualités d'organisateur et de son efficacité, Maskhadov le nomma chef d'état-major à la fin du mois de juillet 1999. Activement impliqué dans le GAC susmentionné, Khassoukhanov est intervenu dans les principales décisions concernant l'opposition aux forces fédérales, par des moyens incluant la lutte armée, dans leur mission de restauration d'un

ordre constitutionnel sur le territoire de la République tchétchène d'Itchkérie.

Toutes ces divagations seraient risibles si nous ne connaissions pas l'effroyable prix payé par Khassoukhanov du fait de cette honteuse falsification de l'Histoire par le FSB.

> *Extrait des minutes du procès :*
> « Veuillez expliquer à la cour quel motif personnel vous a obligé à rester en Tchétchénie du début des combats à la date de votre arrestation.
> — Il m'était impossible de tourner le dos à Maskhadov que je considérais comme le président légitimement élu. Je n'étais pas en mesure d'arrêter la guerre, mais je faisais tout ce qui était en mon pouvoir [...]. Quand cela m'était possible, j'accomplissais ce qu'il me demandait. Je n'avais pas la capacité physique pour de longues marches dans la forêt, mais je faisais ce qui était à la hauteur de mes forces. J'ai vu des gens mourir et je sais ce qu'on entend quand on parle de "restaurer l'ordre constitutionnel". Je ne tairai pas le fait que cette guerre est un génocide. Pourtant je n'ai jamais appelé à commettre des attentats terroristes.
> — Avez-vous appelé au meurtre de soldats fédéraux ?
> — Pour cela, il aurait fallu que j'aie des hommes sous mes ordres et ce n'était pas le cas.
> — Aucun commandant de terrain ne vous était directement subordonné ?
> — Non. »

J'ai devant moi des documents marqués « pour usage officiel seulement ». Lorsqu'il montait son dossier pour le tribunal, Tcherepnev a adressé à chaque bureau local du FSB en Tchétchénie une demande d'informations concernant tous les attentats terroristes commis dans leur district sur « instruction de combat du chef de l'état-major général des forces armées pour la République tchétchène d'Itchkérie ». Rappelons que pendant son interrogatoire, Khassoukhanov avait dû signer des feuilles vierges intitulées « instructions et ordres de mission » sur lesquelles Tcherepnev pouvait par la suite inscrire ce que bon lui semblait. Bien évidemment, les responsables des bureaux locaux répondirent qu'aucun Khassoukhanov n'était recherché pour acte terroriste. Le plus ironique, c'est que Tcherepnev recevait cette réponse de ses propres hommes et non du camp des *boïeviki*.

Cela n'empêcha pas la mise en branle de la machine qui devait prononcer la culpabilité « de l'un des principaux dirigeants du groupe armé clandestin ». Maintenant qu'il avait survécu, c'est ainsi que l'on commençait à désigner Khassoukhanov, en dépit de tous les faits matériels. La cour, pas plus que le parquet, n'accorda la moindre attention à cette pile de documents « à usage officiel seulement »

Le procès

L'affaire Khassoukhanov fut jugée à huis clos et expédiée en quelques semaines du **14** janvier au **25** février 2002 par la Cour suprême de la République d'Ossétie du Nord, présidée par Valeri Djioïev. La cour ne releva rien d'irrégulier dans la procédure d'instruction. Il n'était pas anormal que, pendant six mois, l'accusé n'ait pas bénéficié des services d'un avocat ; que son avocat commis d'office ait été choisi par ceux-là mêmes qui l'avaient maltraité ; qu'on ignore où il se trouvait entre le **20** et le **27** avril et qu'il ait subi des sévices. Le tribunal prit acte du fait que l'accusé avait été torturé mais n'émit aucun commentaire à ce sujet. Voici un extrait de son verdict :

Les aveux de M. Khassoukhanov n'ont pas été obtenus pendant l'instruction, mais sous la contrainte physique et psychologique exercée par les officiers du FSB qui l'ont obligé à signer des comptes rendus d'interrogatoire rédigés à l'avance.

« Vous avez affirmé qu'on avait usé de violence à votre encontre, demande le juge à l'accusé. Pouvez-vous citer le nom des personnes qui se sont livrées à ces violences ?

— Je ne peux pas donner leurs noms, parce que je ne les connais pas. »

Les tortionnaires avaient omis de se présenter à leur victime. La cour passa outre ce léger détail et refusa une expertise médicale, en dépit du fait que l'accusé gardait une entaille dans le crâne. Elle se contenta de demander au directeur de la scierie, un certain Tebloïev, si Khassoukhanov avait séjourné dans son centre de soins. « Oui, répondit l'homme. Il est resté chez nous du 3 mai jusqu'au mois de septembre 2002, avec une cage thoracique enfoncée. » La cour ne s'est pas laissé ébranler pour autant. Voici, pour preuve, un autre extrait de son verdict :

Devant le tribunal, l'accusé Khassoukhanov a nié être coupable des faits qui lui sont reprochés. Il a déclaré qu'il considère comme un devoir de répondre à certaines demandes et d'accomplir certaines missions pour le président légitime Maskhadov. Il a nié avoir préparé des attentats terroristes et fourni des fonds aux commandants de terrain. Il a seulement reconnu avoir authentifié certains ordres et instructions de Maskhadov, sur lesquels il a apposé de sa main la mention « copie conforme ».

Et l'affaire s'arrêta là. Khassoukhanov fut condamné à une peine de douze ans de travaux forcés sous régime strict, sans possibilité d'amnistie. En guise de conclusion, le prisonnier prononça le commentaire suivant : « Je souhaite déclarer que je n'ai aucune intention de renoncer à mes idées. Je considère que ce qui se passe actuellement en Tchétchénie est une violation flagrante des droits de l'homme. Personne ne tente d'appréhender les vrais coupables. Si la situation présente perdure, il y aura de plus en plus de gens comme moi sur le banc des accusés. »

Le voile de ténèbres dont nous avons cherché à nous libérer pendant plusieurs décennies de régime soviétique se referme sur nous. Les affaires de ce type sont chaque jour plus nombreuses et deviennent la règle, plutôt que l'exception. Le FSB torture pour fabriquer de toutes pièces des dossiers bidons avec la complicité des magistrats et du parquet. Nous ne pouvons plus prétendre qu'il s'agit de cas isolés.

Bien qu'elle ait un solide garant en la personne de notre président, notre Constitution, bafouée quotidiennement, se meurt. Et le FSB sera son fossoyeur.

Lorsque j'ai appris que Khassoukhanov avait été transféré à la célèbre prison de transit de Krasnaïa Presnaïa, à Moscou, sorte de centre de triage d'où les condamnés sont convoyés vers d'autres parties du pays, j'ai appelé le bureau moscovite de la Croix-Rouge internationale, car ses membres sont les seules personnes habilitées à visiter certains détenus. Je les ai appelés, parce que je savais qu'après les sévices qu'il avait subis, Khassoukhanov était en très mauvais état physique et je leur ai demandé d'aller le voir à Krasnaïa Presnaïa, de lui fournir des médicaments, d'insister auprès des autorités pénitentiaires pour qu'il reçoive un traitement et d'obtenir d'elles une autorisation de visites régulières.

Une semaine passa. Le bureau de Moscou examinait ma requête. Il finit par la rejeter en prétextant que la situation était « extrêmement complexe[1] ».

LE CAS DU COLONEL BOUDANOV

Le 25 juillet 2003, à Rostov-sur-le-Don, le tribunal militaire du Caucase du Nord prononçait la condamnation longtemps attendue de l'ex-colonel de l'armée russe, Iouri Boudanov, combattant de la première et de la seconde guerre de Tchétchénie, deux fois décoré de la médaille du Courage. La dégradation et dix ans de réclusion en camp de travail à régime strict pour des crimes commis pendant ce que l'on a pudiquement baptisé une « opération antiterroriste ». Le colonel avait enlevé et sauvagement assassiné une jeune Tchétchène, Elsa Koungaïeva.

L'affaire Boudanov débuta le 26 mars 2000, le jour où Poutine fut élu président, et se poursuivit pendant trois des quatre années de la seconde guerre de Tchétchénie. Elle fut un symbole pour notre société tout entière, des plus hautes sphères du Kremlin aux plus humbles villages. Elle nous obligea tous à essayer de comprendre qui étaient ces soldats et ces officiers qui, chaque jour, pillaient, assassinaient, torturaient et violaient en Tchétchénie. Qui étaient-ils ? Des brutes doublées de criminels de guerre, ou bien des héros d'une lutte totale contre le terrorisme international usant de toutes les armes à leur

---

1. La Croix-Rouge est souvent incapable de remplir sa mission, parce que les autorités russes lui refusent des permis de visite aux prisonniers *(N.d.A.)*.

disposition pour une noble fin justifiant tous les moyens ? Le cas Boudanov est très rapidement devenu un enjeu politique et un emblème de notre époque. Pendant ces années-là, tous les événements en Russie et dans le reste du monde furent analysés à la lumière de cette affaire : les attaques du 11 septembre 2001 à New York ; les guerres d'Afghanistan et d'Irak ; la naissance d'une coalition internationale de lutte contre le terrorisme ; les attentats de Moscou et la prise d'otages du théâtre de la Doubrovka en octobre 2002 ; l'infinie succession des attentats-suicides commis par des femmes tchétchènes ; et la « palestinisation » de la seconde guerre de Tchétchénie.

Cette tragique affaire frappait les esprits et agissait comme un révélateur de toutes nos difficultés. Mais, plus encore, elle faisait apparaître au grand jour les mutations pathologiques qu'avait subies notre système judiciaire sous l'influence de Poutine et de la guerre. La réforme qu'avaient tenté de mettre en place les démocrates, et qu'Eltsine avait soutenue de son mieux, ne résista pas à la pression suscitée par cette affaire. Parce que, pendant plus de trois ans, nous eûmes amplement l'occasion de constater que notre appareil judiciaire n'avait aucune indépendance, que nos magistrats restaient inféodés à l'exécutif et aux politiques et que, plus effrayant encore, l'opinion publique ne voyait là rien d'anormal. Manipulés par la propagande, les Russes, dans leur grande majorité, sont revenus à un mode de pensée de type bolchevique.

Le 25 juillet 2003, les parents d'Elsa Koungaïeva, qui comprenaient la situation mieux que tout le monde, ne se donnèrent même pas la peine d'assister à l'audience du tribunal, tant ils étaient certains que l'homme qui avait massacré leur enfant serait acquitté.

Pourtant un miracle se produisit, et plus qu'un miracle : un acte courageux de la part du juge Vladimir Boukreïev. En effet, ce magistrat osa l'impensable en prononçant la culpabilité de Boudanov et en le condamnant à une lourde peine de réclusion. En agissant ainsi, Boukreïev se dressait contre l'establishment militaire russe qui avait activement soutenu le colonel et justifié son crime par les nécessités de la guerre. En Russie, les tribunaux militaires sont placés sous la juridiction des forces armées, dont le commandant en chef n'est autre que le président lui-même. Or en dépit des pressions exercées sur lui par le Kremlin et par le ministère de la Défense, Boukreïev décida que Boudanov devait recevoir la sentence qu'il méritait. Le déroulement de l'affaire a montré qu'à de rares exceptions près dont ce juge fait partie, aujourd'hui comme par le passé, le système judiciaire russe est à la botte du pouvoir politique.

L'affaire

Afin de dissiper les mythes qui entourent l'affaire Boudanov, je commencerai par citer des extraits de l'acte d'accusation. Bien qu'écrits dans le style un peu obscur du parquet, ces passages témoignent de l'atmosphère qui a marqué la seconde guerre de Tchétchénie, bien mieux que ne le ferait un journaliste. Ils nous permettent de nous faire une idée de ce qu'était la situation au sein des unités déployées sur la « zone des opérations antiterroristes », dans les rangs desquelles régnait une anarchie totale. Ce climat de laisser-aller fut la principale cause des crimes perpétrés par Iouri Boudanov, ancien colonel d'un régiment de chars et commandant d'un corps d'élite des forces armées russes, membre du haut commandement, diplômé de l'Académie militaire et décoré des plus prestigieuses récompenses pour ses états de service.

Acte d'accusation du colonel Iouri Dmitrievitch Boudanov de l'unité 13206 (160ᵉ régiment de chars) et du lieutenant-colonel Ivan Ivanovitch Fiodorov de l'unité 13206...

[À l'origine, Boudanov, officier supérieur du régiment, et Fiodorov, son second, étaient tous deux accusés des crimes commis le 26 mars 2000. Mais, par la suite, le lieutenant-colonel Fiodorov fut acquitté, sa victime ayant survécu et lui ayant publiquement offert son pardon en présence du tribunal.]

L'enquête préliminaire a établi les faits suivants :

Iouri Boudanov fut nommé le 31 août 1998 au poste de commandant de l'unité 13206 (160ᵉ régiment de chars). Le 31 janvier 2000, Boudanov fut promu au grade de colonel et, le 12 août 1997, Ivan Ivanovitch Fiodorov à celui de lieutenant-colonel. Le 16 septembre 1999, Fiodorov fut nommé au poste de chef d'état-major et de commandant en second de l'unité 13206 (160ᵉ régiment de chars). Le 19 septembre 1999, sur ordre de l'état-major des forces armées de la Fédération de Russie n° 312/00264, Boudanov et Fiodorov partirent en mission, dans les rangs de l'unité 13206, vers la zone militaire du Caucase du Nord, et de là se déployèrent en République tchétchène pour prendre part à une opération antiterroriste.

Le 26 mars 2000, l'unité 13206 s'était temporairement déployée autour du village de Tanghi [...]. Ce jour-là, au mess des officiers du régiment, Boudanov et Fiodorov avaient copieusement arrosé leur déjeuner pour fêter l'anniversaire de la fille du colonel. À 19 heures, les deux hommes étaient dans un état d'ébriété avancé. C'est alors que, sur la suggestion de Fiodorov, ils décidèrent de rendre visite, accompagnés d'un petit groupe d'officiers, à la compagnie de renseignement du régiment placée sous le commandement du lieutenant R. V. Bagreïev.

[C'est ce même lieutenant Bagreïev qui par la suite accorda publiquement son pardon à Boudanov et Fiodorov devant la cour.]

Quand ils eurent inspecté les tentes, Fiodorov souhaita montrer à son supérieur que la compagnie, dont l'officier, le lieutenant Bagreïev, avait été nommé sur sa recommandation, était parfaitement capable d'affronter une situation de combat, si bien qu'il proposa au colonel de tester sa rapidité de réaction. Boudanov refusa tout d'abord, mais Fiodorov insista. Quand il eut réitéré plusieurs fois sa proposition, Boudanov autorisa qu'on mette à l'épreuve la réactivité de la compagnie. Avec un groupe d'officiers, il se rendit au centre de transmission. Toutefois, sans en informer son supérieur, Fiodorov donna l'ordre d'utiliser les armements du régiment pour ouvrir le feu sur la localité de Tanghi-Tchou. Cette décision n'était aucunement justifiée, car aucun tir ne venait du village.

En violation manifeste de l'ordre n° 312/2/0091 de l'état-major général des forces armées de la Fédération de Russie, en date du 21 février 2000, qui interdit d'utiliser les ressources du renseignement sans une sérieuse préparation au combat, Fiodorov commanda aux hommes de se mettre en position et d'ouvrir le feu sur le village.

Obéissant à son supérieur, le lieutenant Bagreïev transmit cet ordre aux soldats de la compagnie. Trois véhicules prirent leur position de combat. Passé l'étape du ciblage, certains membres des équipages refusèrent d'exécuter l'instruction de Fiodorov d'ouvrir le feu sur un objectif civil. S'obstinant à outrepasser ses fonctions, Fiodorov répéta son ordre et, irrité par le refus de ses subordonnés, il s'en prit très vertement à Bagreïev à qui il demanda de s'arranger pour que les hommes obéissent. Mécontent du comportement du lieutenant, il prit le commandement de la compagnie [...] des tirs partirent [...] et une maison [...] fut détruite.

Maintenant qu'il avait réussi à faire exécuter aux soldats de la compagnie son ordre non réglementaire, Fiodorov saisit Bagreïev par le col et continua de l'injurier. Le lieutenant ne lui opposa aucune résistance et retourna à la tente de sa subdivision.

[...] en entendant les tirs, Boudanov [...] commanda à Fiodorov de cesser le feu et le fit venir au rapport. Fiodorov déclara que Bagreïev avait délibérément refusé d'obéir à son ordre d'ouvrir le feu. Bagreïev fut appelé chez Boudanov qui l'accabla d'insultes et le frappa au visage par deux fois au moins.

Dans le même temps, Boudanov et Fiodorov ordonnèrent aux hommes du peloton de commandement de ligoter Bagreïev et de le placer [...] dans un trou [...]. Boudanov attrapa le lieutenant par son uniforme et le jeta au sol. Fiodorov envoya des coups de pied au visage de Bagreïev. Pendant que celui-ci gisait à terre, le peloton lui entrava les poignets et les chevilles. Quand il fut ligoté, Boudanov et Fiodorov continuèrent de le frapper à coups de botte [...].

On jeta ensuite Bagreïev dans le puits, les pieds et les mains liés. Trente minutes après l'avoir rossé, Fiodorov retourna au puits, y sauta et frappa Bagreïev au visage à deux reprises au moins [...]. Des officiers du régiment mirent fin à ses coups [...]. Quelques minutes plus tard, c'est Boudanov qui s'approcha du puits. Sur ses instructions, Bagreïev en fut tiré. Voyant qu'il avait réussi à défaire ses liens, Boudanov ordonna à ses hommes de le ligoter de plus belle. L'ordre exécuté, Fiodorov et lui recommencèrent à frapper le lieutenant [...]. Bagreïev, ligoté, fut remis dans le puits [...]. Fiodorov l'y rejoignit et le mordit à l'arcade sourcilière. Bagreïev fut laissé là [...] jusqu'à 8 heures du matin, le 27 mars 2000, heure à laquelle Boudanov ordonna de le libérer.

Le 26 mars à minuit, Boudanov, agissant sans instruction de ses supérieurs, décida de son propre chef d'entrer dans le village de Tanghi afin de vérifier la présence éventuelle, au numéro 7 de la rue Zarietchnaïa, de membres d'un groupe armé clandestin. Pour se rendre sur place, il ordonna à ses subordonnés d'apprêter le véhicule blindé de transport de troupes n° 391. Avant de partir, Boudanov et ses hommes s'armèrent de fusils d'assaut de modèle Kalashnikov-74. C'est à ce moment-là que le colonel informa les soldats embarqués sur le blindé, nommément les sergents Grigoriev, Iegorov et Li-En-Chou, que leur mission consistait à arrêter un sniper de sexe féminin [...].

Boudanov est arrivé à Tanghi un peu avant une heure [...]. Sur ses ordres, le blindé s'est arrêté devant le numéro 7 de la rue Zarietchnaïa, domicile de la famille Koungaïeva. Boudanov a pénétré dans la maison, accompagné des sergents Grigoriev et Li-En-Chou [...]. À l'intérieur se trouvait Elsa Vissaïevna Koungaïeva [...] avec ses quatre frères et sœurs cadets. Leurs parents étaient absents. Boudanov a demandé où étaient les parents. Comme il ne recevait pas de réponse, il a poursuivi son abus d'autorité et, en violation de l'article 13 de la loi fédérale n° 3 portant sur la lutte contre le terrorisme, il a donné ordre à Grigoriev et Li-En-Chou de s'emparer d'Elsa Vissaïevna Koungaïeva.

Les sergents Grigoriev et Li-En-Chou, convaincus d'agir dans la légalité, se saisirent d'Elsa, l'enveloppèrent dans une couverture trouvée sur place, la portèrent dehors et la placèrent dans le compartiment d'assaut du blindé de transport de troupes n° 391 [...].

Boudanov ramena Koungaïeva au camp de l'unité 13206. Sur ses instructions, Grigoriev, Iegorov et Li-En-Chou portèrent la jeune femme enroulée dans la couverture jusqu'au préfabriqué de logement des officiers qu'occupait Boudanov, et la déposèrent par terre. Boudanov leur ordonna de monter la garde à proximité et de ne laisser personne approcher.

Resté seul avec Koungaïeva, il commença à l'interroger sur l'endroit où se trouvaient ses parents ainsi que sur les voies de passage des *boïeviki* à travers le village de Tanghi. Comme elle refusait de parler, Boudanov, qui n'avait aucun droit de la questionner, la frappa à de nombreuses reprises au visage et sur le corps. Koungaïeva tenta de résister. Elle le repoussa et voulut courir jusqu'à la porte.

Boudanov étant convaincu que Koungaïeva appartenait à un groupe armé clandestin et qu'à ce titre elle était impliquée dans la mort de plusieurs de ses hommes le 20 janvier 2000, il décida de la tuer. Dans ce but, il saisit Koungaïeva par ses vêtements, la jeta sur un lit de camp et se mit à lui serrer le cou jusqu'à ce qu'elle ne montre plus aucun signe de vie [...].

Le geste délibéré de Boudanov entraîna chez Koungaïeva une rupture de la grande corne droite du larynx et la mort par asphyxie. Quand il prit conscience qu'il venait de commettre un meurtre avec préméditation, Boudanov appela dans son logement Grigoriev, Iegorov et Li-En-Chou. Il leur ordonna d'enlever le corps et de l'enterrer secrètement à distance du camp. Cette instruction fut exécutée par les hommes d'équipage du blindé de transport de troupes n° 391. Ils transportèrent en secret le corps de Koungaïeva et l'ensevelirent dans la forêt, comme l'indiqua le sergent Grigoriev dans son rapport à son supérieur, le lendemain matin, 27 mars 2000.

Interrogés dans le cadre de l'enquête criminelle, les accusés Boudanov et Fiodorov reconnurent en partie les faits qui leur étaient reprochés, avant de se rétracter et de revenir à leur première version des événements.

Accusé : Iouri Dmitrievitch Boudanov

Interrogé en qualité de témoin le 27 mars 2000, Boudanov expliqua que le 25 mars il s'était rendu au village de Tanghi, qu'il y avait découvert des mines dans une maison et qu'il avait arrêté deux Tchétchènes. Questionné au sujet du lieutenant Bagreïev, il affirma que personne ne l'avait battu. Lors de l'exercice de préparation au combat de la compagnie de renseignement du régiment, celle-ci avait incorrectement réagi à l'ordre d'attaquer. Un conflit avait surgi et Bagreïev avait insulté Fiodorov [...]. Ce dernier avait alors ordonné l'arrestation du lieutenant. Boudanov nia que Fiodorov eût ordonné d'ouvrir le feu sur le village de Tanghi. À la fin de l'interrogatoire, il demanda la permission de rédiger des aveux pour le meurtre d'une femme apparentée à des membres de groupes armés clandestins opérant en Tchétchénie.

Par la suite, dans des aveux écrits de sa main le 27 mars 2000, Boudanov fournit les informations suivantes : le 26 mars 2000, il s'était dirigé vers le secteur est de Tanghi en vue d'éliminer ou de capturer une tireuse embusquée [...]. À son retour au camp, la fille fut conduite dans ses quartiers [...]. Il lui demanda où était sa mère [...]. Elle répondit qu'elle comprenait mal le russe et qu'elle ignorait où étaient ses parents. Il s'ensuivit une dispute, à l'occasion de laquelle il déchira le tricot et le soutien-gorge de la fille. Celle-ci s'obstinait à vouloir fuir [...]. Pour la faire taire, il la jeta sur un lit de camp et l'étrangla [...]. Il ne lui avait pas ôté le bas de ses vêtements [...]. Il appela les hommes de l'équipage du blindé et leur ordonna d'enrouler le corps dans la couverture, de le transporter dans la forêt environnante et de l'y enterrer.

Interrogé le 28 mars 2000 en qualité de suspect, Boudanov a déclaré que le 3 mars 2000, il avait appris de sources opérationnelles qu'une tireuse embusquée vivait dans la localité de Tanghi-Tchou [...], on lui avait montré une photographie. Ces informations lui avaient été communiquées par un habitant du village qui avait des comptes personnels à régler avec les *boïeviki* [...]. Ayant capturé la fille, ils rentrèrent au camp [...]. Il la traîna au fond de son logement [...]. La fille se débattait et voulait s'enfuir, alors il la jeta sur un lit de camp et l'étrangla [...]. Au bout de dix minutes, elle s'était calmée [...]. Il prit son pouls, il ne battait plus. Il avait appelé l'équipage du blindé de transport de troupes. Le commandant et le télégraphiste se présentèrent. La fille gisait sur un lit de camp dans le fond de la pièce et ne portait plus que sa culotte [...]. Boudanov avait été pris de rage, parce qu'elle refusait de révéler où se trouvait sa mère. Selon les informations en sa possession, entre le 15 et le 20 janvier 2000, la mère de cette fille, armée d'un fusil à lunette, avait abattu douze soldats et leurs officiers dans les gorges d'Argoun.

Interrogé le 30 mars 2000 en qualité d'accusé, Boudanov reconnut une partie des faits qui lui étaient reprochés [...]. Il revint partiellement sur ses déclarations concernant la conduite de Koungaïeva. Elle lui avait dit qu'elle finirait bien par lui régler son compte et que ses hommes ne sortiraient pas vivants de Tchétchénie. Puis elle avait proféré des obscénités à l'encontre de la mère de Boudanov et couru jusqu'à la porte pour s'enfuir. Ces dernières paroles de Koungaïeva l'avaient mis hors de lui. Il l'avait rattrapée par son tricot et jetée sur un lit de camp. Près de ce lit, son pistolet était posé sur une table. Elle avait essayé de s'en emparer. Il l'avait alors repoussée sur le lit et saisie à la gorge de sa main droite, pendant que, de sa main gauche, il l'empêchait d'atteindre le pistolet [...].

[Ces revirements dans le témoignage de Boudanov s'expliquent par le fait que le Kremlin et le haut commandement militaire, une fois remis du choc que leur avait causé l'audace d'un procureur qui osait faire arrêter un colonel médaillé en exercice, s'étaient mis à faire pression sur l'instruction. Boudanov avait ainsi reçu des conseils sur ce qu'il devait déclarer en vue de minimiser les charges retenues contre lui, voire d'échapper à toute poursuite.]

À l'occasion d'un autre interrogatoire, Boudanov fournit de plus amples détails expliquant comment il savait que Koungaïeva était membre d'un groupe armé clandestin. Il aurait reçu ces renseignements de Tchétchènes rencontrés en janvier-février 2000, après les combats dans les gorges d'Argoun. Ces hommes lui auraient remis une photographie montrant Koungaïeva avec à la main un fusil à lunette Dragounov.

Dans un interrogatoire daté du 4 janvier 2001, Boudanov a déclaré qu'il plaiderait non coupable face à l'accusation d'enlèvement sur la personne de Koungaïeva. Compte tenu des informations en sa possession, ses actes étaient parfaitement justifiés. En la reconnaissant d'après la photographie qu'il détenait, il l'avait arrêtée en vue de la remettre aux forces de l'ordre. S'il ne l'avait pas confiée à ces dernières, c'est parce qu'il espérait apprendre d'elle où se cachaient les *boïeviki* [...].

Il espérait aussi que, informés de l'arrestation de Koungaïeva, les combattants tchétchènes tenteraient de la délivrer. C'est pour cette raison qu'il avait décidé de rejoindre immédiatement le régiment [...]. Il niait être coupable d'un meurtre avec préméditation [...]. Il était fortement perturbé au moment des faits et se trouvait par conséquent dans l'incapacité d'expliquer comment il en était venu à l'étrangler.

Accusé : Ivan Ivanovitch Fiodorov

Interrogé le 3 avril 2000 en qualité de témoin, Fiodorov a déclaré que le 26 mars 2000 lui-même, Arzoumanian [un compagnon d'armes] et Boudanov étaient allés inspecter la compagnie de renseignement. L'inspection terminée, il avait donné à Bagreïev un ordre intérimaire : « Poste de commandement attaqué : monter en position », et désigné la cible. Il avait ensuite appelé Bagreïev pour lui demander pourquoi les véhicules de combat n'étaient pas en position. Il ne se rappelait pas ce que lui avait répondu le lieutenant [...]. Il l'avait ensuite attrapé par ses vêtements.

[... Fiodorov] ne se rappelait pas qui avait donné l'ordre de ligoter Bagreïev [...]. Il s'était ensuite approché du lieutenant et l'avait frappé à plusieurs reprises [...]. Sur son ordre, Bagreïev avait ensuite été placé dans le puits. Fiodorov avait sauté dans ce trou pour faire savoir à Bagreïev ce qu'il pensait de lui.

C'est Arzoumanian qui l'avait hissé hors du puits et ce n'est que le lendemain matin qu'il avait appris que Boudanov s'était rendu à Tanghi durant la nuit [...].

Autour du 20 mars 2000, Boudanov lui avait montré la photographie d'une femme dont il disait qu'elle était un

sniper. Selon le colonel, cette femme vivait à Tanghi [...].
Elle ne paraissait pas avoir plus de trente ans. Autour du
25 mars 2000, Boudanov était allé au village, où des
Tchétchènes lui avaient indiqué la maison occupée par
les *boïeviki* [...].

*Partie civile : Vissa Oumarovitch Koungaïev, tchétchène,
né le 19 avril 1954, marié, agronome au sovkhoze Ourous-
Martan, père d'Elsa Vissaïevna Koungaïeva*

Elsa était l'aînée des enfants de la famille [...], une
jeune fille réservée, calme, travailleuse, sérieuse et honnête. Sa mère étant malade, Elsa avait dû s'occuper de
tous les travaux de la maison et s'occuper de ses frères et
sœurs. Elle passait tout son temps libre chez elle et ne
sortait jamais. Elle ne fréquentait pas de garçon, se montrait extrêmement timide en présence de personnes de
sexe masculin et n'avait aucune intimité avec les garçons.
[La] fille [de Vissa Koungaïev] n'était pas un sniper et
n'appartenait à aucun groupe armé. Cette affirmation était
absurde.

Le 26 mars 2000, il était allé voter en compagnie de sa
femme et de ses enfants.

[Ironie du sort, c'est ce même 26 mars 2000 que Poutine
fut élu président.]

Ils s'étaient ensuite occupés à la maison, et vers 15 heures sa femme s'était rendue chez son frère à Ourous-Martan. Il était resté seul avec les enfants.

Ils s'étaient couchés aux environs de 21 heures, parce
qu'il n'y avait pas d'électricité [...]. Le 27 mars 2000, aux
alentours de 0 h 30, il s'était réveillé en entendant le
moteur d'un véhicule militaire [...]. Il avait regardé par la
fenêtre et avait vu des étrangers approcher de leur maison. Il avait appelé sa fille aînée Elsa et lui avait demandé
de réveiller les enfants, de les habiller et de les faire rapidement sortir, en l'informant que la maison était encerclée
par des soldats. Lui-même s'était rendu en toute hâte chez
son frère qui habitait à une vingtaine de mètres de là.

Son frère accourait déjà [...]. Quand il était entré dans
la maison, il avait vu le colonel Boudanov et l'avait immédiatement reconnu, parce que son portrait avait été
publié dans le journal *Krasnaïa Zvezda*[1].

1. *L'Étoile rouge*, quotidien publié par le ministère de la Défense.

Boudanov lui avait demandé qui il était et Adlan avait répondu qu'il était le frère du maître des lieux. « Sortez d'ici ! » lui avait alors ordonné sans ménagement Boudanov. Adlan avait obéi et, dehors, il s'était mis à crier. D'après ce que ses enfants lui rapportèrent, Koungaïev avait alors compris que les soldats avaient l'intention d'emmener Elsa. Celle-ci hurlait. Les soldats l'enveloppèrent dans une couverture et la firent sortir. Des parents, accourus sur ces entrefaites, tirèrent tout le monde du lit pour qu'on les aide à récupérer la jeune fille.

Koungaïev était allé trouver le responsable administratif du village, le commandant de Tanghi et celui du district d'Ourous-Martan. Le 27 mars 2000 dans la soirée, ils apprirent qu'Elsa avait été assassinée. Pour Koungaïev, Boudanov l'avait enlevée et violée parce qu'elle était une jolie fille.

Le témoin A. S. Magamaïev a déclaré qu'il était un voisin des Koungaïev. C'était une famille pauvre qui vivait essentiellement du travail de la terre. Il connaissait Elsa depuis sa naissance. C'était une enfant timide qu'on ne voyait jamais avec les garçons de son âge. Il pouvait affirmer qu'Elsa n'avait jamais appartenu à une quelconque formation armée.

Les enquêteurs ne purent pas produire la moindre preuve qu'Elsa Vissaïevna Koungaïeva ait été associée de quelque manière que ce soit à un groupe armé clandestin.

Témoin : Ivan Alexandrovitch Makarchanov, ancien soldat de l'unité 13206

Le soir du 26 mars 2000, le peloton de commandement fut appelé en urgence. Sur ordre du commandant du régiment, les membres du peloton ligotèrent [...] Bagreïev, l'officier responsable du groupe de renseignement. Bagreïev était couché par terre. Boudanov et Fiodorov le frappèrent chacun à trois reprises au moins. Tout se passa très vite. Ensuite, Bagreïev fut jeté dans un puits, un *zindan*.

Plus tard, alors qu'il faisait encore nuit, Makarchanov entendit des cris et des grognements. Il sortit de sa tente et vit que Boudanov et Fiodorov étaient dans le puits où on avait jeté Bagreïev. (La tente se trouvait à une distance de 15 à 20 mètres du trou.) Fiodorov frappait Bagreïev au visage. Boudanov se tenait à côté de lui. Quelqu'un éclairait le puits à l'aide d'une lampe torche, si bien qu'il avait vu très distinctement toute la scène. Ensuite on avait hissé Fiodorov hors du trou.

Jusqu'à 2 heures le 27 mars 2000, Makarchanov resta dans la tente de Fiodorov pour alimenter le poêle. Sur le coup de une heure, il entendit un blindé de transport de troupes se diriger vers les quartiers de Boudanov [...]. Il vit quatre personnes entrer dans le logement de Boudanov (le colonel se trouvait parmi eux). Un autre portait sur l'épaule un paquet de la taille d'un être humain. Il vit en dépasser de longs cheveux [...].

L'homme au paquet ouvrit la porte et déposa sa charge par terre. L'intérieur du logement était éclairé, si bien que Makarchanov vit entrer Boudanov. De la tente où il se trouvait jusqu'au logement du colonel, la distance était de 8 à 10 mètres [...].

Pendant tout le temps que Boudanov passa ensuite à l'intérieur, trois membres de l'équipage du blindé restèrent en faction à proximité [...].

Le témoin Alexandre Mikhaïlovitch Saïfoulline a déclaré avoir effectué son service dans l'unité 13206 à partir du mois d'août 1999. À partir de la fin janvier 2000, il avait occupé la fonction de chauffeur affecté au logement de Boudanov. Aux alentours de 5 heures ou 5 h 15, le 27 mars 2000, il entra dans le logement du commandant pour y alimenter le poêle. Boudanov était allongé sur le lit de droite et non sur celui qu'il occupait d'ordinaire, au fond de la pièce. Par terre, le tapis était plissé et semblait avoir été déplacé [...]. [Saïfoulline] vit que le lit n'était pas fait. Boudanov dormait. Vers 7 heures, il revint et versa un seau d'eau pour la toilette du commandant [...]. Boudanov lui ordonna de ranger le logement et, montrant de la tête son lit, il commanda également de changer la couverture et toute la literie. Saïfoulline se mit au travail et remarqua que la couverture était mouillée [...]. Boudanov lui donna une heure pour nettoyer les lieux de fond en comble. Quand il ôta la literie du lit de camp situé au fond du logement, il nota que le coin gauche du drap était mouillé [...].

Le témoin Valeri Vassilievitch Guerassimov a déclaré qu'entre le 5 mars et le 20 avril 2000, il occupait la fonction de commandant par intérim des forces de l'Ouest.

Le 27 mars au matin, il apprit du commandement d'Ourous-Martan que durant la nuit une jeune fille avait été enlevée au village de Tanghi-Tchou et qu'on soupçonnait des soldats. Il prit contact avec les commandants de trois régiments, y compris le 160e régiment de chars du colonel Boudanov, et leur donna trente minutes pour rendre la jeune fille. Accompagné du général Alexandre Ivanovitch Verbitski, il se rendit en personne au 245e puis au 160e régiment.

Au 160e régiment, il fut accueilli par Boudanov qui lui fit son rapport : tout était en ordre et il n'avait rien appris concernant la jeune fille. Toujours accompagné de Verbitski, le général alla ensuite à Tanghi où se tenait à ce moment-là une réunion de villageois. Des explications que leur fournit le père de la jeune fille, il ressortait que pendant la nuit un colonel et plusieurs soldats étaient arrivés au village à bord d'un blindé de transport de troupes, qu'ils avaient enveloppé la jeune fille dans une couverture et l'avaient emmenée. Ils connaissaient ce colonel, c'était le commandant du régiment de chars. Au début Guerassimov et Verbitski ne crurent pas à cette version des faits. Ils retournèrent au régiment. Boudanov y était introuvable. Guerassimov ordonna l'arrestation du colonel.

[Un règlement des forces armées russes stipule que des militaires en exercice ne peuvent être arrêtés qu'avec l'autorisation de leurs officiers supérieurs. Dans le cas de Boudanov, seul le général Guerassimov possédait ce statut. Nous devons par conséquent lui être reconnaissants, car sans lui il n'y aurait jamais eu d'affaire Boudanov. Dans la majorité des cas, les officiers supérieurs opérant en Tchétchénie n'accordent pas au parquet l'autorisation d'arrêter les hommes placés sous leur commandement, lorsque ceux-ci ont commis des crimes de guerre et, au contraire, ils mettent tout en œuvre pour les protéger. Compte tenu de la situation dans la zone de l'opération antiterroriste, il faut considérer que le général Guerassimov a agi avec beaucoup de courage. Cette initiative aurait pu lui coûter sa carrière. Mais comme l'affaire a fait grand bruit dans l'opinion publique, non seulement il n'a rien perdu, mais il a même été nommé à la tête de la 58e armée, ce qui représente une importante promotion.]

Après son arrestation, Boudanov fut conduit à Khankala [le quartier général des forces russes en Tchétchénie].

Le soir même, le conducteur du blindé qui l'avait transporté jusqu'au village de Tanghi reconnut que, dans la nuit du 27 mars, ils avaient ramené une fille et qu'ils l'avaient portée dans les quartiers du colonel. Deux heures plus tard environ, Boudanov les avait appelés. La fille était morte. Boudanov leur avait donné l'ordre d'emporter le corps et de l'enterrer.

Le 28 mars au matin, le corps avait été exhumé, transporté au bataillon médico-sanitaire, autopsié, nettoyé et rendu aux parents.

Interrogé en qualité de témoin, Igor Vladimirovitch Grigoriev a déclaré que dans la nuit du 26 au 27 mars 2000, lorsqu'ils revinrent au camp, Boudanov leur ordonna de transporter dans ses quartiers la fille, enroulée dans une couverture, puis de monter la garde dehors et d'empêcher quiconque d'entrer. Boudanov resta ensuite dans son logement avec la fille. Environ dix minutes après qu'ils furent sortis, ils entendirent à l'intérieur des cris de femme ainsi que la voix de Boudanov, puis de la musique. Ensuite, des hurlements de femme leur parvinrent par intermittence de l'intérieur du logement.

Boudanov resta enfermé avec la fille entre une heure trente et deux heures. Environ deux heures plus tard, il appela les trois hommes à l'intérieur, où la femme qu'ils avaient transportée était couchée sur le lit, entièrement nue, le visage cyanosé. La couverture dans laquelle il l'avait transportée était déployée par terre. Ses vêtements gisaient en tas. Boudanov leur ordonna d'emmener le corps et de l'enterrer en secret [...]. Ils l'enveloppèrent dans la couverture, le chargèrent dans le blindé n° 391, puis l'ensevelirent, ce dont Grigoriev informa Boudanov lorsqu'il lui fit son rapport le 27 mars au matin.

Interrogé le 17 octobre 2000, Grigoriev précisa que dix à vingt minutes après qu'ils eurent quitté ses quartiers, il avait entendu Boudanov crier, mais n'avait pas compris le sens de ses paroles. Il avait aussi entendu les cris de la fille, des cris exprimant de la peur. Lorsque, appelés par Boudanov, ils étaient entrés dans le logement, ils avaient vu la fille nue sur le lit de camp et elle ne donnait plus signe de vie [...]. Elle portait des traces bleues au cou, comme si elle avait été étranglée. Boudanov la désignait du doigt et, avec une expression étrange, il avait dit :

« T'as payé, salope, pour Razmakhnine et pour tous les gars qui sont morts sur cette montagne. »

L'examen du corps de Koungaïeva montra [...] des blessures au [...] cou [...] et au visage [...] ; une cyanose et une boursouflure de la face ; des ecchymoses dans la zone suborbitale droite, sur la surface interne de la cuisse droite ; [...] des épanchements de sang dans la bouche, les gencives et la partie supérieure gauche de la mâchoire. Le corps était dénudé [...].

L'autopsie pratiquée [...] le 30 avril 2000 permit d'établir que les blessures au cou étaient antérieures à la mort [...], la cause du décès étant une pression exercée sur le cou à l'aide d'un instrument contondant. Les ecchymoses sur le visage et la cuisse de Koungaïeva, les saignements dans la [...] bouche, ainsi que la blessure à l'œil droit avaient été causés par un ou plusieurs instruments contondants [...] toutes ces blessures étaient *ante mortem* [...].

Interrogé en qualité de témoin, le capitaine Alexeï Viktorovitch Simoukhine, enquêteur auprès du bureau du procureur militaire, a déclaré que, le 27 mars 2000, il reçut l'ordre de conduire Boudanov jusqu'à la piste de décollage de l'unité 13206 en vue de son transport jusqu'à Khankala.

Pendant le vol, Boudanov se montra extrêmement agité. Il ne cessait de demander comment il devait se comporter, ce qu'il était censé dire et faire. Le 28 mars 2000 au matin, sur les indications du témoin Iegorov, Simoukhine et les autres enquêteurs partirent récupérer le corps de Koungaïeva. Il tint à préciser que le corps était habilement camouflé sous du gazon [...], il était plié en position fœtale et complètement dénudé.

Partie civile : lieutenant Roman Vitalievitch Bagreïev, chef d'état-major en second de bataillon de chars, unité 13206

À partir du 1ᵉʳ octobre 2000, en tant que membre du 160ᵉ régiment, [Bagreïev] a participé à l'opération antiterroriste. Il n'a aucun compte à régler avec Boudanov et Fiodorov.

Le 20 mars 2000, la compagnie de renseignement s'était déplacée de la localité de Komsomolskoïe au village de Tanghi-Tchou. Un concours avait été lancé entre les sections du régiment en vue d'élire parmi elles la plus disciplinée. La section antiaérienne avait remporté la première place. Fiodorov n'était pas d'accord avec ce classement et soutint que la compagnie de renseignement était la meilleure [...]. Voulant en persuader Boudanov [...] il insista pour qu'une inspection soit menée au cantonnement de la compagnie.

Il était 18 heures passées quand Boudanov, Fiodorov, Silivanets et Arzoumanian arrivèrent sur les lieux. Boudanov avait bu, mais restait maître de ses actes. Fiodorov était dans un état d'ébriété avancé. Il titubait et son élocution était altérée. Il voulut persuader Boudanov de tester la promptitude au combat de la compagnie. Boudanov refusa à deux ou trois reprises, mais Fiodorov insistait. Boudanov céda à sa demande et lança l'ordre : « Prenez vos positions. Préparez-vous au combat. »

Aussitôt, Bagreïev courut jusqu'aux retranchements, Fiodorov sur ses talons. Les blindés se mirent en position. Boudanov se trouvait au centre de transmission. Il savait que chaque véhicule transportait dans son chargeur un obus explosif à fragmentation prêt à l'emploi. Il n'existait aucun motif d'ouvrir le feu sur le village à ce moment-là, hormis l'ordre donné par Fiodorov.

Quand les équipages furent en position, il leur commanda de décharger l'obus à fragmentation, de charger à sa place un obus perforant et de faire feu au-dessus des maisons. Les missiles de ce type, s'ils sont tirés en l'air sans rencontrer d'obstacle, se désintègrent. Alors qu'une charge à fragmentation n'est pas équipée de ce mécanisme d'autodestruction [...].

Le véhicule n° 380 tira au-dessus des toits du village. Fiodorov, en voyant cela, bondit sur le deuxième blindé et ordonna au tireur-pointeur d'ouvrir le feu sur Tanghi. Mécontent de la façon d'agir de Bagreïev, Fiodorov attrapa celui-ci par ses vêtements et l'agonit d'injures. Bagreïev fut appelé par Boudanov. Lorsqu'il arriva au centre de transmission, Boudanov et Fiodorov étaient sur place. Ils le passèrent à tabac.

Un examen des lieux a établi que le 27 mars 2000, au sud-ouest du quartier général de l'unité 13206, à une distance de 25 mètres du poste de commandement du régiment, se trouvait un puits obstrué par trois planches. Il mesurait 2,40 m de longueur sur 1,60 m de largeur et 1,30 m de profondeur. Ses flancs étaient en brique et son fond en terre battue.

[Il convient de noter que cette déposition contient la première description dans les archives judiciaires russes de ce que l'on appelle un *zindan*. Ces puits d'un genre très spécial sont employés à grande échelle comme instrument de torture depuis le début de la deuxième guerre de Tchétchénie. On les trouve dans presque toutes les unités déployées sur le territoire tchétchène. Ils servent d'ordinaire à la détention des autochtones, mais sont parfois utilisés pour des soldats tombés en disgrâce et, dans de rares cas, pour des officiers de rang subalterne.]

Interrogé en qualité de témoin, le deuxième classe Dmitri Igorevitch Pakhomov a déclaré que le 26 mars 2000, aux environs de 20 heures, Fiodorov avait crié à Bagreïev : « Je vais t'apprendre à exécuter mes ordres, sale morveux ! » Bagreïev fut couvert d'insultes [...]. Fiodorov donna l'ordre de le ligoter et de le mettre dans le puits. Précédemment, il était parfois arrivé que des soldats sous contrat qui étaient soûls soient ainsi ligotés par le peloton et jetés dans le puits, mais qu'un tel traitement soit infligé au commandant de la compagnie de renseignement était impensable.

Approximativement une heure plus tard, le peloton fut de nouveau appelé en urgence par Boudanov. Lorsqu'ils arrivèrent, les hommes trouvèrent Bagreïev couché par terre. Boudanov et Fiodorov recommencèrent à le frapper à coups de pied. Puis, sur ordre de Boudanov, Bagreïev fut de nouveau attaché et remis dans le puits. C'est alors que Fiodorov sauta dans le trou et qu'il se mit à y frapper Bagreïev. Bagreïev poussait des cris et des gémissements de douleur [...]. Silivanets rejoignit Fiodorov dans le puits pour l'en sortir. Aux environs de 2 heures, Pakhomov était dans sa tente quand il entendit des coups de feu. Comme il l'apprit plus tard, c'était Souslov qui avait tiré afin de ramener Fiodorov à la raison. Fiodorov essayait une fois de plus de se jeter sur Bagreïev.

Boudanov et Fiodorov furent inculpés. Les poursuites engagées contre Grigoriev et Li-En-Chou furent abandonnées par suite d'une amnistie.

Les conclusions de l'expertise psychologique ont établi qu'au moment des faits qui lui étaient repro-

chés à l'encontre de Bagreïev, Boudanov ne souffrait
ni d'un dysfonctionnement passager du psychisme ni
d'une incapacité pathologique ou physiologique. Au
moment du meurtre de Koungaïeva, il se trouvait
temporairement dans un état psychoaffectif à effet
cumulatif induit par la situation. Il n'était pleinement conscient ni de la nature ni de la portée de
ses actes et n'était pas non plus capable d'user de
son libre arbitre pour les contrôler.

Le procès

L'affaire Boudanov allait maintenant être jugée.
C'était l'été 2001. Le premier juge, le colonel Victor
Kostine, appartenait au tribunal militaire du Caucase du Nord, lequel est basé à Rostov-sur-le-Don,
pareillement au quartier général de la région militaire du Caucase du Nord dont dépendent les forces
armées qui, comme on dit chez nous, « se battent
en Tchétchénie ». Dans cette ville, partout on ressent l'influence de l'armée. C'est là que se trouve
l'hôpital militaire par lequel sont passés des milliers
de soldats blessés et estropiés dans le conflit tchétchène. Et c'est encore là que vivent les familles des
nombreux officiers affectés en Tchétchénie. Dans
un certain sens, Rostov-sur-le-Don est une ville de
front. Cette réalité a joué un grand rôle dans l'évolution du procès Boudanov, car pendant toute sa
durée des manifestations se sont tenues sous les
fenêtres du tribunal. « C'est la Russie qu'on juge »,
« Liberté pour le héros russe », tels étaient les slogans scandés par les protestataires.

La première partie des audiences s'est éternisée
pendant plus d'un an, de l'été 2001 au mois d'octo-

bre 2002. La finalité de la procédure n'était pas, semble-t-il, de décider si Boudanov était coupable ou non, mais de le disculper de ses crimes, de le « blanchir ». Pendant toute la durée des audiences, le juge Kostine afficha son parti pris en faveur de Boudanov, rejetant toutes les requêtes des Koungaïev et récusant les éventuels témoins à charge. Il refusa même d'entendre les généraux Guerassimov et Verbitski au motif qu'ils avaient donné l'autorisation d'arrêter le colonel assassin.

Pendant tout ce temps, le procureur lui aussi prit ouvertement fait et cause pour l'accusé et se comporta comme un avocat de la défense, alors que son rôle était d'agir pour le compte de la partie lésée.

Le climat à l'intérieur du prétoire reflétait celui qui régnait à l'extérieur. L'opinion publique dans sa majorité était pour Boudanov. Dans les meetings qui se tenaient au pied du tribunal, on voyait flotter le drapeau communiste. Quand l'accusé pénétrait dans le bâtiment, on lui jetait des fleurs. Même le ministère de la Défense prit son parti. Sergueï Ivanov, son plus haut représentant, déclara publiquement que Boudanov « n'était, à l'évidence, pas coupable ».

Le fondement idéologique de son absolution était que Boudanov, bien qu'il eût commis un crime, se trouvait en droit d'agir comme il l'avait fait, en droit de se venger sur l'ennemi, personnifié par Elsa Koungaïeva qu'il croyait être le sniper responsable de la mort de plusieurs officiers.

Dès le commencement du procès, la famille Koungaïev eut de multiples déboires avec ses avocats. Elle était pauvre, elle avait de nombreux enfants et pas de travail. Après la mort tragique d'Elsa, les Koungaïev avaient dû rejoindre un camp de réfugiés dans la république voisine d'Ingouchie et vivaient à présent sous la tente. Ils craignaient les représailles de l'armée pour avoir demandé justice (car ils avaient reçu des menaces). D'où leurs difficultés à trouver un défenseur. L'organisation Mémorial pour la défense des droits humains, basée à Moscou et possédant une antenne à Rostov-sur-le-Don, leur trouva des avocats et couvrit les frais de procédure pendant un certain temps.

Le premier qui fut chargé du dossier s'appelait Abdoulah Hamzaïev C'était un Tchétchène d'un âge avancé qui vivait à Moscou depuis de longues années et se trouvait être, en outre, un parent éloigné des Koungaïev[1]. Il faut malheureusement dire que ses efforts furent inefficaces et même contre-productifs. Mais il n'était pas fautif. Notre société devient chaque jour plus raciste, elle se méfie des Caucasiens et plus encore des Tchétchènes. Les conférences de presse qu'Hamzaïev organisa à Moscou afin de dénoncer les difficultés qu'il rencontrait pour faire avancer les choses au tribunal militaire de Rostov n'eurent aucun écho. Les journalistes ne le croyaient pas, si bien qu'aucune campagne dans

1. Abdoulah Hamzaïev s'est éteint à Moscou en juin 2004 des suites d'une grave maladie. Pendant le procès Boudanov, il subit de très fortes pressions pour s'être dressé contre le colonel et ses partisans. Il fut menacé de représailles et sa famille fit l'objet d'intimidations de la part de nationalistes russes apparentés à des groupes paramilitaires extrémistes, ainsi que de collègues officiers de Boudanov. Hamzaïev dut être hospitalisé pendant le procès à la suite de plusieurs crises cardiaques. Il fut même victime d'un infarctus et déclaré cliniquement mort, mais il se rétablit et retourna au tribunal. C'est grâce à sa persévérance que Boudanov fut condamné à une lourde peine d'emprisonnement, une issue à laquelle peu de gens croyaient au printemps 2000 (N.d.A.).

les médias ne prit la défense des Koungaïev. Or c'était leur unique espoir de faire progresser leur cause.

Mémorial invita alors un jeune avocat moscovite, Stanislas Markelov, pour assister Hamzaïev. Markelov était membre du même collège interrépublicain d'avocats que les défenseurs de Boudanov. Les grands dossiers qu'il avait défendus jusqu'alors, et qui lui avaient valu l'attention de l'association Mémorial, concernaient les premières affaires jugées en Russie pour des faits de terrorisme et d'extrémisme politique : un attentat à l'explosif contre le monument au tsar Nicolas II, dans les environs de Moscou, une tentative d'attentat contre le monument à Pierre le Grand, et l'assassinat par des skinheads de citoyens russes d'origine afghane.

Markelov était russe et, à ce moment-là de la procédure, ce détail était crucial. Mémorial avait fait un bon choix, parce que par la suite c'est l'énergie de Markelov, ses choix tactiques et sa capacité à communiquer avec les médias qui finirent par susciter l'intérêt pour ce procès de la presse russe et étrangère travaillant à Moscou. Voici comment l'avocat Stanislas Markelov rapporte ce qu'il a vu au tribunal lorsqu'il a repris l'affaire. À l'époque, le procès se déroulait à huis clos et les journalistes n'étaient pas autorisés dans la salle :

> « La cour était très pressée. Elle ne voulait pas entendre le détail de nos requêtes et rejetait tout ce qui aurait pu être interprété contre Boudanov [...]. Ainsi, nos demandes pour faire comparaître des témoins, des experts, ou pour entendre des avis indépendants étaient systématiquement rejetées. À mon avis, le juge Kostine ne les lisait même pas [...].
> — Mais pourquoi ces demandes étaient-elles si nombreuses ? lui ai-je objecté. Vous provoquiez la cour en la

noyant sous une telle quantité de requêtes. Cette approche était-elle raisonnable ?

— La réponse est simple : la cour fermait les yeux sur de nombreuses entorses à la loi, et notre devoir d'avocats était de protester [...]. Vous me demandez qui étaient tous ces gens que nous voulions faire comparaître et pourquoi deux d'entre eux ont suscité un tel tollé. Pour vous répondre, je vous rappellerai les circonstances qui ont entouré ce procès : la veille du crime [...] Boudanov et d'autres officiers [...] avaient arrêté deux Tchétchènes [...] ; l'un d'eux aurait prétendument désigné une maison dans laquelle, comme l'affirme Boudanov, vivait une famille qui soutenait les terroristes ou dont les membres étaient eux-mêmes des terroristes. Le nom des informateurs était cité dans les pièces du dossier, il n'était donc pas confidentiel. La défense, que nous représentions, a donc cherché à savoir qui étaient ces gens qui avaient induit en erreur Boudanov en lui désignant la demeure des Koungaïev [...]. Nous voulions que ces informateurs soient appelés à la barre et nous expliquent pourquoi ils avaient agi ainsi [...]. Nous avons découvert que l'un d'eux était sourd et muet. Il se trouvait donc dans l'incapacité physique d'entendre les questions de Boudanov qui l'interrogeait sur l'identité de la tireuse embusquée, et *a fortiori* de lui répondre [...].

— Et l'autre informateur ?

— Celui-là a été encore plus facile à retrouver. Il s'avéra que le 26 mars, après sa rencontre avec Boudanov, ce second informateur et le colonel, par l'effet d'une pure coïncidence évidemment, avaient été photographiés ensemble par des correspondants du journal *Krasnaïa Zvezda*, l'organe du ministère de la Défense. Par le plus grand des hasards, ces correspondants travaillaient ce jour-là à Tanghi-Tchou et onze de leurs clichés pris dans le village avaient été versés au dossier [...]. Cet homme pouvait donc être identifié à partir des photos et confirmer devant la cour que le soir du meurtre Boudanov s'était rendu à Tanghi-Tchou pour y capturer des terroristes [...].

Mais c'est alors que nous avons constaté de nouvelles incohérences. En étudiant attentivement les clichés [...] nous avons découvert qu'ils avaient été pris le 25 et non le 26 mars [...]. Or vous vous rappelez que c'était prétendument ce 26 mars que les informateurs auraient parlé à

Boudanov de ces fameuses tireuses embusquées et que le colonel, assoiffé de vengeance après le meurtre de ses camarades, aurait été bouleversé par cette révélation et à peine capable d'attendre la nuit pour prendre sa revanche [...]. Toutefois s'il s'avérait que les informateurs lui avaient parlé le 25 mars, pouvait-on encore évoquer la thèse d'une réaction spontanée, d'émotions qui l'auraient totalement submergé et qui justifieraient son acte ? D'autre part, des témoins affirmaient que du 25 mars au 26 mars à midi, moment auquel les officiers avaient entamé la beuverie organisée par le colonel en l'honneur de l'anniversaire de sa petite fille, celui-ci était calme et n'affichait aucune intention d'aller se venger sur une tireuse embusquée.

— Bien, soyons objectifs. Quelqu'un s'était trompé dans les dates. Ce genre de choses peut arriver, surtout en temps de guerre.

— Non, car ces incohérences sont présentes à toutes les étapes du dossier [...]. Pour un profane, et *a fortiori* pour un juriste, ces incohérences indiquent clairement que la cour devait absolument faire comparaître le [second] informateur [...] en vue d'établir la vérité et de découvrir ce qui s'était réellement passé. Boudanov en avait-il réellement après une tireuse embusquée, ou bien était-il simplement en quête d'une belle fille ? [...] Si cette dernière explication était la bonne, alors l'image de Boudanov en héros [...] — toute cette idéologie — était totalement hors de propos. L'expertise psychiatrique ne pouvait plus fonder toutes ses conclusions sur son prétendu "héroïsme" et ses "désirs de vengeance à l'encontre de la tireuse embusquée". Et cela d'autant plus que le dossier renferme de nombreuses références à de précédentes "nanas du colonel". "Le commandant a encore ramené une bonne femme" : cette citation est extraite de la déposition d'un soldat lors de l'enquête préliminaire [...].

— Que s'est-il passé ensuite ?

— La cour a déclaré [...] qu'elle n'était pas une agence de détectives privés et qu'elle n'était nullement tenue de faire rechercher cet homme. Évidemment, les avocats se sont mis au travail et nous avons réussi à retrouver l'homme en question. Il s'appelait Ramzan Sembiev. C'était un détenu condamné aux travaux forcés pour enlèvement qui purgeait sa peine au Daghestan. Le plus important n'est pas tant la personnalité de l'informateur, ni que Boudanov se soit fait aider par des individus coupables de crimes aussi odieux. L'important est que nous ayons découvert Sembiev en détention dans un camp de travail. Il n'était donc pas difficile de le faire appeler devant la cour pour un contre-interrogatoire. La procédure pénale russe impose en effet que tous les détenus soient enregistrés dans une base de données à laquelle ont accès les tribunaux. Pour faciliter encore la tâche du juge, nous lui avons même indiqué l'endroit où était gardé Sembiev — qui n'était pas loin de Rostov-sur-le-Don. Mais la réponse de la cour resta inchangée : "Non, nous n'avons pas besoin de cet homme. Il ne peut fournir au tribunal aucune information digne d'intérêt." Et comme si cela ne suffisait pas, le procureur Nazarov [...] fit une déclaration [pour expliquer] que puisque le témoin était un délinquant, il ne pouvait pas dire la vérité et que rien ne justifiait par conséquent qu'on "le traînât jusqu'ici". J'étais très surpris. Sembiev était certes un criminel dans son propre dossier, mais il devenait un témoin dans notre affaire. Or le procureur ne voyait pas cette distinction.

— Pour quelle raison ?

— La cour approchait ce dossier d'un point de vue idéologique. Le Kremlin faisait pression pour que Boudanov fût blanchi. Aucun élément ne pouvait être considéré comme important ou pertinent s'il était à la charge de l'accusé. Le parquet avait choisi de [...] ne pas tenir le rôle qui lui est dévolu par la Constitution [...].

La déclaration que Nazarov prononça devant la cour comportait d'autres éléments inexplicables. Par exemple, après notre requête au tribunal, un procureur du Daghestan aurait pris contact avec Sembiev au bagne et lui aurait demandé s'il connaissait Boudanov. Sembiev aurait répondu qu'il l'avait vu pour la première fois à la télévision.

— Un compte rendu de cet entretien a-t-il été versé au dossier ?

— Non, bien sûr [...].

— Est-il exact d'affirmer que le tribunal militaire a mis tout en œuvre pour que dans cette affaire on ne puisse se forger une image précise des crimes qui étaient jugés ? Autrement dit, ce tribunal a-t-il fait tout le contraire de ce qu'il est normalement tenu de faire selon les termes de la Constitution et de la loi ?

— C'est parfaitement vrai. Et je peux vous citer

d'autres exemples où la cour n'a pas voulu que la vérité transpire [...]. Ainsi on a parlé d'une photographie que Boudanov aurait longtemps conservée et qui montrait Elsa Koungaïeva et sa mère tenant des fusils. Boudanov prétendait que ce cliché lui avait été donné par un certain Iakhiaïev, responsable administratif du village de Douba-Iourt, pour l'aider à retrouver les femmes qui avaient abattu des officiers de son régiment dans les gorges d'Argoun. Le village de Douba-Iourt se trouve à l'entrée des gorges. En février 2000, cet endroit a été le théâtre de violents combats auxquels a participé le régiment de Boudanov. Cette photographie, sur laquelle les experts psychiatres consultés par la cour ont échafaudé leurs conclusions [...], manquait au dossier. À ce jour, elle reste introuvable. Cela signifie d'abord que les experts ont menti [...] et ensuite que cette pièce à conviction élémentaire [...] n'a jamais existé. Dans l'entreprise visant à blanchir Boudanov, tout reposait sur cette photographie [...].

— Oui, mais même si elle manque au dossier, Iakhiaïev restait un témoin crucial qui aurait logiquement dû être appelé à comparaître.

— Il l'aurait été si cette cour avait suivi la logique normale qui consiste à établir la vérité et à déterminer les responsabilités de chacune des parties. Mais, en Russie, nous possédons un autre type de tribunaux, dont les motivations sont idéologiques. Ils protègent les intérêts des criminels de guerre en croyant protéger ceux de l'État. Dans ce cas encore, le juge Kostine a affirmé : "Non, nous n'avons pas besoin de Iakhiaïev. Il ne nous fournira aucun élément important." [...] Nous avons trouvé Iakhiaïev et il était tout à fait disposé à venir témoigner, mais pour cela il avait besoin d'un laissez-passer lui permettant d'entrer en Tchétchénie et d'y franchir les postes de contrôle. Le tribunal lui refusa cette autorisation.

— Comment le juge Kostine a-t-il justifié son autre refus de faire comparaître le général Guerassimov ?

— [...] Le juge a considéré que l'audition du général ne présentait aucun intérêt, alors qu'elle aurait pu nous éclairer sur l'état d'esprit du colonel dans la matinée qui avait suivi le crime, un point sur lequel les témoignages étaient excessivement contradictoires [...]. Boudanov souffrait-il d'une gueule de bois ? [...] Dans l'enquête préliminaire, des témoins avaient abondamment parlé de son état d'ébriété [...]. Était-il, comme l'affirmait le premier rapport psychiatrique [il y en eut six en tout], dans un état de conscience altéré par sa consommation d'alcool ? Le meurtre était-il la conséquence d'un accès de folie ? Et puisque la folie ne disparaît pas en l'espace de quelques heures [...] il faut en conclure que Boudanov était lucide et responsable de ses actes. Pourquoi, dans ce cas, les psychiatres ont-ils affirmé qu'il ne pouvait pas être tenu pour responsable de ses actes ? N'est-ce pas parce qu'eux aussi participaient à l'entreprise de "blanchiment" de Boudanov ?

— En dehors de ces considérations, l'interrogatoire du général aurait contribué à établir si Boudanov avait résisté à son arrestation. Nous savons que lorsque Guerassimov est arrivé au camp du 160ᵉ régiment [...] pour arrêter Boudanov, celui-ci a répliqué en ordonnant à des soldats de la compagnie de renseignement de résister aux hommes du général. Les deux factions ont même failli échanger des coups de feu.

— Oui, c'est exactement ce qui s'est passé. Boudanov a dégainé son arme. Guerassimov a craint qu'il n'abatte quelqu'un, mais Boudanov s'est finalement ravisé et s'est tiré une balle dans le pied. Tout cela est consigné dans le dossier [...].

— Si Boudanov avait résisté à son arrestation, qu'est-ce que cela aurait changé ?

— Beaucoup de choses. Premièrement, cela aurait constitué un chef d'accusation supplémentaire. Deuxièmement, cela aurait apporté un éclairage décisif sur la personnalité du colonel. Mais la cour a simplement versé au dossier une lettre [...] du général Vladimir Chamanov, l'actuel gouverneur de la province d'Oulianovsk [Chamanov était un vieil ami de Boudanov, car le 160ᵉ régiment de chars avait longtemps servi sous ses ordres en Tchétchénie]. Cette lettre n'apporte rien de neuf, parce que, au moment où le crime a été commis, le général ne se trouvait même pas en Tchétchénie. Par contre, son contenu est très idéologique. Le général y proclame tout simplement l'innocence de Boudanov. D'après lui, le colonel était parfaitement en droit d'arrêter la tireuse embusquée Koungaïeva et de la tuer lorsqu'elle a résisté. En tant que combattant de la seconde guerre de Tchétchénie et supérieur direct de Boudanov, Chamanov a écrit au tribunal qui s'est empressé de verser cette pièce au dossier.

— Est-il juste d'affirmer que c'est tout le procès Boudanov qui a obéi à l'idéologie, puisque la cour a récusé des informations en provenance de témoins directs comme le général Guerassimov, ou encore Iakhiaïev et Sembiev, tout en acceptant une déclaration patriotique du général Chamanov qui n'était pas un témoin ? Chamanov a la réputation d'encourager une extrême cruauté des militaires envers les civils tchétchènes et de défendre l'idée que le peuple tchétchène est collectivement responsable des actes commis par des criminels isolés.

— Oui, vous avez raison. Par la façon dont il a été mené, ce procès [...] n'a pas permis un examen contradictoire des faits et il [...] a réduit toute l'affaire à un "règlement de comptes contre un officier russe". Mais ces considérations mises à part, la cour n'a pas respecté les procédures. À titre d'exemple, la lecture des dix gros volumes du dossier a été expédiée en une heure et demie.

— Comment le juge s'y est-il pris ?

— Il s'est contenté de feuilleter le dossier, après quoi il a annoncé que l'instruction était close. Mais le lendemain, elle a repris, sans qu'aucun arrêt n'ait été rendu dans ce sens. [...] Il va de soi que ces infractions répétées aux procédures nous fourniront matière pour faire ultérieurement appel.

— En tant que Russe, cela ne vous dérange pas de défendre les intérêts d'une famille tchétchène ? Telles que les choses se passent de nos jours, on constate que les Tchétchènes sont défendus par des avocats tchétchènes et les Russes par des avocats russes.

— J'ai été invité par l'association Mémorial qui organisait la défense des intérêts de la famille Koungaïev [...]. Lorsque leur avocat Hamzaïev est tombé malade, les Koungaïev s'étaient trouvés sans aucune protection et la cour en avait profité pour accélérer le jugement de l'affaire [...]. À mon arrivée à Rostov-sur-le-Don, les gens m'ont demandé quelles étaient mes relations avec la diaspora tchétchène. J'ai répondu : "Aucune. Regardez-moi." Ensuite on m'a demandé : "Quelle est votre nationalité ?" Et cette question, ce sont non seulement les partisans de Boudanov qui me l'ont posée, mais Boudanov lui-même, au tribunal. Du reste, pendant les audiences, il m'apostrophait avec des phrases du genre : "Qu'est-ce que t'as donc à t'énerver comme ça ?"

— Il vous tutoyait ?

— Bien sûr, c'est un militaire, il se croit tout permis. Boudanov n'a jamais été rappelé à l'ordre par le juge pour son comportement dans la salle d'audience. Il agissait comme bon lui chantait. Je crois que le juge avait peur de lui.

— Et ses trois avocats, les malmenait-il autant que vous ?

— Non, bien sûr. Lorsque j'en ai eu plus qu'assez qu'on me questionne sans cesse sur ma nationalité, j'ai déclaré : "Je suis russe, comme vous pouvez le voir. C'est précisément pour cette raison que je m'implique dans cette affaire. J'y défends une certaine conception de la justice de mon pays."

Pour sa part, le tribunal, à l'exemple de Boudanov, a préféré défendre la coutume. Boudanov a agi en totale conformité avec le droit coutumier tchétchène : son meurtre était une vengeance. En cela, la cour et la société russe tout entière le soutenaient. Cette affaire démontre que les autorités de notre pays acceptent que le droit de la Fédération russe ne s'applique pas sur le territoire tchétchène, mais qu'y prévaut le droit coutumier local, et tout cela avec la bénédiction de l'État. »

Le jeu des expertises psychiatriques

Le jeu des expertises psychiatriques a été l'un des traits caractéristiques du procès Boudanov.

Durant les trois années qu'a duré la procédure, le colonel a bénéficié de quatre expertises, à laquelle s'en sont ajoutées deux autres après l'annulation du premier verdict. Leurs conclusions, pour la majorité d'entre elles, étaient politiquement orientées. Il fallait se plier à la ligne dictée sur le moment par le Kremlin.

Les deux premiers rapports furent rendus peu de temps après les faits, en mai et en août 2000, durant l'enquête préliminaire. La première de ces évaluations fut effectuée conjointement par l'hôpital des armées du district militaire du Caucase du Nord et par le Laboratoire central de médecine légale du Caucase du Nord, lequel dépend du ministère de la Justice russe. Le second par des médecins de l'hôpital psychoneurologique civil de Novotcherkassk.

L'un et l'autre rapports affirmaient que Boudanov était maître de ses actes, et par conséquent responsable de ses crimes. À cette époque Poutine parlait abondamment d'une « dictature de la loi » qu'il fallait instaurer en Russie. Autrement dit, les soldats qui avaient commis des exactions en Tchétchénie devaient être punis, tout comme n'importe quel combattant tchétchène membre d'un groupe armé clandestin.

C'était surtout une époque où l'on cherchait à séduire les Tchétchènes, après les violents affrontements des années 1999-2000 et la nomination à la tête de la république d'un nouveau chef, Akhmad-Khadji Kadyrov. Kadyrov avait été compagnon d'armes et mufti de Djokhar Doudaïev, le premier président de la Tchétchénie (abattu en 1996 par un missile « intelligent » tiré par des officiers fédéraux russes). Kadyrov, qui en son temps avait déclaré le *jihad* contre la Russie, était par la suite devenu un ami du Kremlin, après s'être livré à un « examen approfondi de la situation ».

Ces deux rapports soulignaient également qu'au moment où Elsa Koungaïeva avait été étranglée, Boudanov n'était probablement pas dans son état normal et présentait des symptômes d'une affection cérébrale qui avait provoqué chez lui des « troubles de la personnalité et du comportement ».

Le ministre de la Défense prit ombrage de ces conclusions dont les implications étaient doubles.

Premièrement, Boudanov ne bénéficierait pas de circonstances atténuantes, puisqu'il était sain d'esprit. Deuxièmement, elles signifiaient que l'armée russe comptait dans ses rangs des individus souffrant d'affections cérébrales qui n'étaient l'objet d'aucun suivi médical, que ces gens participaient aux opérations sur le terrain, et enfin que des officiers sujets à des troubles de la personnalité commandaient des divisions entières et manipulaient des armes de pointe.

Dès le début du procès, il était clair que les conclusions des psychiatres ne plaisaient pas non plus au juge Kostine. Il y avait à cela au moins deux raisons.

La première était que Kostine, en sa qualité de juge militaire, dépendait du ministère de la Défense. Il faut savoir que la Russie possède des tribunaux militaires d'exception qui jugent les crimes commis par des membres de l'armée. Leurs magistrats, totalement soumis au haut commandement, dépendent entièrement de ceux qui dirigent l'armée (depuis les commandants de garnison jusqu'au ministre de la Défense) pour leurs conditions de logement, leurs émoluments et leur promotion. Ainsi, l'appartement du juge Kostine et son traitement étaient payés par l'état-major auquel était précisément subordonné l'accusé, le colonel Boudanov.

La seconde raison est la suivante : au moment où s'ouvrit le procès Boudanov, la situation politique en Russie avait considérablement évolué. Le Kremlin avait peu à peu renoncé à ses velléités de démocratie et cessé de se préoccuper de cette fameuse « dictature de la loi ». Tous ceux qui avaient combattu en Tchétchénie furent élevés au rang de héros, quoi qu'ils eussent effectivement fait. Le président distribuait médailles et décorations en jurant à ces vétérans que l'État « ne les trahirait jamais ». Ce qui signifiait, en termes clairs, que le gouvernement ferait preuve d'une grande indulgence envers ceux qui se seraient rendus coupables d'exactions en Tchétchénie, et que les procureurs qui chercheraient à engager des poursuites contre des militaires fédéraux seraient ramenés dans le rang.

Les chaînes de télévision contrôlées par le gouvernement ne tarissaient plus d'éloges sur le colonel Boudanov et son sens profond du devoir. Sur tous les écrans, on voyait le général Chamanov prononcer des discours patriotiques rendant honneur à ses compagnons d'armes. L'affirmation selon laquelle la jeune Tchétchène de dix-huit ans assassinée par le colonel était une tireuse embusquée n'était plus mise en doute. Personne ne songeait à rappeler que l'instruction, pas plus que la défense de Boudanov, n'avait pu trouver la moindre preuve qu'Elsa Koungaïeva fût membre d'un groupe armé clandestin.

Le lavage de cerveau politique du peuple russe était général et préparait l'opinion à l'acquittement du colonel.

C'est à ce moment précis que le tribunal de Rostov-sur-le-Don, doutant soudain de la compétence des psychiatres qui avaient rendu les deux premiers rapports, demanda une autre expertise. Celle-ci serait le fruit d'une collaboration entre deux institutions moscovites, l'une militaire, l'autre civile, à savoir le Laboratoire central de médecine légale du ministère de la Défense et l'Institut de recherche publique de psychiatrie sociale et légale, plus communément appelé « institut Serbski ».

L'institut Serbski est affligé en Russie d'une très mauvaise image qui remonte à l'époque soviétique, lorsque des dissidents — ceux qui luttaient contre le communisme, le mensonge totalitaire et l'absence de liberté politique — y étaient déclarés fous. Les médecins de l'institut Serbski se sont toujours très consciencieusement acquittés des tâches que leur confiait le tout-puissant KGB.

C'est là que fut envoyé Boudanov. Quand cela se sut, on n'eut aucun mal à deviner pourquoi. Tout était fait pour qu'il soit libéré de sa responsabilité pénale, affirmaient ses partisans, tout comme ses adversaires.

Les raisons officielles de cette demande d'une troisième expertise psychiatrique furent présentées par la cour dans les termes suivants : « inexactitude, incohérence, insuffisance des faits » et apparition de « nouveaux éléments plus précis » déterminants pour « évaluer l'état mental réel de Boudanov ».

Il importait peu que plusieurs épisodes cités devant la nouvelle commission ne soient en réalité jamais produits. Ces faits non prouvés jouaient en faveur de Boudanov et furent donc présentés aux experts, qui dès lors les traitèrent comme avérés et indiscutables.

Pour appeler un chat un chat, il y eut falsification manifeste. Voici les questions posées par le juge Kostine aux psychiatres de la troisième commission d'experts :

Boudanov a-t-il souffert, ou souffre-t-il, d'une maladie mentale chronique ?

Au moment des faits qui lui sont reprochés, Boudanov souffrait-il de troubles passagers du psychisme ? Pouvait-il pleinement mesurer la véritable nature de ses actes et le danger qu'ils représentaient pour la société ? Était-il capable de les contrôler ?

Quels traits particuliers de la personnalité de Boudanov auraient pu influencer son comportement au moment des faits ?

Au moment des faits qui lui sont reprochés, Boudanov se trouvait-il dans un état affectif particulier (stress, frustration, démence passagère) ?

Les réactions de Koungaïeva auraient-elles pu entraîner chez Boudanov un dysfonctionnement temporaire des fonctions mentales ?

Les réactions de Koungaïeva auraient-elles pu provoquer le comportement de Boudanov ?

Quelle influence la consommation de vodka a-t-elle eue sur la condition de Boudanov au moment des faits qui lui sont reprochés ?

Comment peut-on évaluer l'état de Boudanov [...] dans l'éventualité où 1) il aurait vu en Koungaïeva la fille d'une tireuse embusquée refusant de révéler où se trouvait sa mère, l'accablant d'injures, tentant de s'enfuir et résistant ? 2) elle aurait tenté d'entrer en possession d'une arme chargée ? 3) il [...] lui aurait présenté une photographie la démasquant comme sniper ?

Boudanov a-t-il besoin d'un traitement médical ?

Boudanov était-il mentalement sain et apte au service au moment des faits ? Est-il présentement apte au service ?

Les conclusions fournies par les experts lors de l'enquête préliminaire sont-elles cliniquement fondées ?

Voici les réponses apportées à ces questions par l'institut Serbski. Comme vous pourrez en juger, tout dans le rapport des psychiatres contribue à brosser de l'accusé le portrait d'un héros.

Aux dires de Boudanov, sa naissance a été difficile [...]. Selon sa mère et sa sœur, c'était un enfant susceptible, capable au moindre affront de prendre la mouche, de répondre par des grossièretés, voire par des coups de poing. Il était particulièrement sensible à l'injustice et, confronté à elle, il se rangeait toujours du côté des petits, des faibles, des plus démunis [...].

Ses états de service le présentent sous un jour extrêmement positif. Boudanov était discipliné, obstiné, efficace. En janvier 1995, pendant la première campagne militaire en Tchétchénie, alors qu'il prenait part aux combats, Boudanov a été victime d'une commotion qui a entraîné une brève perte de conscience. Mais il n'a pas demandé d'assistance médicale. À son retour de la première guerre de Tchétchénie, sa mère et sa sœur ont noté chez lui des altérations de la personnalité et du comportement. Il était devenu plus nerveux, plus irritable […]. Parmi les hommes placés sous son commandement, Boudanov instaurait un climat d'intolérance envers l'incompétence et la passivité. Il possédait un sens aigu des responsabilités […].

Aucun de ses camarades n'a remarqué chez lui de trouble mental. Il n'a jamais été suivi par un psychiatre ou un neurologue.

Boudanov déclare que lorsque son régiment est arrivé en Tchétchénie […], il a participé aux combats presque continûment. En octobre, puis en novembre 1999, il a subi une commotion accompagnée d'une brève perte de conscience, à la suite de quoi il s'est mis à souffrir de maux de tête incessants, de vertiges avec perte de la vue. Il a développé une intolérance aux bruits violents, et son caractère s'est modifié. Il est devenu susceptible, irritable et incapable de se contrôler. Il était sujet à de brusques changements d'humeur et à des accès soudains de rage. Il commettait des actes qu'il regrettait ensuite.

Aux dires de Boudanov, les combats les plus violents se sont déroulés dans les gorges d'Argoun du 24 décembre 2000 au 14 février 2000. Entre le 12 et le 21 janvier, le régiment a perdu neuf officiers et trois soldats du rang. Nombre d'entre eux, affirme Boudanov, sont tombés sous les balles d'un sniper. Le 17 janvier 2000, l'un de ses compagnons, le capitaine Razmakhnine, est mort, abattu par un tireur embusqué. Deux semaines après ces combats, ils ont réussi à arracher au champ de bataille le corps mutilé du major Sorokotiagi, lequel montrait des signes évidents de tortures.

Le 8 février 2000, Boudanov s'est rendu en permission en Bouriatie. Sa femme déclare que pendant ce congé il s'est montré nerveux et irritable. Il lui a raconté que son régiment s'était battu contre des hommes de Khattab[1]

1. La figure du commandant Khattab est très controversée au sein de la résistance tchétchène. Originaire d'Arabie saoudite, ce wahhabite a épousé la cause tchétchène lors de la première guerre, et il est resté sur place. Quelques centaines de musulmans fanatiques se sont joints à lui. Khattab a participé à des opérations de combat avec le chef de guerre tchétchène Chamil Bassaïev.

dans les gorges d'Argoun et que quinze commandants de terrain du groupe de Khattab avaient été tués pendant ces combats. À la suite de ces affrontements, les *boïeviki* avaient déclaré que le régiment de Boudanov était une « horde sauvage » et désigné le colonel comme leur ennemi personnel. Ils avaient offert une prime faramineuse en échange de sa vie.

Boudanov était très contrarié que des officiers de son régiment soient tombés non pas au champ d'honneur, mais sous les balles d'un tireur embusqué. Il disait qu'il ne rentrerait chez lui que lorsqu'il aurait « rayé de la surface de la terre le dernier combattant tchétchène ».

Le 15 février, interrompant prématurément sa permission, il retourna en Tchétchénie. Sa mère et sa sœur témoignent qu'il était passé les voir et [...] qu'elles l'avaient trouvé méconnaissable. Il fumait cigarette sur cigarette, ne desserrait pas les dents et « se mettait en rage pour des vétilles ». Il ne tenait pas en place. Montrant des photographies des tués et de leur tombe, il avait fondu en larmes. Elles ne l'avaient jamais vu dans un état pareil.

[Selon le témoignage du capitaine Kouptsov, directeur du centre médical du 160e régiment, qui côtoyait Boudanov chaque jour, il arrivait parfois que l'humeur du colonel changeât plusieurs fois en l'espace de dix ou quinze minutes, passant d'une attitude normale et même aimable à un comportement hostile et à des flambées de rage. Pendant les combats, cette tendance était encore accentuée. Dans un accès de fureur, Boudanov était capable d'arracher une pendule d'un mur et de projeter sur les gens autour de lui des téléphones ou tout autre objet lui tombant sous la main. Aux dires de Kouptsov, l'état psychologique de Boudanov était très perturbé dès le mois d'octobre 1999 — c'est-à-dire avant la mort de ses camarades officiers dans les gorges d'Argoun.]

Boudanov prenait part aux attaques, qu'il menait le fusil à la main, et aux corps à corps. Après la bataille d'Argoun, il partit en personne récupérer les corps des tués. À la suite du décès d'officiers et de soldats du régiment sur la cote 950, Boudanov se jugea responsable et sombra dans une dépression chronique. Il lui arrivait de frapper ses subordonnés ou de leur jeter des cendriers à la tête. À la mi-mars 2000, un jour où il avait demandé qu'on fît le ménage dans sa tente, il avait lancé une grenade dans le poêle [...].

À partir de mi-février 2000, le régiment fut déployé aux abords de la localité de Tanghi-Tchou. Boudanov reçut l'ordre de mener des missions de reconnaissance, de dresser des embuscades, de multiplier les contrôles d'identité des habitants du village et d'arrêter toute personne suspecte.

Boudanov et ses hommes percevaient la situation à l'époque comme extrêmement confuse. Il était impossible de distinguer les alliés des ennemis, comme de situer la ligne de front. Du 22 au 24 mars, le régiment mena ses missions de reconnaissance. Décision fut prise de fouiller plusieurs maisons du village. À cette occasion, ils découvrirent deux « esclaves », amenés du centre de la Russie quelque dix ou vingt ans auparavant.

Informé de cette affaire, Boudanov résolut le 26 mars 2000 de se rendre en personne à Tanghi pour y évaluer la situation. Deux Tchétchènes furent arrêtés et Boudanov donna l'ordre de les ligoter puis de les charger dans le véhicule blindé de transport de troupes. Au camp, l'un d'eux présenta des documents d'identité au nom de Chamil Sambiev et demanda à parler au colonel en privé. Quinze à vingt minutes plus tard, Boudanov donna l'ordre de retourner à Tanghi en expliquant que Chamil avait accepté de leur désigner les maisons où vivaient des individus associés aux *boïeviki*. Alors qu'ils traversaient le village, l'homme leur indiqua ces habitations et notamment une maison blanche [...] où vivait une tireuse embusquée. En outre, Boudanov avait en sa possession une photographie montrant deux ou trois hommes en compagnie de trois ou quatre femmes avec des armes dans les mains.

Boudanov déclare avoir pris la décision d'arrêter sur-le-champ cette tireuse embusquée. Le 26 mars, aux environs de 15 heures, lors d'un déjeuner au mess, Boudanov consomma de l'alcool. À minuit, il résolut de se rendre en personne au numéro 7 de la rue Zarietchnaïa [...] où vivait la famille Koungaïev. Boudanov [...] ordonna l'arrestation de Koungaïeva [...].

Resté seul avec Koungaïeva, Boudanov exigea d'elle des informations sur les voies de passage des *boïeviki* [...].

Il se mit à la frapper à coups de pied et à coups de poing au visage et en diverses parties du corps, provoquant des hématomes sur la face interne de la cuisse droite et un épanchement de sang dans la [...] bouche. Koungaïeva tenta de résister [...]. Boudanov, convaincu qu'elle était membre d'un groupe armé clandestin et impliquée dans la mort de ses hommes, décida de la tuer. Ensuite, il appela l'équipage du blindé et donna l'ordre d'emporter le corps de Koungaïeva et de l'enterrer à l'extérieur du camp. Ce qu'ils firent [...].

Boudanov clame qu'au début il n'avait aucune intention de tuer Koungaïeva et encore moins de l'agresser sexuellement. Mais elle se mit à proférer des flots d'injures [rappelons ici que Koungaïeva ne parlait pas le russe] contre l'armée russe, la Russie et lui-même personnellement [...]. La situation s'envenima [...]. Koungaïeva lui dit que les Tchétchènes « leur régleraient leur compte, à lui et à sa famille » [...]. Boudanov [...] dut recourir à la force pour l'éloigner de la porte. Au cours de cette lutte, les vêtements de Koungaïeva furent en partie déchirés.

Selon Boudanov, Koungaïeva fit preuve d'une grande force physique. Elle lui arracha son maillot, la croix de sa fille qu'il portait autour du cou et il répondit en lui déchirant le haut de ses vêtements. Koungaïeva hurla qu'elle « n'en avait pas encore assez tué ». Alors qu'elle se trouvait sur le second lit de camp, au fond du logement, elle tenta de s'emparer de son pistolet resté sur la table de chevet. Boudanov lui attrapa la main et de son autre main la plaqua sur le lit en la maintenant au niveau de la gorge. Koungaïeva continuait de le menacer. Devant ses yeux, il vit défiler le visage de « tous les soldats et tous les officiers morts dans les gorges d'Argoun ».

Boudanov ne se rappelle pas ce qui s'est passé ensuite. En recouvrant ses esprits, il vit Koungaïeva couchée sur le lit, inerte. Il appela l'équipage du blindé de transport de troupes. Boudanov déclare qu'à ce moment-là Koungaïeva était vêtue d'une jupe. Son tricot et son soutien-gorge gisaient en tas par terre et lui-même portait son pantalon. Li-En-Chou suggéra de l'enterrer dans la forêt. Boudanov dit alors aux membres de l'équipage d'envelopper le corps dans une couverture et de l'emporter [...]. Après leur départ, il se coucha et s'endormit.

[Nous soulignons que les soldats du régiment qui gardaient les quartiers de leur commandant cette nuit-là ont répété à plusieurs reprises au cours de l'enquête que lorsqu'ils sont entrés après que Boudanov les eut appelés, le colonel ne portait plus que son slip. La jeune fille gisait sur le deuxième lit de camp, entièrement nue. Boudanov leur a demandé : « Quelqu'un a peur des cadavres ? » Puis il a allumé une cigarette et leur a ordonné d'enrouler le corps dans une couverture et de l'enterrer. Il les a menacés, s'ils en soufflaient mot à quiconque, de les abattre.]

Aux environs de 13 h 30 le 27 mars, selon Boudanov, il rencontra le général major Guerassimov, commandant par intérim des forces de l'Ouest.

[Le commandant en titre était le général Vladimir Chamanov.]

Le général Guerassimov reprocha à Boudanov d'avoir incendié la moitié du village et violé une fille de quinze ans. Ses remarques étaient insultantes et ponctuées d'expressions obscènes. Boudanov dégaina son pistolet, pointa le canon vers le sol et se tira une balle dans le pied. À ce moment-là, la garde rapprochée du général le mit en joue, bien qu'après avoir tiré il eût remis son arme à Guerassimov.

Sur ces entrefaites, Boudanov [...] vit arriver la compagnie de renseignement du régiment. Ce détachement composé de vingt soldats et de deux officiers prit position face aux hommes de Guerassimov. Une confrontation s'ensuivit, mais Boudanov ordonna à ses hommes de baisser leurs armes. Selon ses dires, lui-même et les généraux Guerassimov et Verbitski se rendirent alors dans la salle d'état-major. Plus tard, Boudanov signa ses aveux.

Interrogé durant l'enquête préliminaire en octobre 2000, Boudanov expliqua les contradictions dans ses dépositions successives par le fait qu'il était très mal en point.

Se fondant sur l'ensemble de ces éléments, la commission d'expertise a conclu que Boudanov n'était pas responsable des actes qui lui étaient reprochés. Le comportement de la victime, ses injures, ses menaces et sa tentative de s'emparer d'une arme avaient entraîné chez lui une altération passagère de l'activité psychique [...]. Il n'existait aucune preuve que Boudanov eût été en état d'ébriété [...]. Boudanov [...] devait être gardé en observation et suivi par un psychiatre dans le cadre d'un traitement ambulatoire. Il entrait dans la catégorie C : partiellement apte au service.

Les conclusions de la commission fournirent au juge toutes les armes légales pour obéir aux instructions des politiques et blanchir Boudanov.

Il pouvait soulager le colonel de sa responsabilité pénale. Et s'il avait l'obligation de le soumettre à un suivi psychiatrique, c'était dans un cadre ambulatoire. En outre, ce ne serait pas à la cour, mais à son médecin, de se prononcer sur la durée du traitement. Une semaine après le verdict, Boudanov pourrait être affranchi de tous ces désagréments.

En outre, le juge avait toute latitude pour conserver Boudanov dans les rangs de l'armée, puisque l'état de responsabilité diminuée du colonel n'avait été que passager et en lien direct avec la situation. Le haut commandement militaire insista pour que le verdict soit rendu en ces termes, car autrement, comme nous l'avons déjà dit, cela aurait laissé supposer que des régiments stationnés en Tchétchénie étaient dirigés par des individus psychologiquement instables, qui non seulement n'étaient pas diagnostiqués et soignés, mais pouvaient assassiner en toute impunité.

Ainsi vont les choses en Russie. Comme à l'époque soviétique, ce que les experts déclarent au tribunal ne dépend pas des faits, mais de ceux qui les manipulent.

Arrêtons-nous un instant pour passer en revue les personnages qui ont fourni le fondement psychiatrique à la disculpation de Boudanov :

— professeur T. Petchernikova, présidente de la commission. Docteur en médecine, directeur du service d'expertise à l'institut Serbski, médecin de renommée internationale, expert psychiatre de très haut niveau, avec cinquante ans d'expérience dans sa spécialité ;

— professeur K. Kondratiev, docteur en médecine, décoré de l'ordre du Mérite de la Fédération de Russie, directeur du premier service clinique,

avec quarante-deux ans d'expérience dans sa spécialité

— F. Safounanov, candidat ès sciences psycho-
logiques, avec vingt ans d'expérience dans sa spécialité ;

— colonel A. Gorbatko du service de médecine militaire, expert en chef de psychiatrie légale auprès
du ministère de la Défense ;

— lieutenant-colonel G. Fastovtsev du service de
médecine militaire ;

— G. Bourniacheva, expert psychiatre.

Pourquoi la cour s'est-elle adressée au professeur
Petchernikova pour monter, dans une affaire sensible, un rapport d'expertise répondant aux vœux des
autorités ?

Je pense que ce choix n'a rien d'un hasard. De tels
hasards ne se produisent jamais en Russie. C'est
ainsi que ce genre d'affaire était déjà traité à l'époque soviétique. Le spectre du communisme, sous
son aspect le plus monstrueux, revient nous hanter.
Les pages qui suivent vous aideront à comprendre
que, dans la Russie de Poutine, la psychiatrie « sous
influence » du pouvoir politique est de retour dans
nos vies, et que cette pratique terrifiante nous revient par un biais inattendu.

Le 25 août 1968, une célèbre manifestation se
tient sur la place Rouge, à Moscou. Sept personnes
pénètrent sur la place et déroulent des banderoles.
« Pour notre liberté à tous », « Honte aux occupants ! », tels sont les slogans qu'on peut lire sur ces
bannières. Parmi ces sept personnes se trouve Natalia Gorbanevskaïa, poétesse, journaliste et dissi-
dente, qui ce jour-là manifeste avec son bébé dans
son landau. Dans un pays où nul n'a protesté depuis
des lustres, des gens se sont rassemblés pour dé-

noncer l'invasion de la Tchécoslovaquie par l'armée soviétique.

Les « sept » ne manifesteront que quelques minutes avant d'être capturés par des agents du KGB en civil qui patrouillent en permanence sur la place Rouge. Un tribunal condamnera deux d'entre eux à une peine de travaux forcés, enverra un troisième en asile psychiatrique et en exilera trois autres. Gorbanevskaïa, qui allaite son bébé, est tout d'abord relâchée.

Le 24 décembre 1969, elle est de nouveau arrêtée, parce qu'elle n'a pas renoncé à ses activités de militante des droits de l'homme.

C'est alors que Tamara Petchernikova entre en scène et marque pour la première fois notre pays de son empreinte. C'est elle qui, à la demande du KGB, interroge Gorbanevskaïa dans les murs de ce même institut Serbski, où trente ans plus tard Boudanov sera examiné.

Petchernikova rend le diagnostic psychiatrique que réclame le KGB, celui de schizophrénie. Autrement dit, quiconque déploie une banderole sur la place Rouge pour dénoncer les chars russes dans les rues de Prague ne peut être sain d'esprit.

Puis, cette même année 1969, un autre rapport de Petchernikova dicté par le KGB conclut que Natalia Gorbanevskaïa représente un danger pour la société et doit être soumise pour une durée indéterminée à un traitement obligatoire dans un hôpital psychiatrique spécialisé.

Natalia Gorbanevskaïa, fondatrice et première rédactrice en chef de la *Chronique des événements actuels*, une publication clandestine, un samizdat qui donne la parole à des activistes politiques et à des défenseurs des droits de l'homme, sera internée pendant plusieurs années à l'hôpital de psychiatrie spécialisée de Kazan. Détenue dans cette institution de 1969 à 1972, elle émigre en 1975 avec un visa pour Israël et vit aujourd'hui en France.

« Vous souvenez-vous du nom de Petchernikova ? ai-je demandé à Natalia Gorbanevskaïa lors d'une récente rencontre.

— Certainement.

— Comment s'est déroulée l'expertise dont vous avez été l'objet ?

— Dire qu'elle était orientée serait un euphémisme. Ils avaient décidé dès le début d'établir un diagnostic de schizophrénie [...]. Ils avaient reçu du KGB l'ordre de me prescrire un traitement obligatoire en hôpital spécialisé et tout le monde, y compris Petchernikova, y obéit. Ils savaient que le tribunal ne réclamerait aucune preuve justifiant ce diagnostic, ils ne se sont donc pas souciés d'en faire figurer dans le rapport d'expertise. Par exemple, ils ont noté : "raisonnement parfois illogique". Par quoi ce "raisonnement illogique" se traduisait-il ? Là-dessus pas un mot. "Gorbanevskaïa présente des anomalies du raisonnement, des émotions et des facultés critiques symptomatiques de la schizophrénie." Comment se manifestaient ces anomalies ? Là encore, pas un mot. Pourtant cette phrase est cruciale [...] parce que la conclusion qui en fut tirée était l'obligation de traitement psychiatrique. Pendant tout le mois où ils m'ont examinée, ils ne m'ont pas interrogée une seule fois au sujet de ma poésie [...], c'était comme si elle n'existait pas. Je pensais qu'ils allaient me taxer de mégalomanie pour prétendre être poétesse, mais ils n'ont rien fait de tel. La raison en est évidente. Les symptômes de "froideur et d'atrophie des émotions" liés à la schizophrénie impliquaient que j'étais incapable d'écrire des vers. "La patiente se joint volontiers à la conversation. Elle est calme et souriante." Tout cela est l'exacte vérité, mais combien me coûtait ce calme ? Je savais que je devais me tenir tranquille et ne pas leur fournir de prétexte à m'inventer des symptômes. Mais, finalement, mon calme a été utilisé contre moi. Il y est fait référence dans le rapport comme "[...] une indifférence à son avenir et au sort de ses enfants". Bien sûr que j'étais terriblement inquiète pour mes enfants, mais je

110

n'allais pas le montrer à des psychiatres à la solde du KGB. Le rapport dit aussi : "N'éprouve pas de remords pour ses agissements. Affiche une foi inébranlable dans le bien-fondé de son action. En particulier, déclare avoir agi ainsi afin de pouvoir plus tard affronter le regard de ses enfants." Aujourd'hui encore, je ne renie rien et mes enfants sont fiers de ce que j'ai fait. Le rapport dit encore : "Absence d'évaluation critique de la situation." Les psychiatres, au nombre desquels figurait Petchernikova, considéraient que penser par moi-même au lieu de m'en remettre aux autres était le signe de mon aliénation. Il n'est pas inutile de préciser que pendant le mois où j'ai été examinée je n'ai rencontré que Petchernikova et un autre médecin du nom de Martynenko. Toutes les prétendues observations sur lesquelles se sont appuyées les conclusions des experts ne venaient que de ces deux médecins. Mon avis est qu'ils étaient parfaitement conscients des distorsions et des erreurs d'interprétation, mais cela ne les empêchait pas de mener la mission légale qui leur était confiée. Pour ce qui est de fournir des expertises légales sur commande, Petchernikova a derrière elle une longue histoire. À mon sens, leur travail à l'institut Serbski a abîmé à jamais la dignité humaine et l'intégrité professionnelle de ces médecins psychiatres [...].

— Comment tout cela s'est-il terminé pour vous ? Combien de temps avez-vous séjourné en hôpital psychiatrique à la suite de ce diagnostic ?

— Deux ans et deux mois. Et j'appellerais cela de l'incarcération psychiatrique. J'ai passé neuf mois et demi dans le pire établissement, celui de Kazan. Ils m'ont transférée de la prison de Boutyrka à Moscou à l'hôpital de Kazan en janvier 1971. En 1972, toujours en me faisant transiter par la Boutyrka, ils m'ont renvoyée à l'institut Serbski pour un complément d'examen. J'y ai séjourné trois mois. Le plus important, pourtant, ce n'est pas la durée, mais le traitement à base de neuroleptiques auquel on me soumettait contre mon gré. L'usage de l'halopéridol, un neuroleptique employé dans le traitement du délire et des hallucinations, a depuis longtemps été reconnu comme une forme de torture. Or je ne souffrais pas de délire et d'hallucinations, sauf à considérer mes opinions comme délirantes... D'ordinaire l'halopéridol est prescrit en cure d'une durée d'un mois, suivie d'une interruption permettant la prise de traitements curatifs, car l'un des

111

effets secondaires de ce neuroleptique est la maladie de Parkinson. Mais, pour ma part, j'ai reçu des injections pendant neuf mois et demi d'affilée, sans aucune interruption ni soin complémentaire. Lorsque, de Kazan, ils m'ont ramenée à l'institut Serbski et m'ont remise sous halopéridol, Petchernikova m'a dit : "Vous comprenez bien que vous devrez continuer à prendre ce traitement." Quelle hypocrisie !

— Que s'est-il passé ensuite ?

— J'ai émigré à Paris […]. J'ai beaucoup fait rire les psychiatres français lorsque je leur ai donné à lire le compte rendu de mon traitement rédigé par l'institut Serbski. L'un d'eux m'a même dit : "Nous avons beaucoup à apprendre de nos confrères soviétiques, parce que, si je me fie à leur diagnostic, nous avons devant nous un cas miraculeux de guérison de la schizophrénie." »

Le cas Gorbanevskaïa a marqué le début de ce que l'on a surnommé la « répression psychiatrique » contre les dissidents en URSS. Celle qui volerait plus tard au secours du colonel Boudanov était à l'apogée de sa carrière dans les années 1970, une période particulièrement sombre pour la Russie, où le régime communiste menait une guerre d'usure contre la dissidence. Notre pays s'était doté d'une Constitution très respectable, si bien que le KBG préférait mener sa lutte sans risquer de provoquer trop de vagues à l'Ouest, et la meilleure méthode était encore de diagnostiquer chez les dissidents des maladies mentales nécessitant une cure en hôpital spécialisé.

Lioudmila Alexeïeva, célèbre militante des droits de l'homme en Union soviétique, fut contrainte d'émigrer aux États-Unis à la suite de persécutions politiques. Elle préside aujourd'hui l'Association internationale d'Helsinki. Dans son *Histoire de la dissidence en URSS*, elle écrit que, dans la seule année 1971, « sur quatre-vingt-cinq personnes jugées pour délits politiques, un tiers, soit vingt-quatre, furent diagnostiquées comme malades mentaux ». Ceux que l'on ne pouvait pas déclarer fous étaient condamnés pour calomnie contre le régime soviétique, et là encore avec l'appui de Petchernikova.

Ainsi en 1978, Alexandre Guinzbourg fut jugé pour calomnie. Tamara Petchernikova a comparu à son procès en qualité de témoin de la partie civile.

Alexandre Guinzbourg était l'un des grands noms de la dissidence en Union soviétique. Journaliste, il était membre du Groupe d'Helsinki à Moscou et éditeur d'une revue de poésie en samizdat, *Syntaxe*. De 1975 à 1977, il fut le premier administrateur du Fonds social d'aide aux prisonniers politiques en URSS et à leur famille, organisation créée par Alexandre Soljenitsyne avec les droits d'auteur perçus pour son livre *L'Archipel du Goulag*. De 1961 à 1969, Guinzbourg fut trois fois condamné à des peines de travaux forcés pour ses activités, puis à huit ans de détention en 1978. En 1979, sous la pression occidentale, il fut exilé d'URSS et échangé contre des espions soviétiques arrêtés aux États-Unis. Par la suite, il vécut en France et mourut à Paris en 2002 des suites d'affections contractées dans les camps de travail soviétiques.

Voici ce que sa femme et compagne de dissidence, Arina Guinzbourg, m'a raconté de l'atmosphère régnant à son procès qui s'est tenu à Kalouga, une petite localité du centre de la Russie :

[...] Pendant le procès, ils l'avaient assommé avec des neuroleptiques et lors des audiences il avait des absences. Ils lui faisaient sans arrêt des injections. Il était devenu bizarre : il pouvait à peine marcher ; il transportait avec lui une taie d'oreiller remplie de livres parce qu'il avait refusé l'assistance d'un avocat et choisi d'assurer lui-même sa défense ; il portait une longue barbe grise ; il parlait de façon incohérente et n'arrivait plus à coordonner ses gestes. Il demandait la permission de s'asseoir, mais on la lui refusait, alors il s'évanouissait. Certes, après le jugement, ils l'ont laissé tranquille et ont mis fin aux injections.

Voici un extrait des minutes de ce procès : « Interrogés au sujet du document n° 8 [un article de la *Chronique des événements en cours* daté du 12 octobre 1976], Petchernikova, directeur du service d'expertise légale de l'institut Serbski, et Kouzmitcheva, expert à l'hôpital psychiatrique n° 14, à Moscou, ont déclaré qu'il n'existait pas de cas de recours abusif à la psychiatrie en URSS. »

Évidemment, Guinzbourg a soutenu le contraire devant la cour. Dans un samizdat, il avait du reste évoqué l'importante multiplication des cas de répression psychiatrique en URSS et dénoncé les agissements de gens comme Petchernikova.

Voici des extraits du document n° 8 contesté par la psychiatre :

> Récemment, le Groupe de surveillance des accords d'Helsinki a adressé une proposition au Soviet suprême de l'URSS et au Congrès américain en vue de créer une commission mixte chargée de recenser les cas d'usage abusif de la psychiatrie. Dans le présent document, le Groupe répertorie les faits de répression psychiatrique récemment portés à sa connaissance.
>
> Le 15 septembre, Piotr Startchik, auteur-compositeur et interprète de chansons, a été conduit, avec l'assistance de la police, à l'hôpital psychiatrique Stolbovaïa [le célèbre hôpital soviétique des Colonnes blanches, dont la fonction était proche de celle de l'institut Serbski]. Startchik reçoit d'ores et déjà des doses importantes d'halopéridol. Dans le registre des admissions, l'entrée qui le concerne indique : « D. S. [dangereux pour la société]. Interné avec traitement obligatoire à l'hôpital psychiatrique de Kazan au titre de l'article 70 [agitation et propa-

gande antisoviétiques]. Exeat signé en 1975. Ces derniers temps, a écrit des chansons à teneur antisoviétique et organisé dans son appartement des réunions de quarante à cinquante personnes. Lucide pendant l'examen. Ne nie pas avoir composé ces textes. Déclare : "J'ai ma propre vision du monde." »

Edouard Fedotov était ecclésiastique à Pskov. Il est venu à Moscou après avoir entendu parler de persécutions contre des chrétiens orthodoxes [...]. Fedotov a été arrêté par la police et envoyé à l'hôpital psychiatrique n° 14. Il s'y trouve encore. Le 7 mai 1976, Nadiejda Gaïdar a déposé plainte auprès du procureur général de l'URSS [vers qui l'avait dirigée le bureau d'accueil du Comité central du parti communiste d'Union soviétique]. Elle a été arrêtée par la police et emmenée à l'hôpital psychiatrique n° 13, où elle a immédiatement reçu une injection d'aminazine. L. I. Fedorova, chef du service n° 2, a déclaré : « Nous allons la garder ici quelque temps, jusqu'à ce qu'elle cesse ses plaintes, puis par l'intermédiaire d'un centre d'accueil spécialisé nous l'enverrons à Kiev. Elle y effectuera un court séjour. À l'avenir, elle y réfléchira à deux fois avant de porter plainte. »

C'est à la lumière de ces informations que le Dr Petchernikova affirma devant la cour qu'il n'existait pas de cas de recours abusif à la psychiatrie en URSS. Sur son témoignage, Alexandre Guinzbourg a été jugé coupable de calomnie et d'agitation contre le système soviétique.

Cette condamnation se solda pour lui par huit ans de détention et de travaux forcés et une tuberculose qui lui coûta l'un de ses poumons et le quart de l'autre. Pendant les dernières années de sa vie, Guinzbourg devait passer seize heures par jour relié à une bouteille d'oxygène. Sa santé avait été complètement ruinée.

Pour comprendre ce qui se passe aujourd'hui en Russie, il nous faut prendre acte de la résurgence d'une psychiatrie employée à des fins politiques, avec ses diagnostics « sur ordonnance », et analyser les rouages de ce système.

Dans presque tous les dossiers traités par Petchernikova, de Gorbanevskaïa à Guinzbourg et Boudanov, nous retrouvons un même leitmotiv, celui de la recherche d'une justice sociale. Toutefois, ces mots sont utilisés aujourd'hui dans un contexte très différent. À l'époque soviétique, Petchernikova interprétait les signes de recherche d'une justice sociale comme un symptôme d'aliénation mentale constituant un danger pour la société. Aujourd'hui, dans des circonstances inverses, elle considère qu'il est possible de justifier un meurtre brutal par cette même recherche de justice sociale. Le colonel, habité par un sentiment de culpabilité né de la mort de ses camarades sous les balles d'un sniper, a tué une jeune femme, et pour Petchernikova cet acte est non seulement logique, mais compréhensible.

Est-ce une coïncidence si le nom de Petchernikova figure dans les dossiers de Guinzbourg et de Gorbanevskaïa ?

Est-ce encore une coïncidence qu'il revienne dans l'affaire Boudanov ?

Depuis trente ans, le KGB et le FSB qui l'a remplacé savent qu'ils peuvent compter sur Petchernikova. Elle est restée dans l'ombre et a gardé un profil bas durant la période démocratique qui a marqué la fin du règne de Gorbatchev, puis sous Eltsine. Mais, ensuite, un officier du KGB avec vingt ans d'états de service a été élu président. Avec l'accession au pouvoir de Poutine, le moindre échelon vacant dans la structure étatique a été comblé par des hommes du KGB-FSB.

Des sources officieuses (curieusement il n'existe pas de chiffres officiels sur cette question) avancent

116

que plus de 6 000 membres des services secrets auraient suivi Poutine au sommet du pouvoir et occuperaient aujourd'hui les plus hautes fonctions de l'État. On les trouve dans les principales instances étatiques, où ils détiennent des positions clés : dans l'administration présidentielle (deux directeurs adjoints, chef du personnel et chef du service d'information) ; au Conseil de sécurité (secrétaire adjoint) ; dans l'appareil administratif du gouvernement ; aux ministères de la Défense, des Affaires étrangères, de la Justice, de l'Industrie nucléaire, des Impôts et taxes, du département de l'Intérieur pour la presse, la télévision, la radio et les médias ; au Comité d'État pour les droits de douane ; à l'Agence russe pour les réserves nationales ; au Comité d'assainissement financier, etc.

Comme un cancer, les sombres épisodes de l'Histoire ont tendance à la récidive. À ce mal, il existe un traitement radical : une éradication rapide des cellules mortelles. Nous n'avons pas appliqué cette thérapie. Nous nous sommes sortis de l'URSS pour entrer dans la « nouvelle Russie » en restant infestés par la vermine soviétique. Mais revenons à notre question : la résurrection de Petchernikova à la faveur du procès Boudanov est-elle une coïncidence ? Question que nous pouvons formuler autrement : le retour au pouvoir de la police secrète dans notre pays est-il le fruit du hasard ?

La réponse est non. En 2000, avant l'élection de Poutine à la présidence, les gens disaient : « Il sort des services secrets, et alors ? Il se réformera quand il sera au pouvoir. »

Mais il était déjà trop tard. Aujourd'hui nous sommes encerclés par les amis et les hommes de Poutine. Et malheureusement ces gens ne font confiance qu'à leurs semblables. La structure étatique de la nouvelle Russie est tout entière phagocytée par des individus aux traditions particulières. Formés dans une mentalité répressive, ils ont de ce fait une manière bien à eux de résoudre les problèmes du gouvernement.

Petchernikova incarne cette tradition, mais elle est aussi un rouage qui permet de la perpétuer. Au cours des vingt années qu'elle a passées à « défendre le système politique et social soviétique », elle a mis en place un mécanisme dont la fonction est de contrôler la médecine et d'adapter la psychiatrie pour la plier aux exigences de l'appareil de sécurité de l'État. Aujourd'hui, plus de dix ans après l'effondrement de la structure visible du système soviétique, force est de reconnaître que ses compétences sont plus recherchées que jamais.

Or il ne s'agit pas ici de théories politiques abstraites. La contribution de Petchernikova au dossier Boudanov a décidé de la vie et de la mort d'individus réels, comme c'était déjà le cas dans les années 1970 et 1980.

La liberté ou la détention pour Boudanov était une question fondamentale pour notre époque, et pas seulement pour l'armée qui est devenue en Tchétchénie un instrument de la répression politique. Cette armée attendait la décision du tribunal de Rostov pour savoir si elle pourrait continuer de se conduire à l'exemple d'un Boudanov.

Avec son rapport, Petchernikova a fourni au juge Kostine les armes dont il avait besoin pour rendre un verdict qui serait interprété comme un feu vert légal.

C'est bien ainsi que le signal a été compris en Tchétchénie, où les officiers ont continué le sale boulot de Boudanov. Nous pourrions en citer assez d'exemples pour remplir tout un livre.

Plus d'une année a passé. Le dossier Boudanov s'est enrichi de trois autres rapports d'expertise psychiatrique. Les conclusions de Petchernikova ont été rejetées comme indéfendables. La Cour suprême a ordonné un second procès. À Rostov-sur-le-Don, un autre tribunal militaire a diligenté de nouvelles expertises. Le procureur Nazarov, qui avait pris le parti de l'accusé, a été écarté, et la justice sociale semble pointer le bout de son nez derrière les nuages...

Et Petchernikova ? A-t-elle été punie ? Nenni, elle est toujours en place.

Penchons-nous à présent sur les éléments que Petchernikova a délibérément ignorés, les dessous les plus nauséabonds de l'affaire Boudanov.

La dernière nuit de sa courte vie, Elsa Koungaïeva ne fut pas seulement étranglée, mais également violée, ce qu'atteste le médecin légiste :

> Le lieu d'ensevelissement est une plantation forestière située à 950 mètres du poste de commandement du régiment de chars. Le corps d'une femme nue enveloppé dans un plaid est exhumé.
>
> La femme est couchée sur le flanc gauche, les jambes ramenées contre le ventre, les bras pliés au niveau des coudes et serrés contre le buste. Le périnée, la région des organes génitaux externes ainsi que la couverture sont souillés de sang.
>
> L'autopsie du corps de Koungaïeva a été pratiquée le 28 mars 2000 [...] par le capitaine V. Lianenko, directeur du service de médecine légale du laboratoire de criminologie n° 124 placé sous l'autorité du ministère de la Défense. Sur les organes génitaux externes, sur la surface du périnée et la face arrière du tiers supérieur des cuis-

ses, on distingue des taches d'un liquide rouge foncé qui ressemble à du sang mêlé de mucus [...]. L'hymen présente des déchirures linéaires radiales et des contusions. La raie des fesses présente des traces séchées de couleur brun-rouge. À deux centimètres de l'anus, on observe une déchirure de la membrane muqueuse [...]. La déchirure est pleine de sang coagulé, ce qui indique qu'elle est antérieure à la mort. Sur la face de la couverture en contact avec le corps, on aperçoit une tache brun-rouge qui ressemble à du sang [...].

Avec le corps, on a retrouvé : 1) un tricot de laine déchiré dans le dos sur toute sa longueur [...], 5) un slip usagé [...]. Aucun échantillon n'a été prélevé pour les besoins de l'autopsie, les conditions d'une bonne préservation étant absentes [...].

Les déchirures au niveau de l'hymen et de la membrane muqueuse du rectum [...] sont le résultat de l'insertion d'un objet (d'objets) contondant rigide [...]. Il est possible que ledit objet ait été un pénis en érection. Il aurait pu également s'agir du manche d'un petit outil de pelletage [...].

Dès le début de l'enquête, Boudanov a catégoriquement nié le viol. Pourtant, à l'évidence, quelqu'un a violé Elsa Koungaïeva et, qui plus est, l'a violée avant son meurtre. Boudanov ayant été la seule personne en présence d'Elsa durant les dernières heures de sa vie, et comme il n'avait autorisé ses hommes à entrer dans ses quartiers qu'après la mort de la jeune femme, on ne pouvait en tirer qu'une seule conclusion.

Deux expertises médicales furent pratiquées durant l'enquête préliminaire par ce même laboratoire n° 124 situé à Rostov-sur-le-Don. Toutes deux conclurent au viol de la victime. Lorsque la cour entreprit de blanchir l'accusé, elle diligenta une troisième expertise. Le but poursuivi était le même qu'en demandant un nouveau rapport psychiatrique à l'institut Serbski : obtenir les conclusions que le

Kremlin et le haut commandement militaire souhaitaient entendre, et faire en sorte qu'un officier deux fois décoré de l'ordre du Courage ne soit pas présenté à l'opinion sous les traits d'un violeur.

Selon ce troisième rapport, qui contredit tout ce que le premier médecin légiste avait pu constater *de visu*, « les déchirures dans l'hymen et la muqueuse du rectum ont été faites *post mortem*, après que la rétractabilité des tissus vivants eut totalement disparu ». Autrement dit, si quelqu'un avait bien violé la jeune femme, il ne pouvait en aucun cas s'agir de Boudanov, puisqu'il avait un alibi. Après avoir tué Elsa, il s'était tranquillement endormi.

Pour rendre cette thèse encore plus plausible, le saignement abondant constaté par Lianenko, le précédent légiste, fut interprété en ces termes : « [...] la présence de taches de sang dans la région des organes génitaux externes ne contredit pas nos conclusions concernant l'origine *post mortem* des déchirures [...]. » Pour corroborer leur version des faits, ces « bons » experts égratignent au passage le précédent rapport : « La décision inexplicable du précédent légiste de ne pas prélever d'échantillons en vue d'une analyse histologique ne nous permet pas d'établir une conclusion plus définitive en l'état actuel des choses [...]. »

Dans une zone de guerre, où il n'existait aucune possibilité de conserver les prélèvements, l'absence de preuve formelle venait confirmer l'alibi fourni par Boudanov. Sans analyse histologique, comme l'affirmaient en chœur les derniers experts, toute tentative visant à établir qu'il y avait eu viol et qui plus est perpétré par Boudanov était vouée à l'échec.

Compte tenu de tous les éléments évoqués, l'expertise rendit les conclusions « nécessaires » : « Aucune donnée ne corrobore la thèse selon laquelle les blessures *post mortem* auraient été provoquées par un organe sexuel mâle en érection. Le résultat de l'autopsie du corps et des éléments matériels ne permet pas de conclure qu'Elsa Koungaïeva ait été victime d'un acte sexuel sous la contrainte. »

Autrement dit : aucun viol n'a été commis !

Ce rapport qui acquittait, en quelque sorte, Boudanov était signé par :

— I. Guedygouchev, directeur adjoint du Centre national de médecine légale du ministère de la Santé, décoré de l'ordre du Mérite ;

— A. Issaïev, candidat ès sciences médicales, chef de service des analyses complexes de ce même centre, expert de très haut rang ;

— O. Boudiakov, candidat ès sciences médicales, expert en médecine légale auprès de ce même service des analyses complexes, décoré de l'ordre du Mérite.

Nul doute que ces messieurs se sont imaginé qu'ils avaient débarrassé l'uniforme de l'armée russe d'une belle souillure. Mais s'ils ont bien nettoyé la veste, le pantalon, lui, garde sa tache.

L'OPINION PUBLIQUE RUSSE

Pendant les trois longues années qu'a duré le procès Boudanov, j'ai écouté les réactions des femmes russes. Je n'en croyais pas mes oreilles. Nous autres, femmes, formons plus de la moitié de la population du pays, et en toute logique cette majorité aurait dû mépriser et haïr un violeur. Apparemment, ce n'était pas le cas.

Des dizaines de millions de nos compatriotes ont des filles pubères. Pour cette seule raison, ils devraient s'identifier à la famille Koungaïev et la comprendre. Apparemment, ce n'est pas le cas non plus.

La télévision diffusa une interview de la femme du colonel. Celle-ci se répandit en lamentations sur son malheureux époux contraint de subir un procès en plus de toutes ces expertises, puis elle parla de leur pauvre fille lasse d'attendre que papa rentre à la maison. Le pays tout entier se prit de sympathie pour la femme de Boudanov, mais pas pour les Koungaïev. Ceux-là, pourtant, pourraient attendre aussi longtemps qu'ils le voudraient, jamais ils ne verraient leur fille rentrer à la maison.

En 2002, lorsque les experts ont accrédité la thèse selon laquelle Boudanov avait été victime d'un accès de folie passagère et que le colonel s'est trouvé innocenté de l'accusation de viol, l'opinion ne s'est pas indignée. Aucune marche de protestation, même chez les organisations de femmes. Aucun militant des droits de l'homme n'est descendu dans la rue. La Russie tout entière jugeait que ce qui s'était passé était juste et parfaitement normal.

Le verdict des experts justifiant les actes du colonel déclencha en Tchétchénie une vague de crimes de guerre perpétrés par des soldats qui utilisaient comme prétexte la situation désastreuse dans cette région et l'extrême cruauté dont faisaient preuve les deux camps dans ce conflit. Durant toute l'année 2002, des opérations de « nettoyage » d'une grande brutalité se succédèrent en Tchétchénie. Des villages étaient encerclés, les hommes déportés et les femmes violées. Beaucoup de gens furent tués ou disparurent sans laisser de trace. La vengeance servait à justifier le crime. Cette loi du talion était encouragée par le Kremlin lui-même. Un terrible constat s'est imposé à nous : nous étions en pleine régression, de la stagnation des années Brejnev, nous étions revenus à l'arbitraire absolu de la période stalinienne. Le plus terrifiant dans ce constat était probablement que nous avions le gouvernement que nous méritions.

Le 1er juin 2002, Boudanov devait s'exprimer pour la dernière fois devant la cour, une étape qui dans la procédure pénale russe marque la fin du procès. Le dernier acte de l'affaire Boudanov était sur le point de se jouer. Les parents d'Elsa et leurs avocats quittèrent la salle, incapables de supporter les mensonges et la honteuse falsification des faits de ce qu'ils voyaient comme une parodie de justice. Les partisans et les collègues de Boudanov braillaient sous les fenêtres du tribunal. Tous espéraient que, dans un jour ou deux, ils pourraient arroser à la vodka la victoire du colonel.

Mais nous avons assisté à un brusque revirement de la situation. La dernière intervention de Boudanov fut annulée. Le verdict attendu pour le 3 juillet ne fut pas rendu. À la surprise générale, on annonça un report des audiences au début du mois d'octobre et Boudanov fut ramené à Moscou, à l'institut Serbski, pour y subir une nouvelle expertise psychiatrique, qui serait la quatrième. Que s'était-il donc passé ?

Nous ne disposons que de très peu d'informations permettant d'apprécier ce qu'était le climat qui régnait au Kremlin à l'époque. Nous ne pouvons nous en tenir qu'à nos propres déductions tirées de certains indices. Nous savons que le Bundestag a fortement fait pression sur Poutine. Des lettres et des appels ont été personnellement adressés au président. Lors de rencontres au sommet, le chancelier allemand, Gerhard Schröder en personne, se serait inquiété de savoir pourquoi ceux qui jugeaient le criminel de guerre Boudanov semblaient uniquement se soucier de l'acquitter. Des sources au sein de l'administration présidentielle affirment que Poutine n'aurait rien trouvé à répondre.

Vous trouverez peut-être cela surprenant, mais, dans notre pays aux longues traditions byzantines de servilité, de telles trivialités peuvent suffire à infléchir le cours de l'Histoire[1].

---

1. Il est important de comprendre ce qui a changé le cours du procès. Les expertises psychiatriques ont joué un rôle décisif dans le dossier Boudanov. Quand il devint clair que le colonel risquait d'être purement et simplement relaxé, deux groupes de défense des droits humains, l'association Mémorial et l'Association russe de psychiatrie indépendante dirigée par le professeur Iouri Savenko, demandèrent à des collègues allemands de ce dernier de rendre une expertise légale à partir des pièces du dossier. Pendant ce temps, les avocats firent savoir à la cour qu'ils n'avaient pas confiance dans les rapports politiquement orientés des psychiatres russes, et exigèrent que des spécialistes étrangers internationalement reconnus soient invités à témoigner au procès. Bien que cette demande eût été rejetée, les psychiatres allemands rendirent bientôt leurs conclusions qui furent communiquées à des députés du Bundestag. Ceux-ci les comparèrent aux rapports partiaux des experts russes et provoquèrent assez de remous pour que Gerhard Schröder évoquât l'affaire dans un entretien avec Poutine. Ce dernier, bien qu'il se fiche comme d'une guigne de l'opinion de ses concitoyens, fait grand cas des critiques formulées contre lui à l'étranger. Peu de temps après, le procès de Rostov-sur-le-Don prit un tout autre cours, ce qui démontre — s'il en était encore besoin — la totale dépendance des tribunaux russes vis-à-vis du pouvoir politique. Le représentant du ministère public qui n'avait jamais parlé qu'en faveur de Boudanov fut dessaisi et remplacé par quelqu'un de moins partial. Le juge consentit à porter au dossier l'expertise du Dr Stuart Turner, médecin

Les audiences ont repris le 3 octobre. Comme auparavant, les conclusions de la nouvelle expertise psychiatrique étaient au centre des préoccupations. Alors que beaucoup s'attendaient à des révélations sensationnelles, nous eûmes finalement droit à une redite : Boudanov avait une fois encore souffert d'une « altération pathologique temporaire de l'activité psychique ». Le verdict était donc prévisible. Le colonel ne serait pas tenu pour responsable de ses actes, et le tribunal exigerait un traitement psychiatrique dont la durée serait laissée à la discrétion du médecin traitant. Le principe restait inchangé : Boudanov échapperait à son châtiment.

Le verdict fut finalement rendu le 31 décembre 2002. Il faut savoir que le 31 décembre, en Russie, presque personne ne travaille et que peu de gens ont en tête des préoccupations sérieuses. Cette date marque une sorte de trêve. Ce jour-là, la société civile et les députés soucieux de démocratie — et donc opposés à Boudanov — ne s'indignent plus de rien, parce qu'ils s'apprêtent à célébrer la nouvelle année.

Cette date avait été bien choisie. Le verdict ne suscita aucun remous. Après le 31 décembre et jusqu'à la mi-janvier, la Russie connaît une période de vacance de la pensée. Les journaux ne paraissent plus et les télévisions ne diffusent que des retransmissions de soirées de gala.

Les avocats des Koungaïev ont naturellement fait

britannique membre du Collège royal de médecine et du Collège royal de psychiatrie. Pour le Dr Turner, Iouri Boudanov n'était qu'un patient comme un autre et non la figure très politisée qu'il représentait pour les Russes. C'est ainsi qu'une intervention occidentale permit de changer le cours de ce procès *(N.d.A.)*.

appel. Ils espéraient bien sûr une annulation du verdict mais à dire vrai, ils n'étaient pas très optimistes. Comme l'a déclaré Abdoulah Hamzaïev immédiatement après l'annonce de ce jugement, il fondait désormais tous ses espoirs sur la Cour européenne des droits de l'homme et non sur le système judiciaire russe. L'appel devant la Cour suprême avait été déposé uniquement parce qu'il était une condition préalable au recours à Strasbourg.

C'est alors que s'est produit un événement inattendu. Au début du mois de mars 2003, contre toute attente, le collège militaire de la Cour suprême annula le verdict, reconnut toutes les irrégularités de la procédure et ordonna la tenue d'un nouveau procès. L'instruction devrait être reprise du début et le procès se tenir à Rostov-sur-le-Don devant le même tribunal militaire mais présidé cette fois par un autre juge.

Sur la carte politique de la Russie, la Cour suprême symbolise davantage un prolongement de l'administration présidentielle que la plus haute autorité d'un pouvoir judiciaire indépendant. Cet événement ne pouvait signifier qu'une chose : le vent du Kremlin avait tourné et le chef de l'État renonçait à défendre le fait qu'un officier combattant en Tchétchénie a toujours raison. Comme au printemps 2000, Poutine se positionnait publiquement comme le héraut d'une « dictature de la loi ».

La campagne présidentielle de 2004 allait être lancée. Le parti de Poutine, Russie unie, dont le secrétaire général, Boris Gryzlov, n'était autre que le ministre de l'Intérieur — un cumul des charges contraire à la Constitution russe —, se devait de remporter les élections législatives de décembre

2003. Les slogans de ces deux campagnes, celle de Poutine et celle de Russie unie, étaient déjà en cours d'élaboration. Le principal mot d'ordre était « la suprématie de la loi ».

Le 9 avril 2003, le tribunal de Rostov-sur-le-Don se réunissait une nouvelle fois pour juger un Boudanov métamorphosé. Il ne restait plus trace du butor qui avait presque craché sur le juge et continuellement insulté les parents de la jeune femme qu'il avait tuée. L'homme était visiblement nerveux et clamait avoir été trahi. Il demanda à être jugé par un jury d'assises, demande qui fut rejetée. Dès lors, il refusa de répondre aux questions, se boucha les oreilles avec du coton et se mit à lire ostensiblement pendant les audiences. La cour était désormais placée sous la houlette du colonel Vladimir Boukreïev, vice-président du tribunal militaire de district. Pour la première fois en deux ans, des témoins de la partie civile furent appelés à la barre. C'était une révolution.

Le premier à comparaître fut le général Guerassimov. Il déclara que Boudanov, en sa qualité de commandant d'un régiment de chars, représentait le ministère de la Défense et non celui de l'Intérieur. Il n'était par conséquent aucunement habilité à fouiller le village de Tanghi-Tchou ni à y pénétrer pour y traquer une tireuse embusquée, la poursuite et l'arrestation de personnes suspectées d'appartenir à des groupes armés clandestins étant l'affaire du parquet, du FSB et de la police. En outre, affirma le général, le régiment n'avait pas reçu, en février et mars 2000, l'ordre d'effectuer des missions de recherche. Boudanov « n'était nullement autorisé à contrôler les passeports, à fouiller les habitations et à collecter des renseignements dans des zones habitées ».

Après le général comparut Iakhiaïev, le chef administratif de la localité de Douba-Iourt. Aux dires de Boudanov, c'était cet homme qui lui avait remis la fameuse photographie montrant des hommes et des femmes armés de fusils à lunette, photographie qui l'aurait incité à rechercher une tireuse embusquée dans le village de Tanghi-Tchou. Devant la cour, Iakhiaïev nia avoir donné ce cliché à Boudanov, ce qui fut corroboré par un certain Pankov, agent du FSB qui opérait en Tchétchénie dans la période allant de fin décembre 1999 à début janvier 2000. Pankov témoigna que Boudanov avait effectivement rencontré Iakhiaïev à plusieurs reprises en sa présence, mais que celui-ci n'avait pas remis de photographie au colonel et ne lui avait pas parlé d'une tireuse embusquée. Il affirma en outre que Boudanov n'avait jamais fait mention devant lui d'une photographie ni d'une tireuse embusquée.

Tous les éléments sur lequel Boudanov avait fondé sa défense s'effondraient. Le 25 juillet 2003, sa sentence fut proclamée. Il était condamné à dix ans de travaux forcés à régime strict. Il ne devrait donc pas être libéré avant le 27 mars 2010.

Indiscutablement, Boudanov a obtenu ce qu'il méritait. Et même si cette sentence n'était qu'une manœuvre électoraliste et le fruit d'un opportunisme politique, on ne peut que se réjouir, car de tels verdicts sont rares en Russie. Le tribunal militaire du district du Caucase du Nord et son président le colonel Vladimir Boukreïev ont fait montre d'un très grand courage en osant aller à contre-courant et s'opposer à leurs pairs. Le haut commandement militaire et la quasi-totalité des officiers, surtout dans le Caucase, rejetèrent cette décision. À leurs yeux, Boudanov était injustement puni d'avoir voulu défendre la mère patrie. Sa peine de dix ans de détention et sa dégradation étaient perçues par eux comme une insulte personnelle. Rappelons à ce propos qu'en Russie les tribunaux militaires sont subordonnés à l'armée et non au système judiciaire. Boukreïev dépendait pour son rang, son logement et sa carrière du bon vouloir du ministère de la Défense et de l'état-major général du Caucase du Nord. Pour un tel homme, prononcer la culpabilité de Boudanov était un acte extrêmement brave, parce que c'était lui-même qu'il condamnait en rendant son verdict.

ET LES AUTRES ?

Si dramatiques qu'aient pu être les affrontements suscités par l'affaire Boudanov, l'histoire de cette condamnation ne reste que l'exception qui confirme la règle. À la faveur d'un certain contexte politique, ce crime s'est trouvé placé sous les projecteurs. Porté à la connaissance de l'opinion, il a eu des répercussions importantes. C'est en raison de cette publicité que les autorités ont été contraintes d'autoriser le tribunal à prononcer un verdict de culpabilité. Mais la conclusion de cette affaire n'est qu'un concours de circonstances. Tous les autres dossiers de crimes de guerre impliquant des soldats des forces fédérales sont bloqués, et les services de sécurité s'arrangent pour que les coupables ne soient pas punis, même lorsque les actes qu'ils ont commis sont particulièrement odieux.

Le 12 janvier 2002, par exemple, six groupes de soldats russes ont été débarqués aux abords du village montagnard de Daï, en Tchétchénie. Ils avaient pour mission de rechercher un groupe de combattants tchétchènes au nombre duquel se trouvait le commandant Khattab. Selon le renseignement opérationnel, Khattab, blessé, se serait caché dans la région.

Ce qui arriva au cours de cette mission fut par la suite appelé l'affaire Boudanov 2. Les dix hommes de l'un des contingents, membres d'une unité spéciale du GRU[1], furent débarqués par des hélicoptères. Apercevant une Jeep qui passait sur une route, ils l'arrêtèrent et ordonnèrent à tous les passagers de descendre. Ils commencèrent par les torturer afin de leur faire avouer où se cachaient les *boïeviki*. Puis ils les tuèrent tous les six et brûlèrent leurs corps.

Les agences d'information officielles qualifièrent aussitôt cette exécution sommaire d'« affrontement militaire avec des groupes armés clandestins ». Le problème, c'est qu'il se trouva des témoins pour démentir cette version des faits. Il s'avéra que les six passagers étaient des citoyens ordinaires qui rentraient chez eux en empruntant cette navette qui reliait régulièrement Chatoï, le chef-lieu du district, à leurs villages. Parmi eux se trouvait Zaïnap Djavatkhanova, quarante ans, mère de sept enfants âgés de deux à dix-sept ans et enceinte du huitième. Tout ce qui resta d'elle fut un pied dans une botte,

---

1. Direction des renseignements militaires auprès du ministère de la Défense russe.

à partir duquel son mari et ses enfants l'identifièrent. Ce jour-là, elle s'était rendue à Grozny pour consulter un obstétricien.

Parmi les passagers se trouvait aussi le directeur de l'école de Nokhtchi-Keloï, Saïd-Magomed Aslakhanov, soixante-neuf ans, et Abdoul Wahhab Satabaïev, professeur d'histoire dans le même établissement. Tous deux revenaient d'une réunion d'enseignants à Chatoï. Le quatrième corps était celui du forestier Chakhban Bakhaïev, le cinquième celui de Djamalaïli Moussaïev, le neveu de Zaïnap qui accompagnait sa tante dans son voyage comme l'exigent les coutumes locales. La sixième victime était le chauffeur, Khamzat Toubourov, père de cinq enfants. Cet homme était connu de tous, parce que, chaque jour, au volant de sa Jeep, il faisait la navette vers Chatoï pour transporter les villageois.

Le 12 janvier 2003, en fin de journée, tous les meurtriers furent arrêtés. Le bureau local du procureur de district en avait obtenu la permission sur la foi du témoignage fourni par le major Vitali Nevmerjitski, du renseignement militaire. Cet événement était une première en Tchétchénie. Peu de temps après, les dix hommes de l'unité spéciale du GRU furent déférés au parquet et le dossier les concernant reçut le numéro 76002.

En apparence, tout avait donc été fait dans les règles. J'ai rencontré le colonel Andreï Verchinine, le procureur militaire du district de Chatoï qui dirigeait cette instruction. L'affaire faisait couler beaucoup d'encre et au printemps 2002 ce magistrat se montrait encore très optimiste. Selon lui, il existait suffisamment de preuves pour que le dossier soit jugé devant un tribunal et ne puisse pas être démoli, comme c'est souvent le cas dans des affaires de cet ordre. Il existe des centaines de dossiers en cours d'instruction bloqués à un niveau ou à un autre de la procédure. La raison en est simple : sur ordre de leur commandement, les membres de l'armée accusés de crime sont rapidement transférés hors de Tchétchénie, les instructions piétinent, les obstructions sont nombreuses et le personnel des parquets est l'objet d'intimidations visant à le contraindre au silence.

Le procureur Verchinine avait réussi l'impossible ou presque : il avait fait arrêter des membres des forces spéciales et, pendant que l'instruction suivait son cours, il les avait maintenus en détention au 291ᵉ régiment, les locaux du parquet se trouvant justement dans l'enceinte du camp. Les suspects étaient donc placés sous sa surveillance constante et directe.

Le procureur Verchinine n'est pas responsable de ce qui est arrivé ensuite. Les accusés furent transférés de Chatoï vers une prison hors de Tchétchénie et donc de sa juridiction. Les responsables du massacre de Daï, le lieutenant Alexandre Kalagandski et le caporal Vladimir Voïevodine, furent détenus pendant neuf mois au pénitencier de Piatigorsk puis libérés, après que le parquet militaire central de Russie eut omis de demander la prolongation de leur période de détention à la cour. Celle-ci se trouva donc automatiquement placée dans l'obligation de libérer ces hommes « en contrepartie d'un engagement signé de leur main de ne pas voyager hors des limites territoriales du district de Chtchelkovski, dans la région de Moscou ».

Pourquoi ces deux criminels se trouvaient-ils dans la région de Moscou ? Avant de partir pour la Tchétchénie, tous deux avaient servi au fin fond de la Sibérie, en Bouriatie. Leur transfert vers la capitale ne pouvait signifier qu'une chose : le GRU et l'état-major général des armées avaient décidé de soutenir ces hommes, parce qu'ils considéraient probablement, comme dans le cas de Boudanov, qu'ils avaient fidèlement servi leur patrie et que celle-ci les remerciait par son ingratitude.

Seul le capitaine Edouard Oulman des forces spéciales resta en captivité. C'était lui qui, le 12 janvier 2002, avait ordonné le massacre. Mais l'instigateur de ces crimes, le major Alexeï Perelevski, restait libre.

Comment qualifier une telle situation ? Si un combattant tchétchène avait abattu six soldats russes et brûlé leurs cadavres, vous pouvez être sûr qu'il n'aurait pas été remis en liberté. Comme le résume très bien Abdoulah Hamzaïev : « Au cours de mes quarante et une années d'exercice, je n'ai jamais vu de cas où un individu accusé de meurtre prémédité avec circonstances aggravantes ait été libéré en échange d'un simple engagement de ne pas changer son lieu de résidence. » J'ai posé à l'avocat la question suivante : « Si l'idée d'une cour internationale de justice pour la Tchétchénie, dont il est débattu au Conseil de l'Europe, se concrétisait un jour, seriez-vous en mesure de lui fournir des éléments matériels attestant que les services secrets russes ont délibérément choisi de ne pas enquêter sur les crimes de guerre, et qu'à l'inverse ils se sont efforcés de couvrir les coupables et de les faire libérer ? » et Hamzaïev m'a répondu : « J'en ai autant que vous voulez. Les affaires de ce type se chiffrent par centaines. »

Comme les États-Unis à la fin de la guerre du Viêt Nam, la Russie est aujourd'hui confrontée à la question de savoir quel traitement réserver aux militaires coupables d'exactions en Tchétchénie. Doit-on les voir comme des criminels de guerre ? Ou au contraire comme les combattants déterminés d'une lutte internationale contre le terrorisme, les soldats usant de tous les moyens à leur disposition pour servir une noble cause, la sauvegarde de l'humanité, cette fin justifiant tous les moyens ? Les enjeux idéologiques dans cette guerre sont-ils montés si haut qu'il faille oublier tout le reste ?

Un Occidental aurait, je l'espère, une réponse simple à ces questions : ce sont aux tribunaux de trancher. Mais la Russie n'a pas encore de réponse. Aujourd'hui, cinq ans après le déclenchement de la deuxième guerre de Tchétchénie, plus d'un million de soldats et d'officiers ont fait l'expérience de ce conflit. Empoisonnés par une guerre sur leur propre territoire, ils sont une composante incontournable de la vie civile. On ne peut plus les écarter de l'équation sociale de la Russie.

L'affaire du colonel Boudanov et celle du massacre de Daï sont à la fois tragiques et dramatiques. Leur déroulement a révélé certains problèmes qui nous rongent. Il nous incite à nous interroger sur la place qu'occupe ce conflit dans nos vies et nous confronte à la conception irrationnelle que nous nous faisons de cette guerre et de notre président. Il nous oblige à nous demander qui est le bon et qui est le méchant dans le nord du Caucase. Mais, plus important encore, ces affaires agissent comme un révélateur des mutations pathologiques qui ont transformé notre système judiciaire sous l'influence de Poutine et de cette guerre.

Les réformes voulues par les démocrates et défendues par Eltsine ont été réduites à néant sous la pression de l'affaire Boudanov. Mais leur esprit est toujours vivace, comme en témoigne le travail du juge Boukreïev et du procureur Verchinine. Pourtant, bien qu'il existe en Russie une poignée d'hommes et de femmes capables d'agir en toute indépendance, chacun a pu constater que notre appareil judiciaire était « sous influence », et que les verdicts rendus par nos tribunaux restaient soumis aux diktats des politiques et aux impératifs immédiats de la situation.

3

Tania, Micha, Lena et Rinat :
que sont mes amis devenus ?

Où en sommes-nous aujourd'hui ? Nous qui avons vécu en URSS, où la plupart d'entre nous disposaient d'un travail régulier, d'un salaire fixe. Que sommes-nous devenus, nous qui avions une confiance illimitée et inébranlable dans ce que demain nous apporterait ; nous qui savions que des médecins seraient là pour soigner nos maladies, des professeurs pour enseigner à nos enfants et que nous n'aurions pas à débourser un kopeck pour ces services. Comment vivons-nous aujourd'hui ? Quels nouveaux rôles nous a-t-on attribués ?

Depuis la fin de l'ère soviétique, les transformations se sont opérées en trois temps. Tout d'abord, durant le démantèlement de l'URSS, puis sous le règne de Boris Eltsine, nous avons traversé une révolution personnelle, parallèle à la révolution sociale qui secouait le pays. D'un instant à l'autre, tout a disparu : l'idéologie soviétique, le saucisson à bas prix, l'argent et la certitude qu'il se trouvait, derrière les murs du Kremlin, un petit père qui, bien que despotique, veillait au moins sur nous.

Le second grand bouleversement fut le moratoire sur la dette et le krach de 1998. Après 1991 et la mise en place effective d'une économie de marché dans notre pays, beaucoup d'entre nous avaient réussi à gagner modestement leur vie. Peu à peu s'était constituée une classe moyenne russe, très éloignée, certes, de ce qu'elle est en Occident, mais une classe moyenne tout de même, capable de promouvoir la démocratie et l'économie libérale. Du jour au lendemain, tout cela fut balayé. Beaucoup de gens, épuisés par leur lutte quotidienne pour la survie, furent incapables d'affronter ce nouveau coup du sort. Ils se laissèrent tout simplement couler et disparurent sans laisser de trace.

Le troisième grand bouleversement se produisit avec l'arrivée au pouvoir de Poutine et l'avènement de son capitalisme à la russe mâtiné de néosoviétisme. Sous le règne de notre troisième président, l'économie est un curieux hybride de libéralisme, de dogmatisme et de tout un bric-à-brac de spécialités locales. La doctrine économique de Poutine, c'est l'idéologie soviétique mise au service du grand capital. Elle laisse au bord de la route des hordes de pauvres, de déclassés, et favorise dans le même temps la résurgence de notre bonne vieille nomenklatura, cette élite de bureaucrates qui dirigea notre pays du temps de l'URSS. Le système économique a changé, mais la nomenklatura a su s'adapter. Ses membres voudraient vivre l'existence fastueuse de ceux que l'on a surnommés les « nouveaux Russes », mais leurs salaires officiels ne le leur permettent pas. Ils n'ont aucun désir de revenir au système soviétique, toutefois le nouveau système ne les comble pas entièrement, car il exige la loi et l'ordre, cette loi et cet ordre que la société russe réclame avec une insistance grandissante. La nomenklatura doit donc consacrer l'essentiel de son temps à empêcher que la loi et l'ordre ne viennent faire obstacle à son propre enrichissement.

De ce fait, la nomenklatura nouvelle mode de Poutine a porté la corruption à des sommets jamais atteints sous le règne des communistes pas plus que sous celui de Boris Eltsine. Elle dévore petites et moyennes entreprises, et avec elles la classe moyenne, pendant qu'elle laisse croître et prospérer les grandes sociétés, les monopoles et les firmes semi-publiques, premières pourvoyeuses de ses pots-de-vin. En Russie, c'est ce secteur des grands conglomérats qui offre les retours sur investissement les plus élevés, les plus constants, tant à leurs actionnaires et à leurs dirigeants qu'à ceux qui les protègent au sein de l'appareil administratif. Dans notre pays, en effet, il n'existe pas de grande entreprise qui ne possède, au sein de l'administration, l'un de ces « curateurs ». La gabegie de notre économie n'est pas un effet du libéralisme. Elle a pour origine le fait que Poutine cherche à se gagner l'appui des « ex », ces *byvchie*, qui occupaient les postes clés du pouvoir à l'époque soviétique. La nostalgie de ces gens est si forte que l'idéologie qui sous-tend le capitalisme à la sauce Poutine se rapproche chaque jour davantage de l'état d'esprit qui a régné au plus haut de la période de stagnation des années Brejnev, de la fin des années 1970 au début des années 1980.

Tania, Micha, Lena et Rinat existent, ce ne sont pas des personnages de fiction. Ce sont des hommes et des femmes ordinaires qui se battent pour leur survie, comme tout le reste du pays. Tania, Micha, Lena et Rinat étaient mes amis et voici ce qui leur est arrivé depuis 1991.

TANIA

Moscou, début de l'hiver 2002, au théâtre de la Doubrovka, le dernier acte de la prise d'otages vient de se jouer de la manière la plus tragique qui soit[1]. La société russe et la capitale sont en état de choc. À l'occasion de ces événements, je suis brièvement apparue à la télévision et c'est ainsi que d'anciens amis ont refait surface.

Un appel au beau milieu de la nuit. C'était Tania. Elle est coutumière du fait, elle a toujours appelé aux aurores ou bien très tard, quand tout le monde dormait déjà.

Autrefois, Tania a été ma voisine, mais je ne l'ai pas revue depuis une dizaine d'années. À cette époque, elle était au bas de l'échelle, tandis qu'aujourd'hui elle arbore tous les signes de la réussite. L'air triomphant, elle est élégante dans ses vêtements de prix. Il émane de sa personne une assurance, une force tranquille nouvelle chez elle.

Durant l'ère soviétique, la vie de Tania n'a été qu'un long calvaire. Nous habitions alors le même immeuble, moi au rez-de-chaussée, elle au dernier étage. Elle venait me rendre visite presque chaque soir et pleurait longuement sur le désastre de son existence.

À cette époque, Tania travaillait comme ingénieur dans un institut de recherche et, à ce titre, était

1. En octobre 2002, ce drame s'est terminé par l'intervention d'un commando des forces de l'ordre russe et le recours à un gaz toxique, entraînant la mort de 130 civils et d'une quarantaine de kamikazes tchétchènes, hommes et femmes.

considérée comme appartenant à l'intelligentsia scientifique et technique, un groupe social important à l'époque, totalement éteint aujourd'hui.

Comment en venait-on à appartenir à ce groupe ? Issue d'une bonne famille — elle était la fille unique de parents qui jouissaient d'une confortable position sociale —, Tania était prédestinée dès son plus jeune âge aux études universitaires. Pourtant, bien qu'ayant terminé ses classes secondaires, elle ne montra ni inclinations ni aptitudes particulières et s'inscrivit dans un des nombreux instituts technologiques de l'époque. Elle obtint son diplôme d'ingénieur, en échange de quoi elle dut ensuite travailler pendant trois ans pour l'État dans son domaine de spécialité. Ce système engendrait alors, à travers tous les pays, des cohortes de jeunes gens désabusés, qui n'avaient jamais souhaité devenir ingénieurs mais se retrouvaient à besogner dans des centres de recherche sur des projets dénués de toute utilité.

Tania était un membre appointé de cette armée, puisqu'elle possédait le titre d'ingénieur spécialisé dans les équipements collectifs pour centrales nucléaires. Jour après jour, et sans le moindre enthousiasme, elle restait claquemurée dans son institut à dessiner des systèmes d'évacuation et d'alimentation en eau que personne ne produirait jamais et percevait en contrepartie un salaire indigent. Tania se plaignait constamment d'un manque d'argent chronique. Elle s'efforçait de nourrir et d'habiller décemment sa famille et s'affairait sans cesse pour pourvoir aux besoins de deux jeunes enfants maladifs et d'un mari prénommé Andreï, un homme assez étrange, jeune maître de conférences dans une prestigieuse université technique de Moscou.

Tania avait tout de la neurasthénique. Ses sautes

d'humeur, ses crises d'hystérie, ses accès de dépression et son insatisfaction perpétuelle étaient pour elle, mais surtout pour son mari et ses deux enfants, une source de tourments constants.

Pour comble de malheur, Tania était native de Rostov-sur-le-Don. Si elle avait pu s'installer à Moscou, c'était en épousant Andreï dont elle avait fait la connaissance sur une plage de la mer Noire. Du fait de ses origines, elle était à peine mieux considérée que les *limitchiki*, ces travailleurs peu qualifiés soumis à quotas qui, dans le milieu des années 1970, se voyaient accorder un permis de séjour provisoire dans la capitale contre un emploi dans un secteur dédaigné par les Moscovites. À l'époque, notre ville regorgeait de ces femmes ingénieurs, parties de leur province pour épouser un habitant de la capitale. Personne ne souhaitait vivre loin d'elle et s'installer à Moscou était le rêve de toutes les filles de bonne famille.

Tania ne savait pas ce qu'elle voulait, mais savait très bien ce qu'elle ne voulait pas : travailler comme ingénieur et partager avec Andreï une vie de misère. C'était le principal sujet de nos conversations. Elle ne voyait pas d'issue à sa situation et cela la mettait en rage.

Dans son foyer, les disputes étaient constantes. Selon la tradition soviétique, Tania, qui n'avait pas de logement, aurait normalement dû partager celui d'Andreï, mais lui non plus n'en avait pas. Aussi vivaient-ils sous le même toit que les parents de son conjoint, avec les deux frères aînés d'Andreï, l'un et l'autre mariés eux aussi et de surcroît pères de famille.

Tout ce petit monde formait une de ces ruches à la soviétique sans aucune perspective d'essaimer ailleurs et d'acquérir son indépendance. Dans leur cas, ce qui rendait les choses encore plus difficiles, c'est qu'Andreï venait d'une vieille famille noble de Moscou dont tous les membres étaient des êtres d'exception. Ainsi, sa grand-mère, qui enseignait le violon au conservatoire d'État de Moscou, avait eu pour second mari un célèbre violoniste qui professait lui aussi dans ce conservatoire. L'aïeule était morte depuis longtemps, mais son mari vivait encore dans la ruche. Comme Tania, il n'avait pas d'autre endroit où aller.

Les parents d'Andreï étaient professeurs de physique et de mathématiques. Le frère aîné enseignait la chimie à l'université de Moscou et faisait découverte sur découverte, sans que ces succès aient la moindre répercussion sur sa situation matérielle.

Tania, chaque jour plus exaspérée par ses conditions de vie, considérait la famille d'Andreï comme un ramassis d'incapables, en dépit de tous leurs diplômes, et ceux-ci en retour la détestaient et ne cessaient de la critiquer. Elle était, rappelons-le, originaire de Rostov-sur-le-Don. Or, dans cette ville, même à l'époque soviétique, chacun faisait commerce de tout ce qu'il trouvait à vendre. Les ateliers clandestins y prospéraient. Beaucoup d'hommes fortunés séjournaient régulièrement en prison, et personne ne trouvait cela déshonorant. Les journaux les traitaient de spéculateurs et d'affairistes, mais les jeunes femmes de Rostov n'étaient que trop contentes de les épouser.

Lorsque nous nous sommes rencontrées dans le début des années 1980, Tania pensait déjà qu'elle s'était lourdement trompée en se mariant avec Andreï. L'amour n'était pas ce qui l'avait motivée. Un permis de résidence à Moscou, voilà tout ce qu'elle avait souhaité. On ne la voyait épanouie que lorsqu'elle avait à nous vendre de jolies choses qu'elle avait dénichées Dieu sait où. Tania avait la bosse du commerce. Pour vous vendre trois fois son prix normal un corsage de médiocre qualité, elle vous affirmait que c'était ce que les gens à la mode portaient en Europe. Puis, lorsque vous découvriez la supercherie, elle n'était pas embarrassée le moins du monde. Ce don inné pour le négoce était l'objet du plus grand mépris parmi les érudits de la famille d'Andreï.

Quand nous nous sommes retrouvées en 2002, Tania m'a invitée chez elle, dans le même appartement spacieux qu'elle occupait déjà à l'époque, en plein cœur de la capitale.

L'endroit avait été rénové à grands frais et l'appartement était à présent équipé du dernier cri de la technologie. Il était meublé de belles reproductions de meubles anciens et les copies de tableaux célèbres qui ornaient ses murs étaient d'excellente qualité. Tania avait près de cinquante ans, mais sa peau était lisse et fraîche. Elle portait des vêtements de couleurs vives et parlait fort, d'une voix assurée. Elle riait beaucoup, mais n'avait pas une ride. Cette jeunesse, elle la devait forcément à la chirurgie esthétique. Or si Tania avait les moyens de s'offrir ce genre d'opérations, c'était qu'elle avait bien réussi dans la vie.

Andreï aurait-il fait fortune ? me demandais-je, pendant que Tania se déplaçait librement d'une pièce à l'autre. Dix ans auparavant, dans ce même appartement, elle parlait à voix basse, restait assise dans son coin et faisait tout pour éviter ses beaux-parents.

« Eh bien, où sont tous les autres ?

144

« — Je vais te le dire, mais assieds-toi d'abord, tu risquerais de t'évanouir. Tout ceci m'appartient.

— À toi ? Félicitations ! Mais où vit maintenant la famille d'Andreï ?

— J'y viens, j'y viens. Pas d'impatience. »

Un magnifique jeune homme, qui devait avoir l'âge des fils de Tania, se glissa discrètement dans la pièce. La dernière fois que je les avais vus, les garçons de Tania étaient encore des enfants, si bien que je bredouillai :

« Est-ce que c'est... Igor ? »

Igor, le fils aîné de Tania et d'Andreï, devait avoir maintenant dans les vingt-quatre ou vingt-cinq ans.

Mon hôtesse éclata d'un rire joyeux, plein de jeunesse et de bonne humeur, aux antipodes de la Tania que j'avais connue.

« Je m'appelle David », dit d'une voix douce ce garçon aux yeux de biche et aux épaisses boucles brunes.

Quand je le vis embrasser la main manucurée de Tania, il me revint en mémoire le souvenir d'un temps où cette main était abîmée par les lessives d'une famille nombreuse.

« Je ne vous dérange pas plus longtemps, les filles », lâcha David avant de se retrancher dans les profondeurs de l'appartement.

Ça faisait belle lurette que nous avions passé l'âge d'être appelées « les filles ».

« Allez, déballe-moi tout, dis-je à Tania. Livre-moi le secret de ta jeunesse et de ta prospérité. Où est passée toute ta famille ?

— Ce n'est plus ma famille.

— Mais Andreï ?

— Nous sommes séparés. Finis, les travaux forcés. J'ai obtenu une remise de peine.

— Tu es remariée ? Avec ce garçon, David ?

— David est mon ami. Mais c'est une aventure sans lendemain, pour me maintenir en forme. Je l'entretiens. Quand je serai fatiguée de lui, je m'en débarrasserai.

— Ça alors ! Pour qui travailles-tu ?

— Pour personne, je suis mon propre patron. »

Dans sa voix perçait une note métallique en décalage par rapport à l'image que me renvoyait la femme assise en face de moi, avec ses dehors indolents, ses ongles manucurés et son jeune amant.

Tania est l'heureux produit de notre nouvelle vie. Durant l'été 1992, quand dans la plupart des foyers moscovites il ne restait plus rien à manger (un résultat de la thérapie de choc inscrite dans les réformes économiques de notre Premier ministre Egor Gaïdar) Tania était partie s'installer avec ses enfants et le reste de sa famille de professeurs dans leur vieille datcha.

Durant cet été de disette, tous ceux qui possédaient une datcha avaient fui la capitale et s'étaient réfugiés à la campagne, où ils pouvaient faire pousser des légumes pour l'hiver afin d'avoir quelque chose à se mettre sous la dent. L'institut de recherche où travaillait Tania avait fermé pour les mois d'été. Il n'y avait plus de travail et les salaires des employés n'étaient plus payés depuis des lustres. Ces derniers étaient partis cultiver leur lopin de terre ou faire du commerce sur les nombreux marchés qui avaient fleuri un peu partout dans les rues de la capitale affamée. Tania, comme les autres, tenait un potager et s'occupait de ses enfants. Andreï restait souvent seul en ville et ne revenait pas dormir à la datcha parce que, contrairement aux autres instituts de recherche, l'université qui l'employait n'avait pas fermé ses portes.

Un beau matin, Tania était rentrée à Moscou à l'improviste et, en ouvrant la porte de leur appartement, avait trouvé son mari dans leur lit en compagnie d'une jeune étudiante. Son sang chaud de méridionale n'avait fait qu'un tour. Tout l'immeuble avait tremblé sous ses hurlements.

Andreï n'avait pas cherché à s'excuser. Bien au contraire, il avait répondu qu'il était amoureux de son étudiante. Celle-ci, sans mot dire, s'était habillée, puis avait gagné leur cuisine où elle avait mis la bouilloire sur le feu pour préparer du thé, comme si de rien n'était.

Confrontée à l'indifférence de sa rivale et à son évidente habitude des lieux, Tania s'était dit que cette fois c'en était trop. Elle n'avait pas supporté la pitoyable famille d'Andreï pendant toute sa vie conjugale pour laisser une autre femme s'implanter sur son territoire. Elle mit en garde son mari. Il ne s'en sortirait pas à si bon compte. Alors Andreï rassembla ses affaires et s'en alla avec son étudiante.

Ce jour marqua pour Tania le début d'une vie nouvelle et indépendante. Andreï eut ensuite une conduite inqualifiable. Il ne lui versa pas un sou pour la soutenir, elle et ses enfants. Trois ans plus tard, quand elle commença à gagner un peu d'argent, c'est elle, au contraire, qui se mit à le nourrir de temps en temps et même à lui acheter quelques vêtements. Elle n'agissait pas ainsi par bonté d'âme, mais par esprit de revanche. Elle le gavait de caviar rouge[1], un mets très prisé à l'époque soviétique et qu'elle pouvait désormais s'offrir. Andreï s'en met-

1. Le caviar rouge est fait à partir d'œufs de saumon.

tait plein la lampe et ne rougissait même pas de son humiliation tant il avait faim. Il n'était plus à cela près, lui qui, pour manger la soupe du pauvre que servaient les églises, se faisait passer pour un croyant et avait même appris à se signer.

Mais en 1992, l'année du passage de la Russie à l'économie de marché, tout cela appartenait encore à l'avenir. Un beau jour où il ne restait plus rien pour nourrir les enfants et où sa belle-mère insistait pour qu'elle pardonne à Andreï et le reprenne, Tania partit faire du commerce au marché du coin.

Sa belle-mère poussa les hauts cris. L'opprobre pour leur famille était si grand qu'elle ne put le supporter et alla se coucher. Toutefois, elle changea bientôt d'avis quand Tania lui acheta des médicaments avec l'argent honteusement gagné sur les marchés. Personne, ni son mari, ni ses fils, ni ses autres brus, n'avait encore été capable de faire ça pour la vieille femme. Les choses prirent une tournure tragi-comique quand, réunie en conseil, la famille décida que, quoi qu'il arrive, elle ne se déferait jamais de son patrimoine : le mobilier ancien, les partitions rares et les tableaux de maîtres russes du XIXe siècle hérités de leurs ancêtres. La belle-mère de Tania, qui à l'époque gardait obstinément le lit et préférait affronter la mort plutôt que le déshonneur, fut la première à voter contre cette idée ! Au début des années 1990, les vieilles familles, celles qui s'étaient cramponnées à leurs reliques, même sous Staline, bradaient leurs précieux trésors « pour un morceau de pain », comme on disait alors.

Pendant ce temps, Tania travaillait comme un forçat de 6 heures le matin à 11 heures le soir. Elle se tuait à la tâche, mais elle était récompensée pour ses efforts. Sur le marché, elle gagnait de vrais roubles, de beaux billets dont elle entendait le craquement dans sa poche. On y était payé cash, et à la journée. Pas besoin d'attendre après son salaire, et cela seul comptait. Chaque soir, Tania rentrait chez elle avec de l'argent, mais aussi avec des jambes lourdes, des mains tordues et gonflées. Elle ne pouvait plus mettre un pied devant l'autre ; elle n'avait même plus la force de se laver pour retrouver une apparence humaine, mais elle était presque heureuse.

« Tu ne le croiras peut-être pas, mais j'étais contente de ne plus dépendre de personne, ni du directeur de l'institut qui ne me payait pas mon salaire, ni d'Andreï qui ne me donnait pas un sou, ni de ma belle-mère avec son héritage et ses traditions. Je ne dépendais plus que de moi, et de moi seule. » À présent belle et riche, Tania me racontait comment sa vie avait changé du tout au tout dix ans plus tôt. « Ma belle-mère ? Un beau matin, je lui ai dit qu'elle pouvait aller se faire pendre ailleurs. Et tu sais ce qui est arrivé ? Pour la première fois, elle ne m'a pas répondu par un de ses habituels sermons. C'était une petite révolution. Sous mes yeux, la très intègre intelligentsia moscovite venait de rompre — et de se laisser corrompre par mon argent. Ma belle-mère ne me sermonnait plus, pour la bonne et simple raison que je la nourrissais, moi, celle qui avait toujours tort. Petit à petit, dans cette vieille famille qui m'avait méprisée à cause de mes origines et parce que — comme ils se plaisaient à me le répéter — j'avais intrigué pour me faire épouser d'Andreï dans le seul but d'obtenir un permis de résidence à Moscou, dans cette famille, chacun se mit à me sourire et à écouter avec une attention toute nouvelle ce que j'avais à leur dire.

« Et tout ça parce que je leur payais à manger avec l'argent que je gagnais au marché. Je triomphais et j'étais prête à continuer dans un seul but : gagner de plus en plus et les humilier tous en leur collant le nez dans ce sale argent. »

Lorsqu'elle rentrait chez elle sur le coup de minuit, Tania s'effondrait sur son lit. Elle n'avait plus un instant pour s'occuper de ses fils et surveiller leur travail scolaire. Elle tombait et s'endormait comme une masse. Et le lendemain matin elle repartait pour une nouvelle journée. Si bien que sa belle-mère se mit à s'occuper des enfants pour la première fois depuis que les deux femmes vivaient sous le même toit. Tania n'en croyait pas ses yeux.

Au marché, elle travaillait maintenant pour un jeune homme très débrouillard prénommé Nikita. Nikita « faisait la navette », comme on le disait alors, c'est-à-dire qu'il importait des vêtements bon marché de Turquie, des pastèques bon marché d'Ouzbékistan, des mandarines bon marché de Géorgie, bref du bon marché de n'importe où. Tania et d'autres femmes qui travaillaient pour lui écoulaient ses marchandises. Bien sûr, tout le monde travaillait sans patente, sans acquitter de taxes. Sur le marché, les règles étaient les mêmes qu'en prison. Les différends étaient réglés au couteau ou à coups de poing. L'extorsion était monnaie courante. Les autres vendeuses se trouvaient pour la plupart dans la même situation que Tania : c'étaient des femmes seules, dont les enfants étaient abandonnés à eux-mêmes, d'anciens membres de l'intelligentsia scientifique et technique dont les instituts, les maisons d'édition et les rédactions avaient fermé. Elles étaient à peine mieux traitées que des prostituées par leurs patrons.

Bientôt, Tania occupa le lit de Nikita. En dépit de la différence d'âge, il l'avait choisie entre toutes les autres et l'avait emmenée en Turquie lors d'un de ses voyages d'affaires. Après cette première fois, il y en eut une deuxième, puis une troisième, et deux mois plus tard Tania, cette commerçante-née, était elle-même devenue une « navette », ayant très vite compris que ce travail n'avait rien de très compliqué.

Puis Nikita fut abattu — on ne sut jamais par qui. Un beau matin on le retrouva au marché avec une balle dans la tête et c'en fut fini de lui. Ses vendeuses se mirent à travailler pour Tania et ne perdirent pas au change. Tania était une bien meilleure négociatrice que Nikita, et les affaires prospérèrent. En outre elle était loin d'être aussi vache que leur ancien patron.

Au bout de six mois, Tania cessa de faire le voyage jusqu'en Turquie. Ce n'était pas qu'elle était fatiguée, bien que le métier ne fût pas une sinécure. Elle devait transporter elle-même les énormes ballots de vêtements, de gare en aéroport, en économisant sur tout, jusqu'au prix des chariots à bagages. Si elle décida d'arrêter ces allers-retours, c'est parce que, avec son sens inné des affaires, elle avait le don d'acheter toujours des marchandises qui s'écouleraient facilement et ne lui resteraient pas sur les bras. Elle embaucha cinq navettes, puis encore cinq autres et se trouva bientôt à la tête de ce qui, dans le contexte d'un marché local, était un commerce de belle taille. Les navettes rapportaient les marchandises, les vendeuses les écoulaient et Tania supervisait tout. Elle ne sortait déjà plus habillée « à la turque », comme on disait alors, mais à l'européenne. Elle avait ses habitudes dans tous les restaurants où elle dînait, buvait, dépensait sans compter pour se détendre après ses dures journées de travail. Elle gagnait largement assez pour elle-même, sa famille et ses employés. À l'époque, les profits étaient faramineux. L'argent coulait à flots. Tania s'offrait des amants en rapport avec ses revenus et avec son âge. Et elle en changeait comme elle voulait. Pour être honnête, dans ce domaine, Andreï n'avait jamais été à la hauteur...

Une autre année passa et Tania décida de rénover son appartement dont elle était devenue, entre-temps, la propriétaire. Elle avait acheté un petit logement à Andreï ainsi qu'à son père et ses frères — ce qui avait satisfait tout le monde. Tania n'avait gardé avec elle que sa belle-mère, moins par pitié que parce qu'elle avait besoin de quelqu'un pour veiller sur ses enfants. L'aîné, Igor, avait atteint l'adolescence et leur créait des problèmes, tandis que le plus jeune était de constitution fragile.

Pour Tania, cette rénovation était une nouvelle revanche[1].

« Je voulais leur montrer à tous qui était désormais la maîtresse des lieux ! »

Elle se débarrassa de tout, absolument tout. Elle vendit leur précieux héritage et effaça jusqu'à la dernière trace du passé poussiéreux de ses beaux-parents.

Personne ne protesta. Sa belle-mère partit même s'installer dans leur datcha pour ne pas la gêner.

Le résultat était cet appartement très européen équipé de toutes les dernières trouvailles technologiques.

---

1. L'expression n'est pas sans ironie, ni allusion politique : à Moscou, pendant les dernières années du communisme, la ville était émaillée de chantiers qui semblaient ne jamais devoir connaître d'achèvement, avec des panneaux indiquant « en rénovation » (en russe *na remont*).

La rénovation achevée, Tania décida de passer à autre chose, de mettre le pied dans le vrai commerce. Elle abandonna les marchés et acheta plusieurs magasins dans Moscou.

« Quoi ? Tu veux dire que ces magasins t'appartiennent ? »

Je n'en croyais pas mes oreilles. Tania possédait deux excellents supermarchés, où j'allais faire mes courses après le travail.

« Bravo ! Belle réussite ! Seulement tes prix, excuse-moi !

— Je sais, mais la Russie est un pays riche ! se défendit-elle en riant.

— Pas si riche que ça. À force de nager avec les requins, tu es devenue aussi féroce qu'eux !

— Bien sûr. Eltsine est parti, et avec lui l'argent facile et le romantisme. Les gens qui sont maintenant au pouvoir sont d'insatiables pragmatiques et je leur ressemble. Tu es contre Poutine ; moi, je le soutiens. Pour moi, cet homme est presque un frère. Humiliés dans le passé, nous relevons maintenant la tête.

— Que veux-tu dire par insatiable ?

— Je parle des pots-de-vin. Il faut graisser la patte à tout le monde. Pour garder mes magasins, je dois mettre la main au porte-monnaie. Qui n'ai-je pas arrosé ? Les fonctionnaires de la préfecture, les pompiers, les inspecteurs de l'hygiène, le gouvernement municipal. Sans compter les gangs qui contrôlent les territoires où se trouvent mes boutiques. D'ailleurs, c'est à des gangsters que je les ai achetées.

— Tu n'as pas peur de traiter avec ces gens-là ?

— Pas du tout. J'ai un but dans la vie : devenir riche. Dans la Russie d'aujourd'hui, cela veut dire que je dois tous les arroser. Si je refusais d'acquitter cette "taxe", je serais abattue dès demain et quelqu'un d'autre prendrait ma place.

— Tu n'exagères pas un peu ?

— Au contraire, je crois que je suis plutôt en dessous de la réalité.

— Et les fonctionnaires ?

— J'en paie certains moi-même. Les autres le sont par les gangs. Je verse au grand banditisme, et lui règle ensuite ses comptes avec les petits bandits de l'administration. C'est un système très commode.

— Qu'est devenu Andreï ?

— Il est mort. Il a fini par ne plus pouvoir supporter mon ascension sociale. Mon caviar lui restait sur l'estomac. Il m'a suppliée de le reprendre, mais je n'ai rien voulu savoir et je lui ai dit de se trouver une autre étudiante. De toute façon, je ne veux plus vivre avec un homme laid. J'ai décidé que j'aimais les beaux mecs. Je vais à des spectacles de strip-tease et c'est là que je choisis mes partenaires.

— Tu me fais marcher ! La vie de famille ne te manque pas ? Tu ne regrettes pas la douceur du foyer ?

— Jamais. Je viens tout juste de commencer à vivre. Je te l'accorde, cette existence n'a pas que des bons côtés, mais la précédente n'était pas très joli-jolie non plus.

— Et tes enfants ?

— Igor, malheureusement, est un faible comme son père. Il se drogue. Je l'ai fait admettre dans une clinique. C'est déjà sa cinquième cure... Stasik fait ses études à Londres. Je suis très fière de lui, il est premier en tout. Ma belle-mère s'occupe de lui. Je lui loue un petit appartement là-bas. Pendant la semaine, Stasik est pensionnaire et le week-end il habite avec elle. Elle a eu besoin d'une prothèse de la hanche, et c'est moi qui ai payé son opération en Suisse. Depuis, elle a retrouvé une deuxième jeunesse. Elle me vénère comme une sainte. C'est fou ce que l'argent peut faire. »

David entre à ce moment-là, portant un plateau.

« C'est l'heure du thé, les filles, nous annonce-t-il d'une voix suave. Je peux me joindre à vous, Taniechka ? »

Tania hoche la tête et s'absente un instant. Elle veut se changer pour le thé. Près de moi, David respire la dépravation et le désœuvrement. La situation a quelque chose de vaguement malsain. Deux minutes plus tard, Tania revient couverte de diamants. Ses oreilles étincellent, son décolleté jette des feux, même ses cheveux semblent scintiller.

Ce spectacle n'est rien que pour moi. J'exprime poliment mon admiration. Tania est ravie. Elle brille comme ses bijoux et irradie la joie de présenter à une ancienne amie la nouvelle Tania qu'elle est devenue.

Nous buvons rapidement notre thé et nous prenons congé l'une de l'autre.

« J'espère que nous n'attendrons pas dix ans avant de nous revoir ? me dit-elle au moment où je m'en vais.

— Oui, on essaiera. »

Tandis que je descends les escaliers, je songe que, depuis la venue de Poutine, les gens — les vieux amis, je veux dire — ont recommencé à se voir plus souvent qu'avant. Il y eut un temps, à la fin de l'ère Eltsine, où chacun était trop occupé à survivre. Les amis restaient des années sans s'appeler, certains parce qu'ils avaient honte de leur pauvreté, les autres de leur richesse. À cette époque, beaucoup émigrèrent définitivement ; beaucoup se logèrent

une balle dans la tête parce qu'ils se croyaient devenus inutiles ; beaucoup sniffèrent de la cocaïne
parce qu'ils se dégoûtaient eux-mêmes. À présent,
c'est comme si tous les survivants se retrouvaient.
Notre société s'est nettement structurée et nous
avons trouvé du temps libre.

Quand la Russie est entrée dans une nouvelle ère,
après la chute du communisme, les femmes ont
pris l'initiative. Elles ont créé des entreprises et divorcé de leurs maris. Parmi ceux-ci, beaucoup, devenus des malfrats, sont morts abattus dans les
premières années du règne d'Eltsine. Tout cela est
arrivé parce que beaucoup de femmes russes qui
éprouvaient, comme Tania, à la veille de la *perestroïka*, le sentiment de ne pas pouvoir changer le
cours de leur vie, ont vu soudain se présenter la
chance qu'elles attendaient.

Une semaine plus tard, je devais assister à une
conférence de presse qui concernait, si je me souviens bien, des élections partielles à la douma municipale. C'est à cette occasion que j'ai, de nouveau,
rencontré Tania — et de manière assez inattendue.
Dans notre société restructurée, cloisonnée et organisée en clans comme à l'époque soviétique, il est
rare que les propriétaires de supermarchés assistent
à des conférences de presse électorales.

Tania se présentait ce jour-là aux journalistes
sous un jour assez austère, serrée dans un tailleur
noir des plus classiques et sans un seul diamant.
David, qui l'accompagnait, était lui aussi très sobre
dans le rôle du secrétaire de Tania, avec juste ce
qu'il fallait de modestie dans son attitude. Il va sans
dire que nous n'étions plus « les filles ».

J'étais assise avec le parterre de journalistes. Mais
Tania se tenait de l'autre côté de la barrière. Elle fut

la dernière à prendre le micro. Candidate au remplacement d'un siège à la douma municipale, elle exposa sa vision du problème des sans-abri à Moscou et promit de se battre pour leurs droits si les électeurs lui faisaient l'honneur de la choisir.

« Pourquoi avais-tu besoin de ça ? lui ai-je demandé, après la conférence. Tu es déjà riche.

— Je te l'ai dit, je veux être encore plus riche. C'est très simple, je ne veux plus payer de pot-de-vin à notre député.

— C'est la seule raison ?

— Tu n'as pas idée du niveau atteint par la corruption dans notre pays. Les pires malfrats sous Eltsine n'étaient que des amateurs, en comparaison. Si je suis élue député, ce sera un "prélèvement" de moins que j'aurai à payer. »

Nous sommes entrées dans un café français à deux pas de là. C'était Tania qui l'avait choisi, car cet endroit n'était pas dans mes moyens.

« Mais pourquoi choisir précisément de défendre la cause des sans-abri ?

— Parce que ça donne de moi une image flatteuse. D'ailleurs, je peux véritablement les aider à se remettre en selle. Dans ce domaine, je m'y connais.

— Et pourquoi, à la fin de ton intervention, as-tu parlé de Poutine, en disant combien tu l'apprécies et le respectes, combien tu as foi en lui ? C'est ton conseiller en image qui t'y a incitée ? C'était de très mauvais goût.

— Tu te trompes, c'est au contraire ce qu'il faut dire de nos jours. Je le sais sans qu'un *image maker* me le souffle. »

Tania trébuche sur ces mots anglais qui ont envahi notre langue depuis l'avènement de la nouvelle Russie.

« Si je n'avais fait aucune allusion à Poutine, notre responsable local du FSB se serait pointé dès demain matin dans mon magasin pour me reprocher de ne pas avoir prononcé les mots que tout le monde dit. Voilà comment fonctionne le monde des affaires de nos jours.

— Et alors ? Que se passerait-il ?

— Il faudrait que je lui glisse quelques billets.

— Pourquoi donc ?

— Mais pour l'aider à oublier que je n'ai pas parlé de Poutine.

— Tu n'en as pas marre de tout ce cirque ?

— Non. Si je devais embrasser le cul de Poutine pour pouvoir m'offrir deux autres magasins, je ne m'en priverais pas.

— Je ne vois pas le rapport. Si tu veux ces magasins, il te suffit de les acheter, non ?

— Les choses sont très différentes aujourd'hui. Tu dois obtenir des bureaucrates le droit de te payer ton magasin avec ton propre argent. On appelle ça le capitalisme russe. Personnellement, ça me plaît Quand j'en aurai assez de ce système, je m'achèterai une autre nationalité ailleurs et je tirerai ma révérence. »

C'est sur ces mots que nous nous sommes séparées. Tania fut élue, évidemment. Je me suis laissé dire qu'elle fait un bon conseiller municipal. Elle se donne à fond dans sa bataille pour les déshérités de Moscou et a fait ouvrir une nouvelle cantine pour les SDF et les réfugiés. Elle a aussi acheté trois autres supermarchés et s'exprime souvent à la télévision pour chanter les louanges de notre époque moderne.

Il y a peu de temps, elle m'a appelée pour me demander d'écrire un papier sur elle. Je l'ai fait et vous avez le résultat sous les yeux. Elle a demandé à pouvoir le lire avant sa parution. Sur le moment, elle a été horrifiée, puis elle m'a dit : « Tout est vrai. » Cependant elle m'a fait promettre de ne jamais publier cet article en Russie de son vivant.

« Et à l'étranger, je peux ?

— Oui, ne te gêne pas. Il faut qu'ils sachent quelle odeur a notre argent. »

Eh bien, voilà. À présent, vous êtes renseignés.

MICHA ET LENA

Micha était marié à Lena, une vieille copine d'école. Elle l'avait épousé lorsqu'ils étaient encore étudiants, dans les années 1970.

À cette époque, Micha était un esprit brillant, un garçon très doué qui traduisait l'allemand et doublait déjà des films alors qu'il n'était encore qu'un étudiant très prometteur à l'Institut des langues étrangères. Quand il obtint son diplôme, il reçut de nombreuses offres d'emploi très alléchantes, ce qui n'arrivait pas tous les jours.

Micha finit par atterrir au ministère des Affaires étrangères, une position très prestigieuse, surtout vers la fin de l'ère soviétique. Il n'était pas fréquent qu'un garçon sans relations familiales soit admis dans le monde clos du ministère. Pourtant Micha n'avait bénéficié d'aucun piston. Il avait été élevé par sa grand-mère, une humble femme de ménage, après la mort prématurée de sa mère, d'une tumeur au cerveau, quand il n'avait que quatorze ans. Son père avait rapidement abandonné le navire et s'était envolé avec une autre femme.

Mais Micha avait forcé les portes du prestigieux ministère des Affaires étrangères. Nous étions très liés à cette époque. Ensemble, nous allions pique-niquer dans les bois et faire griller des brochettes sur un feu de camp. C'étaient de grands moments de joie. Lena et moi étions très proches, et nous nous entendions tous les trois à merveille.

L'amitié entre Micha et moi était scellée par un ciment inhabituel. À l'époque, mes deux enfants étaient très jeunes, et quand Micha venait à la maison, je le voyais les couver des yeux. Son regard sur eux était toujours bienveillant, même lorsqu'ils faisaient les pires bêtises. Il discutait avec eux et pouvait partager leurs jeux pendant des heures.

Tous nos amis savaient que Micha désirait ardemment avoir des enfants. C'était chez lui une idée fixe, mais Lena était une linguiste de talent. Elle rédigeait sa thèse et repoussait le projet d'une grossesse, préférant attendre d'avoir obtenu son doctorat de philologie.

Micha devenait nerveux. Peu à peu, il développa un complexe. Il se mit à souffrir terriblement du fait de ne pas avoir d'enfant, et à tourmenter son entourage, Lena la première. Mais Lena avait une volonté de fer. Quand elle avait décidé quelque chose, rien ne pouvait la faire changer d'avis. Elle soutiendrait sa thèse, décrocherait son diplôme et, alors seulement, aurait un bébé. Un point, c'est tout.

En réaction, Micha se mit à boire. Il supporta sa déception aussi longtemps qu'il le put, puis perdit les pédales. Au début, il ne buvait pas tellement. Les gens autour de lui en riaient, mais peu à peu ses cuites commencèrent à durer plusieurs jours d'affilée.

Il disparaissait brusquement et Dieu seul sait où il passait ses nuits. Avec le temps, le problème empira. Il lui arrivait de ne plus dessoûler pendant une semaine. Lena en était venue à penser qu'elle devait peut-être renoncer à sa thèse, mais était-il raisonnable de concevoir un enfant avec un homme qui buvait du matin au soir ?

Puis ce fut le début d'une nouvelle ère en Russie. Gorbatchev, Eltsine. L'unique raison pour laquelle Micha ne fut pas viré pour alcoolisme (sous les communistes, il aurait immédiatement été mis à la porte) était que le ministère n'avait personne d'autre pour le remplacer. Les gens qui maîtrisaient des langues étrangères et qui avaient travaillé de l'autre côté du rideau de fer étaient maintenant très recherchés. Fuyant les salaires de misère du ministère, ils partaient rejoindre des sociétés commerciales et les nombreuses filiales de firmes étrangères qui fleurissaient partout. Les Allemands furent les premiers à mettre le pied sur le nouveau marché russe. Du coup, les traducteurs germanistes se trouvèrent les plus demandés. Pourtant Micha ne reçut aucune proposition.

Au sein même du ministère, ses jours étaient comptés. Finalement, il fut licencié.

Un soir de décembre 1996, très tard dans la nuit, alors que le thermomètre indiquait une température extérieure de — 30 °C, quelqu'un sonna à ma porte. C'était Lena. Elle ne portait qu'une chemise de nuit sous un manteau. Personne ne se promène habillé de la sorte à Moscou au cœur de l'hiver, et encore moins Lena qui était toujours impeccablement mise. C'était une jeune femme pondérée, intelligente et très bien élevée. Mais, cette nuit-là, elle ressemblait à une clocharde avec un pied nu et l'autre chaussé d'une bottine délacée dont la languette battait au vent comme un drapeau. Elle grelottait et claquait des dents. Quelque chose l'avait terriblement effrayée et le choc la rendait incohérente.

« Micha, Micha », répétait-elle sans cesse en sanglotant à fendre l'âme.

Elle n'était pas dans son état normal et ne semblait plus reconnaître le lieu où elle se trouvait ni les gens qui l'entouraient.

Les enfants, tirés du sommeil, étaient sortis silencieusement de leur chambre. Ils se tenaient près de Lena, subjugués par une détresse qu'ils ne pouvaient comprendre. Elle finit par remarquer leur présence. Alors elle se ressaisit, avala un calmant avec un verre d'eau et se mit à m'expliquer ce qui s'était passé.

Micha avait découché trois nuits de suite et Lena n'attendait plus vraiment son retour. Avec le temps elle s'était habituée à ses soûleries et ses absences, si bien qu'elle s'était couchée, car elle devait être à l'institut tôt le lendemain matin. Un peu après minuit, Micha était rentré, ce qui n'était pas dans ses habitudes : quand il avait bu, il ne revenait jamais chez eux avant l'aube.

Il franchit la porte et, sans ôter son manteau et ses chaussures sales, tel qu'il était, puant et pas lavé, il marcha tout droit jusqu'à leur chambre à coucher et se planta au-dessus du lit où dormait Lena. Dans un silence menaçant, il se mit à l'observer dans la pénombre. Ses yeux noirs brillaient d'un éclat étrange. Son visage, autrefois si beau, était défiguré par une inquiétante grimace. Lena remonta les couvertures sur elle et ne prononça pas un mot. À force de vivre à ses côtés, elle savait qu'il est vain de discuter avec un alcoolique. En dépit des apparences, on parle à quelqu'un qui ne peut pas entendre. Il fallait simplement attendre qu'il se couche et s'endorme.

Mais Micha se rapprocha du lit et balbutia : « Voilà, c'est ta faute si je bois... et maintenant je vais te tuer. »

Lena perçut dans sa voix une calme détermination qui ne laissait pas de place au doute. Elle sauta du lit et traversa la chambre en courant. Micha la coinça sur le balcon. Elle pensa que c'était la fin pour elle, mais les ivrognes sont maladroits et elle réussit à lui échapper. Elle se rua vers la porte d'entrée, attrapa au passage de quoi se couvrir et courut dehors, dans la neige vers le premier refuge qui s'offrait à elle, l'immeuble où j'habitais.

Après cet incident, ils divorcèrent. Et bien que ni l'un ni l'autre n'eût été pleurnichard par nature, ils vinrent à tour de rôle se lamenter dans ma cuisine et me répéter qu'ils s'aimaient mais ne pouvaient pas vivre ensemble.

J'ai continué à voir Micha, toutefois de plus en plus rarement. Il passait à l'occasion, surtout pour m'emprunter de l'argent, parce qu'il continuait à boire et n'avait plus aucun moyen de subsistance, à part une traduction de temps en temps.

Lors des rares visites où il était sobre, il me disait qu'il essayait d'arrêter l'alcool et de commencer une nouvelle vie. Depuis peu, il s'intéressait à l'Église orthodoxe et lisait des ouvrages religieux. Il s'était fait baptiser, s'était trouvé un confesseur en qui il avait toute confiance, prenait la communion et trouvait dans la foi un réconfort. Il croyait fermement à la rédemption. Toutefois, son apparence n'était pas celle d'un homme sur la voie du salut. Il était dans un état pitoyable. Ses cheveux étaient gras et mal peignés, il portait un manteau d'occasion trop petit, usé jusqu'à la corde. Un jour où je lui demandais à quel endroit il vivait il me répondit par un tissu d'absurdités : personne ne le comprenait, or il est difficile de vivre quelque part quand personne ne vous comprend.

Sous Eltsine, le spectacle d'un homme tel que Micha n'avait rien d'exceptionnel ni d'étonnant. Beaucoup de déshérités erraient dans les rues. Ces gens avaient été des citoyens éduqués et respectables, mais ils avaient perdu leur emploi et s'étaient mis à boire en voyant qu'ils ne trouvaient plus de place où s'insérer dans la nouvelle réalité.

C'est sur ce terreau fertile, fait d'insatisfaction, de désœuvrement et du sentiment d'être devenu inutile éprouvé par les anciens cadres de l'époque soviétique qu'a refleuri l'orthodoxie. Tous les paumés qui avaient perdu épouse et raison de vivre se réfugièrent dans les églises, bien qu'il se trouvât parmi eux très peu de croyants authentiques.

Micha fut accepté dans l'immense troupeau des brebis égarées. Un jour, il passa nous voir, sobre et pourtant joyeux. Nous devions le féliciter, me dit-il, parce que la veille il était devenu le père d'un petit garçon. Nous nous empressâmes de le complimenter. Enfin son rêve s'était réalisé. Mais, pour une raison que j'ignorais, Micha ne paraissait pas aussi heureux qu'il aurait dû l'être.

Son fils s'appelait Nikita. À l'époque où il était encore marié à Lena, Micha m'avait souvent répété que s'il avait un jour un fils il le prénommerait ainsi.

« Qui est sa mère ? m'enquis-je avec prudence.

— Une jeune fille.

— Tu vis avec elle ? Vous êtes mariés... vous allez vous marier ?

— Non, ses parents ne m'aiment pas.

— Dans ce cas, loue un appartement et vis avec ton fils. C'est tellement important pour toi.

— Je n'ai pas un sou.

— Tu n'as qu'à en gagner.

— Je ne veux pas et je ne peux pas. Je ne peux pas, c'est impossible. »

Sur ce, il coupa court à notre conversation.

Il s'écoula un peu plus d'une année. Eltsine avait abdiqué en faveur de Poutine, la deuxième guerre de Tchétchénie avait commencé. Poutine apparaissait constamment à la télévision. Un jour, il pilotait un avion militaire ; le lendemain, il donnait des instructions en Tchétchénie. Son élection à la présidence approchait à grands pas.

Un soir, tard, mon téléphone sonna. C'était Lena.

« Tu es au courant ? me demanda-t-elle d'une voix d'outre-tombe. Je viens de recevoir un coup de fil. Micha a assassiné la femme avec qui il vivait. Elle laisse un garçon de quatorze ans qu'elle a eu d'un premier mariage. Son fils était présent dans l'appartement quand c'est arrivé. Micha avait bu. Apparemment, cette femme était plus âgée que lui. Elle l'avait pris en pitié et s'était mise à boire avec lui pour qu'il se sente moins seul. En tout cas, ils s'étaient soûlés ensemble hier, quand tout à coup Micha s'est emparé d'un couteau et lui a dit ce qu'il m'avait déjà dit : "Je vais te tuer." »

Lena éclata en sanglots.

« Cela aurait pu être moi. Tu te rappelles ? Vous vouliez tous me persuader de renoncer à divorcer. Tu me répétais qu'il allait se ressaisir, qu'il avait besoin d'être soigné. Mais il aurait pu me tuer moi aussi. »

La cour se montra magnanime avec Micha, surtout après qu'elle eut entendu le récit de sa vie. Il fut condamné à quatre ans et demi, ce qui est peu pour un meurtre. Pour le tribunal, Micha, en dépit de son alcoolisme, était sain d'esprit et pleinement responsable de ses actes.

Il fut expédié dans un camp de travaux forcés en Mordovie, au fin fond de la forêt. Six mois plus tard, le commandant de ce camp vint trouver Lena à Moscou, dans l'appartement où elle vivait maintenant avec son nouveau mari et le fils qu'elle avait fini par avoir. Le commandant n'était pas le plus intelligent des hommes, mais il avait bon cœur. Il avait pris de son propre chef l'initiative de cette visite. Se trouvant dans la capitale pour raison professionnelle, il avait jugé qu'il était de son devoir de la retrouver, bien qu'elle eût divorcé de Micha, et de lui annoncer que « son Mikhaïl » (comme l'appelait le commandant au grand dam du nouveau mari de Lena) était le meilleur prisonnier qu'il avait jamais eu, le plus érudit et le plus dur à la tâche de tout le camp. Le commandant, qui visiblement se souciait de pédagogie, avait confié à Micha le soin de veiller sur la bibliothèque du camp et celui-ci l'avait entièrement réorganisée. Il lisait beaucoup et menait avec les autres prisonniers un travail de suivi psychologique. De ses propres mains, Micha avait bâti une église en bois dans l'enceinte du camp et se préparait à devenir moine. Il était en correspondance avec un monastère qui le guidait sur la voie qu'il s'était choisie. Le commandant fit savoir à Lena qu'il soutenait Micha dans sa nouvelle vocation, car elle ne pouvait avoir qu'une influence bénéfique sur le contingent de meurtriers, de violeurs et de criminels endurcis qui lui était confié. À la demande de Micha, il allait profiter de son séjour dans la capitale pour acheter au magasin du Patriarcat de Moscou des objets liturgiques qu'il rapporterait au camp.

L'homme conclut sa visite en promettant qu'il allait intercéder en faveur de Micha afin de lui obtenir une réduction de peine pour conduite exemplaire.

« Lena, vous n'êtes pas heureuse ? demanda-t-il à l'ex-épouse de son protégé en voyant que celle-ci était au bord des larmes.

— J'ai peur, lui répondit-elle.

— Vous n'avez pas à avoir peur, lui affirma le commandant. Micha a beaucoup changé, il n'est plus dangereux. Il a cessé de boire et ne tuera plus jamais personne. C'est du moins ce que je crois. »

Le commandant se lissa les cheveux, but son thé, se frotta vigoureusement les mains et ajouta :

« Pour vous dire la vérité, je serai triste de le voir partir. »

Dès lors, nous nous sommes tenus sur le qui-vive. Micha pouvait refaire surface d'un jour à l'autre. Finalement, il ne revint pas à Moscou avant 2001. Pendant plusieurs semaines, il traîna à droite et à gauche, n'ayant nulle part où aller. Il avait oublié son allemand et se montrait parfaitement incapable de s'adapter à la nouvelle vie des Russes.

Je savais depuis longtemps qu'il était de retour à Moscou quand je le rencontrai par hasard sur le boulevard de Tver. Sur le moment, c'est à peine si je reconnus ses traits qui m'avaient été autrefois si familiers. Nous nous assîmes sur un banc et bavardâmes sans discontinuer pendant trois heures entières. Il ne m'interrogea pas sur mes enfants et je ne l'interrogeai pas sur son fils. Micha avait simplement besoin de quelqu'un à qui parler, d'une oreille pour l'écouter.

Toute sa conversation tourna autour du monastère qu'il voulait choisir. J'étudiai attentivement l'homme que j'avais en face de moi. Il ne restait plus rien du Micha d'autrefois, du Micha de notre jeunesse. Cet homme était vieux, gris et flasque. On ne percevait plus chez lui la moindre trace du talent qui l'avait habité. Il ne restait plus que des propos aigres ponctués d'argot des prisons. En prime, Micha me gratifia d'une longue suite de sornettes sur le sens de la vie — de celles qu'on trouve dans une certaine littérature destinée à des gens qui savent à peine lire. Je compris alors quel genre de livres contenait la bibliothèque du camp.

« Tu as trouvé du travail ? lui ai-je demandé.

— Où ça ? Partout on paie mal et on exige beaucoup.

— C'est vrai, mais nous sommes tous embarqués sur la même galère. Il faut faire avec… »

Micha ne me laissa pas terminer ma phrase. « Eh bien, je n'ai pas envie d'être comme tout le monde. » Dans ce domaine, il est vrai qu'il s'était distingué.

« Comment ça avance avec le monastère ?

— Ils ne peuvent pas m'accepter pour l'instant. Il y a une longue liste d'attente et même pour ça il faut du piston. Le fait que j'aie été en prison ne plaide pas en ma faveur.

— C'est peut-être compréhensible. Après tout, ça ne fait pas si longtemps que tu en es sorti. »

Micha devint agressif.

« Eh bien, moi je ne comprends pas.

— Que comptes-tu faire ?

168

— Je vais me présenter dans cette chapelle, me dit-il en me montrant derrière lui, enracinée dans le temps, l'une des plus anciennes églises de Moscou. Je leur demanderai de me prendre comme veilleur de nuit. On m'a dit qu'il fallait avoir de l'expérience et le profil du poste pour entrer dans un monastère. »

Nous avons ri. Seul quelqu'un qui était né en URSS et qui y avait passé une bonne partie de sa vie d'adulte pouvait comprendre ce que cette approche de la recherche d'emploi avait de typiquement soviétique. L'expérience et le profil du poste étaient exigés de ceux qui n'avaient pas les relations requises pour décrocher la place. Pourtant, nous parlions de foi, de religion, d'Église, de sujets aux antipodes de la vie quotidienne en Union soviétique. Le contraste était comique.

« C'est drôle, me dit Micha, tu n'as pas remarqué comme dans la nouvelle Russie les usages de l'Église orthodoxe ont tendance à rejoindre ceux de la vie soviétique. »

De sous les paupières tombantes d'un homme souffrant de troubles cardiaques ou peut-être rénaux, l'ancien Micha me décocha soudain un regard fanfaron, plein de gaieté et de malice.

« Si, j'ai remarqué, lui répondis-je. Tu n'as pas peur que l'Église où tu as tellement hâte de te réfugier ne soit que le comité local des Jeunesses communistes que tu as fui autrefois ? Que tout ait été repeint de nouvelles couleurs et que, lorsque tu entreras finalement au monastère, tu ne sois amèrement déçu et... »

Je laissai ma phase en suspens. N'ayant pas trouvé les mots justes, je préférai me taire.

« Tu allais dire que je tuerais de nouveau et que j'en rejetterais la faute sur autrui.

— Non, pas du tout », bredouillai-je.

C'était pourtant bien ce que j'avais pensé. Micha et moi étions de nouveau sur la même longueur d'onde.

« C'était exactement ce que tu allais dire. Je peux simplement te répondre que j'ai peur, bien sûr, mais que je n'ai pas d'autre endroit où aller. Si je reste ici, je suis sûr de retourner en prison. Je me sentais bien mieux là-bas, enfermé entre quatre murs. Le monastère sera pour moi comme le camp. J'ai besoin de vivre sous bonne garde. Je suis incapable de me contrôler quand je vois le genre de vie qui nous entoure.

— Quel genre de vie ?

— Une vie pleine de cynisme. C'est à cause d'elle que je me suis mis à boire.

— Mais pourquoi avoir tué cette femme ? Parce qu'elle était cynique elle aussi ?

— Non, c'était quelqu'un de bien et je ne me rappelle plus pourquoi je l'ai tuée. J'étais soûl.

— Si je comprends bien, tu ne resteras pas dans le monde de toute façon.

— Sous aucun prétexte. Je ne le supporterais pas. »

Je n'ai plus rencontré Micha, mais j'ai su qu'il n'avait pas réussi à entrer au monastère. La paperasserie a traîné en longueur. La bureaucratie de l'Église orthodoxe n'a rien à envier à celle de l'État, l'une et l'autre sont indifférentes à tout ce qui ne les touche pas directement. Micha continua de se rendre au Patriarcat, il leur présenta des attestations et travailla comme veilleur de nuit, allant jusqu'à vivre dans l'église. Petit à petit, il se remit à boire. À deux reprises, il passa au nouveau domicile de Lena pour lui demander de l'argent. La première fois, elle lui donna cent roubles, la seconde elle refusa. Et elle avait raison. Elle et son mari ne travaillaient pas pour permettre à Micha de se soûler. Elle avait parfaitement raison.

Sauf que Micha finit par se jeter sous les roues du métro. Nous ne l'apprîmes que bien plus tard et par pur hasard. Nous apprîmes aussi que Micha, l'un des Russes les plus doués qu'il m'ait été donné de rencontrer, avait été enterré comme un indigent. Plus exactement, ce sont ses cendres qu'on a enterrées, parce que les corps qui ne sont pas réclamés finissent incinérés. Personne ne sait où est sa tombe.

RINAT

Quand on ne peut aller droit au but, il faut faire un détour. Le cantonnement du régiment spécial du renseignement, le plus prestigieux corps d'élite du ministère de la Défense, n'est pas un lieu de promenade pour des civils tels que moi. Pourtant, il arrive parfois qu'une visite s'impose. Je suis venue ici à l'invitation d'un officier du régiment.

Rinat a le grade de major. Nul ne sait qui étaient ses parents. Il a été élevé dans un orphelinat. Ses traits sont orientaux, ses yeux bridés et il parle plusieurs langues d'Asie centrale. Sa spécialité est la collecte de renseignements. Pendant de longues années, Rinat a combattu clandestinement en Afghanistan. Puis il a infiltré des bandes armées dans les montagnes tadjiks et attrapé en flagrant délit des trafiquants de drogue à la frontière entre l'Afghanistan et le Tadjikistan. Pour le compte du gouvernement russe, il a aidé secrètement certains des présidents actuels d'anciennes républiques de l'Union soviétique à s'installer au pouvoir. Naturellement, il a passé beaucoup de temps en Tchétchénie durant la première, puis la deuxième guerre. Sa poitrine est tapissée de médailles.

Rinat et moi cherchons un trou dans la clôture. Il tient à me montrer dans quels casernements de misère il doit vivre, en dépit de toutes ses décorations. Il veut aussi me montrer, dans le village militaire, la maison dans laquelle il avait en vain espéré s'installer. Le régiment a beau être un corps d'élite renommé, il y a bien un trou dans sa clôture. Un trou qu'il est impossible de rater, tant sa taille est impressionnante. Un char pourrait y passer, alors à plus forte raison les deux êtres humains que nous sommes.

Rinat et moi marchons pendant cinq minutes avant d'apercevoir le village où vivent les espions. C'est le matin, et nous sommes entourés par les visages maussades des officiers dont c'est aujourd'hui le jour de congé. Il faut dire que le temps n'a rien d'engageant. Une boue grasse colle à la semelle de nos chaussures. Nous ne marchons pas, nous patinons en gardant notre regard au sol pour prévenir le dérapage.

Lorsque je lève les yeux, j'ai soudain une vision merveilleuse. Devant moi se dresse, comme un mirage, parmi quelques sinistres bâtiments à quatre étages, un imposant immeuble gris et vert flambant neuf.

« C'est ici que tout a commencé, m'explique Rinat. Je voulais un appartement ; quoi de plus normal

172

après des années à parcourir le monde ? Mon fils grandit et je suis sans arrêt parti dans une guerre ou dans une autre. »

Tout à coup, le major s'interrompt au milieu de sa phrase et exécute un mouvement qui me laisse pantoise. Il se plie en deux et se cache le visage, comme s'il était la cible de tirs et devait rapidement se mettre aux abris. Puis il me chuchote que nous devons feindre de ne pas nous connaître. Il me conseille aussi de ne pas regarder devant moi, de ne pas agiter les bras, de ne pas attirer l'attention.

« Mais que se passe-t-il ? Est-ce que c'est une embuscade ? »

Je plaisante, bien sûr.

« Il ne faut pas l'énerver », me glisse Rinat à voix basse, tout en poursuivant sa manœuvre de diversion.

Comme des espions parfaitement entraînés, adroits et discrets, nous changeons rapidement de direction.

Quand enfin Rinat relève la tête avec un soupir de soulagement par lequel je comprends que le danger s'est éloigné, je lui demande :

« De qui parliez-vous ? Qui ne faut-il pas énerver ?

— Petrov, le commandant en second. »

Notre étrange manœuvre s'explique par le fait que ce Petrov venait dans notre direction. Sa voiture s'est arrêtée devant le nouveau bâtiment, car c'est là qu'il vit. Quand il a disparu à l'intérieur, Rinat se détend enfin et nous pouvons reprendre notre visite du cantonnement. Pour finir, nous revenons devant le bel immeuble que Rinat contemple avec un regard plein de désir et d'envie.

À dire vrai, je suis perplexe. Je connais en partie les états de service de Rinat. Cet homme a affronté tous les dangers, et pourtant je suis intriguée. Que craint-il par-dessus tout ? La mort ?

« Non, sans me vanter, j'ai appris à la côtoyer.

— Alors vous avez peur d'être capturé ?

— Oui, bien sûr, j'en ai peur, parce que je sais que je serais torturé. J'ai déjà vu ça se produire. Mais ce n'est pas ce qui m'effraie le plus.

— Alors, quoi ?

— La paix, probablement. La vie civile. Je ne sais rien d'elle, je n'y suis pas préparé. »

Rinat a trente-sept ans. Toute sa vie, il n'a fait que se battre, et son corps en porte les nombreux stigmates. Il a des ulcères à l'estomac et au duodénum. Son système nerveux est délabré. Ses articulations le torturent et il souffre de spasmes cérébraux, séquelles de plusieurs blessures à la tête.

Il y a peu, le major Rinat a décidé qu'il était temps de se ranger, de laisser derrière lui les guerres et de revenir à une vie ordinaire dont il a bientôt découvert qu'il ne savait rien. Ainsi se posait la question de savoir où il habiterait. Assurément, après tout ce qu'il avait traversé pour défendre les intérêts de la Nation, il méritait bien un appartement ou un dédommagement financier.

Dès qu'il a commencé à interroger Petrov au sujet de toutes ces choses, Rinat a bien vite compris qu'il n'avait rien à attendre. Il en a conclu que tant qu'il accomplissait des missions spéciales pour le compte de son gouvernement, à travers montagnes, mers et continents, l'État avait besoin de lui et le récompensait par des médailles et des décorations. Mais quand il a voulu souffler un peu — sa santé s'étant dégradée —, il a dû se rendre à l'évidence : rien n'avait été prévu pour lui, et la hiérarchie militaire allait tout bonnement le laisser vivre dans la

174

rue. On allait même l'expulser du logement sordide que son fils et lui occupaient dans la caserne des officiers.

Rinat élève seul son fils, Edik, depuis le décès de sa femme. Pendant de longues années, Edik a vécu seul dans le quartier des officiers, attendant que son père revienne de ses nombreuses guerres et de ses importantes missions de combat.

« Je sais tuer un ennemi sans laisser échapper le moindre bruit, me confie Rinat. Je peux escalader une paroi rocheuse dans le plus grand silence et, ni vu ni connu, désarmer ceux qui occupent la position. Je suis un excellent alpiniste et un vrai montagnard. Je sais, à partir de quelques brindilles et de buissons, déduire qui est passé à un endroit et où ces gens se cachent. J'ai l'intuition de la montagne. On dit que c'est un don, pourtant on me refuse un appartement. Je ne peux prétendre à rien dans la vie civile. »

Devant moi se tient, désemparé, un tueur professionnel entraîné par l'État. Il y en a beaucoup d'autres comme lui, à présent. La Nation les envoie combattre dans un nouveau conflit. Pendant des années, ils vivent au milieu de la guerre et, à leur retour, ils ignorent tout des lois et de l'ordre qui régissent la vie civile. Ils se mettent à boire, rejoignent des gangs, deviennent tueurs à gages, et leurs nouveaux patrons les rémunèrent grassement pour éliminer ceux dont ils disent devoir se débarrasser dans l'intérêt de l'État.

Et l'État, que fait-il dans tout ça ? Il s'en moque. Sous le gouvernement de Poutine, il a cessé de se soucier des officiers démobilisés. On en viendrait même à soupçonner qu'il fait tout pour que les gangs soient correctement approvisionnés en tueurs à gages hautement qualifiés.

« C'est à cette profession que vous vous destinez, Rinat ?

— Non, je ne le souhaite pas, mais si Edik et moi nous retrouvons à la rue, je n'exclus pas cette éventualité. Le seul métier que je sais faire, c'est celui pour lequel on m'a entraîné. »

À travers le champ de boue, je suis Rinat jusqu'à un immeuble misérable que l'on surnomme ici « le bâtiment à deux étages ». Il abrite les logements des officiers. Nous montons jusqu'au premier palier. Derrière une porte à la peinture écaillée, je découvre un logement de fonction sordide.

De toute sa vie, le major n'a jamais eu un foyer à lui. D'abord il a connu les orphelinats de l'Oural, puis la caserne de l'école militaire et pour finir les baraquements de garnison ou la tente quand il était en mission. Il a servi seize ans dans l'armée, trimbalé d'un lieu à un autre. Depuis onze ans, Rinat a bougé constamment, enchaînant les missions. Cette vie de nomade ne lui a pas permis d'accumuler grand-chose.

« Mais j'étais heureux, m'assure le major. Je n'aurais jamais cessé de me battre. Je pensais que cette existence durerait éternellement. »

Tout ce que Rinat possède tient dans un sac à parachute. Le major ouvre la porte du placard réglementaire, avec sa dérisoire étiquette d'inventaire collée sur le flanc, et me montre ce sac.

« Charge-le sur ton épaule et pars pour ta prochaine mission », dit-il, résumant par ces quelques mots les valeurs et les convictions qui ont guidé toute sa vie.

Un garçon est assis sur un canapé et nous fixe de ses yeux tristes. C'est Edik.

J'interromps le major :

« Vous avez été marié. Vous deviez bien avoir un foyer quelque part.

— Non, nous n'avions rien. Nous n'avions pas le temps. »

Quand il combattait au Tadjikistan, pour aider l'actuel président Rakhmonov à s'installer au pouvoir, Rinat est parti se marier en Kirghizie. Les jeunes époux s'étaient rencontrés lors d'une mission de Rinat dans la ville d'Osh où vivait sa future femme. Rinat y avait été envoyé à la suite de sanglants affrontements interethniques.

Ils s'étaient mariés sur place et leur amour s'était épanoui au milieu des massacres et de la douleur. Rinat présenta ensuite sa jeune épouse à son commandant. Placé devant le fait accompli, celui-ci haussa les épaules et lui conseilla de laisser sa moitié à Osh, car pour un espion une femme est un talon d'Achille. Rinat obéit et repartit au Tadjikistan rejoindre un groupe armé posté à la frontière.

Un beau matin, son commandant lui apprit qu'il était père d'un petit garçon prénommé Edik. Encore plus tard, en juin 1995, sa jeune épouse, alors étudiante au conservatoire local, fut assassinée par six individus qui avaient découvert son mariage avec un soldat russe. Elle venait d'avoir vingt et un ans et, ce jour-là, elle partait passer ses examens de deuxième année.

Edik vécut tout d'abord avec sa grand-mère, en Kirghizie. Il était encore trop jeune pour les casernes militaires, et de toute façon il était rare que Rinat passât la nuit dans le logement inconfortable et malpropre que l'État mettait à sa disposition. Il continuait de participer à des opérations secrètes et bivouaquait çà et là dans les montagnes de notre pays. Il fut encore gravement blessé à deux reprises et effectua plusieurs séjours à l'hôpital.

« En dépit de tout, je n'aurais pas voulu d'une autre vie, m'avoue Rinat. Seulement Edik grandissait. »

Le moment arriva enfin où il décida d'aller chercher son fils. À compter de ce jour, Edik n'habita plus avec sa grand-mère que lorsque Rinat partait pour des missions de six mois.

Nous sommes assis dans leur logement misérable et glacé. Edik est un garçon très calme, il a de grands yeux auxquels rien n'échappe. Très mûr pour son âge, il ne parle que lorsque son père sort ou quand on l'interroge. Bref, c'est le digne fils d'un espion. Il comprend que son père traverse une passe difficile. À la prochaine rentrée scolaire, il entrera à l'école des cadets, ainsi en a décidé Rinat. Mais ce projet n'enthousiasme pas le jeune garçon.

« Je veux vivre à la maison », me dit-il.

Son ton est ferme, sans la moindre trace de pleurnicherie.

Il me répète néanmoins cette phrase plusieurs fois : « Je veux vivre à la maison. »

« Et c'est ici ta maison ? Tu t'y sens chez toi ? »

Edik est un garçon honnête. Il sait que, quand on ne peut rien dire, il est préférable de se taire, et c'est ce qu'il fait.

Effectivement, qui pourrait qualifier de foyer ce taudis où sont parqués les officiers, avec son mobilier réglementaire orné d'étiquettes d'inventaire et les braillements avinés des soldats sous contrat qui traversent la fine cloison. Mais Edik sait qu'on cherche à chasser son père de ce dernier refuge, alors oui, c'est son foyer.

Ses relations avec les commandants du régiment ont commencé à se détériorer lorsque Rinat a demandé qu'on lui attribue un logement dans le bel immeuble que nous avons aperçu quand nous cherchions à nous cacher de Petrov. Le major croyait être dans son bon droit, puisque depuis des années son nom figurait en haut de la liste d'attribution des logements.

« Lorsque je lui ai posé la question, Petrov s'est indigné, me raconte Rinat. "Tu n'en as pas assez fait pour le régiment", m'a-t-il dit. C'est exactement en ces termes qu'il s'est exprimé. J'étais très surpris et je lui ai rétorqué : "Je me suis battu constamment. J'ai retrouvé des pilotes sur une montagne où personne n'avait pu les localiser. L'État a besoin de moi." »

Le major a effectivement été cité à la plus haute décoration du pays, celle de Héros de la Russie, pour ses actions lors d'une mission de sauvetage d'un appareil militaire qui s'était écrasé dans les montagnes tchétchènes, près du village d'Itoum-Kale en juin 2001. Plusieurs équipes avaient fouillé la région à la recherche de l'équipage, mais sans succès. Les commandants se sont alors souvenus de Rinat, de son expérience unique du combat, de sa connaissance intime de la montagne et de sa faculté de suivre la trace d'un groupe d'hommes grâce à l'observation de brindilles cassées ou de feuilles piétinées.

Il ne lui fallut pas plus de vingt-quatre heures pour retrouver les corps des aviateurs. L'un d'eux avait été miné par des combattants tchétchènes, mais Rinat l'a déminé. Grâce à lui, les familles ont eu une tombe à fleurir.

Les officiers d'active disent que les commandants qui perdent tous leurs moyens au combat et dans les montagnes sont les mieux taillés pour la vie civile. Rinat lâcha à Petrov :

« Je sais comment tu t'es illustré en Tchétchénie, toujours planqué au quartier général. »

Et l'autre lui répondit :

« Maintenant t'es foutu, major. Je te ferai payer ce que tu viens de dire. Je te démobilise sans logement de fonction. Tu finiras à la rue avec ton môme. »

Dès lors, Petrov s'employa à accomplir sa vengeance. Pour commencer, il humilia Rinat en lui faisant décorer le terrain de manœuvres, puis en lui confiant la gestion du club du régiment et l'organisation des projections de films aux soldats.

Petrov exigea ensuite de lui qu'il dessine des affiches pour le terrain de manœuvres (Rinat est un excellent dessinateur), une tâche dont se chargeait précédemment sa propre femme. Dès lors, celle-ci cessa de venir travailler. Tous les officiers surent que Rinat faisait son boulot pendant qu'elle se pavanait dans son bel appartement de fonction.

Sur ces entrefaites, Edik tomba malade et dut être hospitalisé. Les médecins conseillèrent à Rinat de rester au chevet de son fils. Il demanda des congés et Petrov, faisant fi du certificat fourni par l'hôpital, trafiqua les dates et lui colla un rapport pour absence sans motif valable. Il réunit une cour martiale, dont il arrangea le compte rendu de façon à rayer Rinat de la liste d'attente des logements de fonction. Non content de cela, il fit campagne pour obtenir que le major soit renvoyé de l'armée sans aucun avantage. Bref, Rinat était dans de sales draps.

« Qu'ai-je fait ? » se demande-t-il. Accablé, il baisse la tête, car il sait que ce combat est perdu d'avance.

Les conflits dans lesquels notre pays s'est engagé se poursuivent partout où se trouvent ceux qui y ont participé. Je veux parler des unités dans lesquelles les soldats retournent, leur mission achevée. Les officiers d'état-major sont engagés dans une lutte à mort avec les officiers de terrain. Sans qu'on tienne compte de leurs états de service, ces derniers sont démobilisés pour désobéissance et récompensés par des insultes et des humiliations. Rinat n'est pas un cas isolé. Les officiers se répartissent en deux catégories inégales. Appartiennent à la première ceux qui ont réellement participé aux combats, qui ont risqué leur vie, qui ont rampé dans les montagnes et sont restés des jours entiers enfouis dans la neige et la terre. Beaucoup ont été blessés à de multiples reprises. On ne peut éprouver pour eux qu'une immense pitié, car il leur est difficile de se trouver une place dans la vie civile qui nous semble à nous autres si normale. Ils ne parviennent pas à communiquer avec les officiers d'état-major, qui eux aussi sont allés en Tchétchénie. Alors ils se rebellent, se soûlent et dépriment. Comme de juste, les officiers d'état-major les battent sur toute la ligne : ils colportent des calomnies sur leur compte, vont se plaindre d'eux chez leurs supérieurs, mouchardent, intriguent. En un clin d'œil, le contingent des rétifs se trouve en première ligne pour la démobilisation. Qu'ont-ils fait, à part être eux-mêmes ? Par leur seule présence dans les casernes, les officiers du terrain rappellent quotidiennement aux hommes de l'état-major qui est qui dans ce monde.

Dans la deuxième catégorie, on trouve les officiers d'état-major, ceux dont l'ascension dans la hiérarchie est plus rapide qu'une balle. Ceux-là s'y entendent pour se bâtir une petite vie bien douillette avec datcha et appartement de fonction.

Finalement, Rinat a renoncé. Il a quitté l'armée qui était toute sa vie. Devenu un officier de terrain sans foyer et sans solde, il est parti on ne sait où avec son fils Edik. J'ai peur pour lui car je crois deviner où il est allé. J'ai peur pour lui et pour nous tous.

4

Comment piller les biens publics avec la complicité de l'État

Moscou, février 2003. À la surprise générale, le président Poutine nomme Nikolaï Ovchinnikov au poste de vice-ministre de l'Intérieur et de responsable du GUBOP, la direction générale de lutte contre le crime organisé. Ovchinnikov, député à la Douma, est un homme effacé qui ne prend jamais la parole durant les séances de l'Assemblée, qui n'est pas connu pour participer à ses travaux législatifs et semble politiquement inerte. Il n'est même pas un ancien comparse de Poutine du temps où celui-ci opérait à Saint-Pétersbourg, ce qui selon la politique actuelle d'attribution des postes est un fait plutôt inhabituel. Après l'annonce de sa nomination, Ovchinnikov déclare dans une interview qu'il fera tout son possible pour mériter la confiance du président, et que telle qu'il la conçoit sa mission consiste à réduire la corruption « au minimum » afin que « le secteur sain de la société » ne soit plus à la merci d'une minorité criminelle. Ce sont là des sentiments très louables, alors comment se fait-il que cette déclaration du nouveau vice-ministre déclenche une telle hilarité dans l'Oural ?

Observons de plus près la nouvelle fonction d'Ovchinnikov et voyons quel rang elle occupe dans l'appareil d'État russe.

En Russie, le responsable de la direction générale de lutte contre le crime organisé n'occupe pas une position ordinaire. Il détient un poste clé dans la structure du pouvoir. En premier lieu, parce que le crime organisé, enraciné dans une corruption tentaculaire, s'affiche partout et donne chaque jour raison à l'adage qui prétend que l'argent n'a pas d'odeur.

Ensuite, parce que cette fonction est chargée d'un très lourd passé. Ainsi, Vladimir Rouchaïlo[1] est l'un de ces hauts fonctionnaires, l'une de ces éminences grises qui a su habilement mener sa barque et se maintenir à flot sous Eltsine, puis sous Poutine. Anciennement ministre de l'Intérieur et aujourd'hui à la tête du Conseil national de sécurité, il se trouve que Rouchaïlo a débuté sa carrière au poste de responsable du GUBOP. Devenu ministre de l'Intérieur, l'homme garda un pied dans son précédent fief et soutint du mieux qu'il put la lutte contre le crime organisé. Il augmenta ses effectifs bien plus que ceux des autres directions et accorda à ses officiers des pouvoirs considérables. Ceux-ci furent par exemple autorisés à mener des opérations impliquant l'usage de la force sans autorisation préalable, un privilège dont ne bénéficiaient pas les autres services de police. Par ailleurs, Rouchaïlo travailla activement à placer ses anciens compagnons du GUBOP aux plus hautes fonctions de l'État. Aujourd'hui les « hommes de Rouchaïlo » noyautent tous les services de l'Intérieur à une échelle qui ne peut être comparée qu'avec celle des « Pétersbourgeois » — autrement dit ceux qui ont travaillé avec Poutine à Saint-Pétersbourg et l'ont ensuite suivi à

---

1. Rouchaïlo fut destitué en mai 2004 (N.d.A.).

Moscou, où ils se sont implantés dans divers ministères — et des « tchékistes », les anciens camarades de Poutine au KGB, devenu le FSB.

Si l'on s'en tient à la personnalité de Nikolaï Ovchinnikov, sa nomination à la tête du GUBOP semble parfaitement régulière. Il mérite ce poste. Selon ses états de service officiels, avant d'entrer à la Douma, Ovchinnikov a passé trente ans dans la police régionale. Lors de son élection, il dirigeait la police d'Ekaterinbourg. Ekaterinbourg, ville de province endormie qui rêve de sa gloire passée, est le chef-lieu de la région de Sverdlovsk, le cœur industriel de l'Oural. Lorsque Eltsine invita les régions à « prendre autant d'autonomie qu'elles le souhaitaient », on vit naître de grands projets visant à créer une république de l'Oural, dont Ekaterinbourg aurait été la capitale. Celui qui dirige la milice dans une telle ville est une célébrité, et son rayonnement n'est pas seulement local. En effet, l'Oural est un grand centre métallurgique. La région recèle des ressources naturelles et industrielles suffisantes pour alimenter toute la Russie. Mais Ekaterinbourg est aussi le fief de l'une des mafias les plus puissantes du pays : Ouralmach, un syndicat du crime qui régnait déjà du temps de l'Union soviétique. Que cela lui plaise ou non, le chef de la police d'Ekaterinbourg occupe une position qui l'oblige à combattre cette organisation.

Inutile de préciser que ses états de service officiels ne nous renseigneront pas beaucoup sur Ovchinnikov, le nouveau directeur de la lutte contre le crime organisé. Rien de ce qu'ils contiennent ne répond à nos principales questions qui sont de savoir quelle sorte de chef il a été à la tête de la police d'Ekaterinbourg ; quelles priorités il s'était fixées à ce poste ; quelles activités de la mafia il a combattues et avec quels résultats ; et enfin quel a été son bilan, à quoi ressemble Ekaterinbourg aujourd'hui, après son passage.

Mon objectif n'est pas de décrire ici comment un policier de province a réussi à se hisser jusqu'aux plus hautes fonctions de la capitale. Je préfère m'intéresser à ce qui est en Russie un phénomène de société, je veux parler de la corruption. Qu'est-elle au juste ? De quoi est faite la mafia russe, pas celle de l'époque d'Eltsine, mais celle de l'ère Poutine ? Pourquoi notre président a-t-il favorisé l'ascension d'un Ovchinnikov ? Si nous analysons la manière dont cet homme a gravi les échelons jusqu'à prendre la tête de l'administration chargée de lutter contre le crime organisé, nous pourrons peut-être découvrir quels principes président à la nomination des hauts fonctionnaires sous l'administration de Poutine.

Pour cela, il faut remonter quelques années en arrière.

FEDOULEV

Le 13 septembre 2000, un événement secouait l'opinion russe. En Tchétchénie, la deuxième guerre faisait rage depuis un an[1]. Ce jour-là, à Ekaterinbourg, le combinat métallurgique Ouralkhimmach,

---

1. La guerre avait été déclenchée un an auparavant par Vladimir Poutine qui avait été nommé Premier ministre, début août 1999, parce qu'à la différence des autres prétendants il était décidé à faire de nouveau parler les armes.

l'un des plus grands groupes nationaux dans les secteurs de la chimie et de la construction mécanique, fut pris d'assaut par la mafia. Des individus armés de battes de base-ball, secondés par des OMON[1] d'Ekaterinbourg, firent irruption dans les bureaux de l'usine, mirent à sac les locaux et tentèrent de renverser le directeur, Sergueï Glotov, en faveur de leur propre candidat.

Les télévisions locales montrèrent les manifestations de joie des communistes criant « Hourra ! Le peuple reprend le pouvoir ! À bas le capital ! » Les leaders syndicaux de la région entonnèrent à leur tour ces slogans. Ils déclarèrent que la prise de contrôle de l'usine Ouralkhimmach était « une révolution des travailleurs » et prédirent que ce vent de renationalisation balayerait bientôt tout le pays.

Boris Eltsine — qui avait été le chef de la ville et de la région jusqu'à la fin des années 1980 — ne dit pas un mot, mais cela n'avait rien d'étonnant, car tout le monde savait qu'il était souffrant. Toutefois, plus surprenant, Vladimir Poutine qui lui avait succédé en mars comme président de la Fédération de Russie ne se montra pas plus loquace. À Moscou, c'était le black-out. Vladimir Rouchaïlo, alors ministre de l'Intérieur, n'avait aucune déclaration officielle à faire au sujet de policiers placés sous son autorité qui participaient à la prise d'assaut d'une entreprise aux côtés d'une des parties en litige.

Ce silence de Moscou nous en disait long, car jamais on n'avait vu les OMON prendre le parti des travailleurs. Ce genre de choses n'arrive pas en Russie.

1. Détachements de la milice à destination spéciale — unités du ministère de l'Intérieur, l'équivalent des CRS en France.

Le soir du 13 septembre, la « révolution » s'était un peu calmée. Les dirigeants d'Ouralkhimmach, peu désireux d'abandonner leur place à d'autres, s'étaient barricadés dans le bureau du directeur, quand une véritable armada de Jeep noires rutilantes investit l'enceinte de l'usine. Respectueusement, les membres de la police spéciale leur ouvrirent le passage.

De l'un des véhicules descendit un homme au physique quelconque. De petite taille, il était vêtu d'un élégant costume, portait des lunettes d'une marque de luxe et arborait chaînes et gourmettes en or. Archétype du nouveau Russe, il avait le visage ravagé par les séquelles d'une récente beuverie. Tandis qu'il marchait jusqu'au bureau du directeur, le nouveau venu bénéficia de l'escorte d'un garde du corps fourni par la police locale. Les OMON s'écartèrent sur leur passage, et les travailleurs furent contraints d'en faire autant.

« Pachka[1] monte sur le ring, murmuraient les employés de la fabrique. Il veut en découdre. »

« Pavel Fedoulev, capitaine de l'industrie locale et député de l'assemblée législative régionale, tente de rétablir la justice et de faire respecter les décisions du tribunal », pouvait-on entendre sur les télévisions locales qui alternaient les gros plans dudit « capitaine de l'industrie », la mine grave, avec ceux des visages ensanglantés des défenseurs de l'usine. Des barres à mine étaient maintenant visibles parmi les battes de base-ball.

L'homme aux lunettes de marque s'introduisit dans les locaux et présenta aux dirigeants assiégés d'Ouralkhimmach une pile de documents. Il s'agis-

1. Pachka est un diminutif de Pavel.

sait de décisions de justice attestant qu'il était co-propriétaire de l'entreprise et qu'à ce titre il avait l'intention de nommer le directeur de son choix. Il demandait donc à toutes les personnes qui n'avaient rien à faire là d'évacuer les lieux sur-le-champ.

Sans y être invité, l'individu s'installa, en conquérant, dans le fauteuil du directeur, pendant que les dirigeants prenaient le temps d'étudier les documents. Leur lecture terminée, ils firent pleuvoir une pluie d'insultes sur le bonhomme estomaqué et lui mirent sous le nez d'autres papiers et d'autres décisions de justice qui concluaient que l'actuel directeur était bien le directeur en titre.

Pour parvenir à comprendre cette situation, il nous faut remonter plus loin dans l'histoire récente de la ville, et nous demander comment a pu se développer une société dans laquelle il est possible de prendre d'assaut une entreprise de la taille d'Ouralkhimmach ; qui est Pavel Anatolievitch Fedoulev ; et pourquoi, lorsque j'ai interrogé toutes sortes de gens à propos de ce qui se passait à Ekaterinbourg, j'ai toujours reçu la même réponse : « C'est du Fedoulev tout craché. »

COMMENT TOUT A COMMENCÉ

Dix ans plus tôt, Eltsine était au pouvoir, et la démocratie, comme on le disait alors, était en pleine ébullition. À l'époque, Pavel Fedoulev n'était qu'un petit truand, un voyou, un vulgaire racketteur. Ekaterinbourg portait encore son nom soviétique de Sverdlovsk. Des gangs opéraient dans la ville, chacun protégeant jalousement son territoire, mais Pavel n'en faisait par partie. Il préférait travailler en solitaire. S'il se traînait quelques casseroles et un casier judiciaire plus tout à fait vierge, la police lui fichait la paix parce qu'il n'était pour elle que du menu fretin. À l'époque, les petits délinquants de son espèce n'étaient pas emprisonnés pour les délits qu'ils avaient commis, mais parce qu'un jour on décidait qu'il était temps de les mettre à l'ombre à cause d'un différend avec d'autres truands, parce qu'ils avaient haussé le ton et cherché à se hisser à un rang qui n'était pas le leur. Mais Pachka Fedoulev ne posait pas ce genre de problèmes. En ce temps-là, l'homme était très conciliant.

Au début des années 1990, Pachka, comme beaucoup de ses camarades, se lança dans les affaires. Toutefois, il n'avait pas le sou pour investir, n'ayant pas accès à la « cagnotte », la caisse noire de la pègre locale, l'une des plus fournies du pays. Délinquant de bas étage, Pachka n'avait pas droit au crédit des truands et devait donc se constituer un capital par ses propres moyens. C'est à quoi il s'employa.

Il constitua son pactole grâce à la *palenka*, une eau-de-vie artisanale de mauvaise qualité. Dans des villages reculés de la région de Sverdlovsk, il existait, depuis l'époque soviétique, de petites distilleries. Au début des années Eltsine, comme toutes les fabriques d'État, ces usines partirent à vau-l'eau. Tant et si bien qu'il arriva un moment où, à condition de glisser au directeur un petit dédommagement en espèces, n'importe qui put emporter tout l'alcool qu'il souhaitait.

C'était un détournement flagrant de la production d'État, mais à l'ère postsoviétique ce trafic était considéré comme normal. Les gens crevaient de faim. Pour se nourrir, la moitié du pays volait l'autre moitié, et personne ne s'en offusquait. Il fallait survivre coûte que coûte. C'était ça la libre entreprise dont nous avions rêvé !

L'avantage, c'est que l'alcool pur ainsi acheté pouvait être dilué avec de l'eau, transvasé dans des bouteilles et revendu pour de la vodka bon marché. Les taxes sur les spiritueux n'étaient pas encore instaurées et la police, même si elle avait voulu s'en mêler, n'avait pas les moyens de se battre contre la *palenka*. En l'occurrence, elle préféra s'abstenir. D'autant qu'elle aussi devait survivre à tout prix, y compris par des moyens inavouables. Les trafiquants de vodka payaient donc la police pour qu'elle les protège contre la concurrence.

C'est à cette époque que Pachka Fedoulev, petit escroc et trafiquant d'alcool, fit la connaissance du policier Nikolaï Ovchinnikov. Comme tout le monde alors, Ovchinnikov avait un grand besoin d'argent. Les salaires de la milice étaient dérisoires et, bien souvent, ils n'étaient même pas versés. Fedoulev et Ovchinnikov passèrent un accord. Ovchinnikov fermerait les yeux sur les activités de Fedoulev. En retour Fedoulev, dont la « petite entreprise » était chaque jour plus lucrative, n'oublierait pas Ovchinnikov. Le policier eut bientôt beaucoup de beurre à mettre dans ses épinards.

Petit à petit, Pachka accumula un capital suffisant pour jouer plus gros et surtout pour investir dans du « légal ». Comme tous les soldats rêvent de devenir général, tous les truands russes rêvent de se faire une place dans le monde des affaires licites. Or aujourd'hui comme hier, pour réussir en Russie, il faut remplir trois conditions. Tout d'abord, être le premier à se servir une part du gâteau public,

autrement dit mettre la main sur un bien appartenant à l'État. C'est la raison pour laquelle les principaux hommes d'affaires du pays sont dans leur
grande majorité d'anciens membres de la nomenklatura, issus des Jeunesses communistes ou du
Parti.

Ensuite, une fois que l'on s'est approprié une part
de la propriété de l'État, il faut rester proche des
autorités, c'est-à-dire graisser régulièrement la patte
à leurs représentants. Le respect de cette règle garantit la prospérité de votre entreprise.

Enfin, il faut faire ami-ami avec les forces de l'ordre et donc les soudoyer.

Ne pouvant pas remplir la première de ces conditions, Pachka concentra tous ses efforts sur la
deuxième et la troisième.

LES FORCES DE L'ORDRE

À l'époque vivait à Ekaterinbourg un dénommé
Vassili Roudenko, directeur adjoint de la police judiciaire et grand ami d'Ovchinnikov. Roudenko
était connu de tous, en particulier de ceux qui souhaitaient s'acheter une respectabilité, parce qu'au
poste qu'il occupait il avait la possibilité de rendre
leur virginité aux casiers judiciaires des hommes
d'affaires qui avaient commencé leur carrière dans
le banditisme.

Fedoulev fit lui aussi partie de ceux qui voulaient
s'attirer les bonnes grâces de Roudenko. L'homme
n'en était plus à ses débuts et s'était déjà bâti à Ekaterinbourg une réputation de baron du trafic d'al-

cool. On l'invitait à parrainer des hospices et des orphelinats. Chaque fin de semaine, il prenait l'avion pour Moscou afin de profiter des plaisirs nocturnes de la capitale et emmenait dans ses villégiatures quelques hauts fonctionnaires de l'administration régionale (un immense privilège qui dénote son degré d'intimité avec les autorités). Il était donc temps pour lui de se forger une image respectable. Pachka ne voulait plus que les archives de la police locale conservent des documents retraçant son passé de délinquant.

Aussitôt dit, aussitôt fait.

Fedoulev fut présenté à Roudenko par un certain Iouri Altchoul. Tous ceux qui ont côtoyé cet Altchoul en parlent avec chaleur et même avec admiration. Ce personnage n'était pas originaire de l'Oural, mais s'y était trouvé parachuté par l'armée dont il dépendait en tant que membre du renseignement. Il avait été affecté dans la région en qualité de capitaine d'une compagnie des forces spéciales du GRU. Ses hommes et lui avaient été rapatriés de Hongrie après la chute du mur de Berlin et la dissolution des forces de l'Ouest.

Altchoul quitta l'armée, mais il resta à Ekaterinbourg. L'État ne payait plus ses soldats, et l'homme était impatient de se lancer dans les affaires. Comme beaucoup d'autres membres des forces spéciales qui démissionnèrent à cette époque, il fonda sa société de sécurité, ainsi qu'une agence de détectives privés et une œuvre de bienfaisance pour les vétérans des forces spéciales.

En Russie, les organisations de ce type ont fleuri sur les ruines de l'armée. Chaque grande ville compte son contingent de vétérans dont la principale activité est de protéger les commerçants locaux.

Fedoulev était un client d'Altchoul, et c'est donc cet ancien officier du GRU qui, grâce aux bons offices de Roudenko, l'aida à effacer des archives informatiques de la police locale toutes les données pouvant rappeler son passé criminel. Fedoulev voyait son vœu réalisé.

Très rapidement, Altchoul ne fut plus seulement le garde du corps de Fedoulev. Il devint son homme de confiance. Intelligent, éduqué et entreprenant, c'est lui qui fit découvrir à son patron la bourse de l'Oural. Pachka se prit au jeu et devint bientôt un adepte. Comme il manquait un peu de fonds, il s'allia avec un certain Andreï Iakouchev, célèbre dans le milieu des années 1990 parce qu'il était le directeur d'une firme très prospère de la région, Zolotoï Telets.

Avec l'aide de Iakouchev, Fedoulev parvint à acheter en grand nombre des parts de diverses sociétés, et notamment de l'une des plus grosses entreprises de boucherie de l'Oural. L'ampleur de cette opération le fit accéder au rang de quasi-oligarque d'Ekaterinbourg et, par le fait, au premier cercle des intimes du gouverneur de la province, Edouard Rossel.

Seulement Fedoulev n'était pas homme à partager la gloire. S'il lui arrivait de conclure des alliances en vue de surmonter certaines difficultés, il ne pouvait se résoudre à partager ni ses succès financiers ni la renommée sociale qui les accompagnait. C'est justement à cette époque que, pour la première fois, un tueur à gages apparut, de façon manifeste, dans la carrière de Fedoulev.

La tactique fut payante. Dès lors, il fut craint, car les gens avaient compris qu'il ne jouait plus dans la même catégorie. Il en va ainsi en Russie. Il faut tuer pour être respecté.

À peu près à la même époque, Fedoulev emprunta à Iakouchev une importante somme d'argent en vue de réaliser une autre affaire. L'opération en question lui rapporta un profit bien supérieur à la mise initiale. Pourtant il refusa catégoriquement de rembourser sa dette. Iakouchev ne le harcela pas. Du reste, il n'en eut pas le loisir, puisque, le 9 mai 1995, il fut abattu devant l'entrée de sa maison, sous les yeux de sa femme et de sa fille.

Une enquête pour meurtre fut ouverte, le dossier reçut même un numéro, 772801, et le principal suspect était Fedoulev.

Mais l'affaire en resta là. À ce jour, le dossier 772801 n'est toujours pas refermé, il traîne encore quelque part parmi d'autres archives, mais personne n'a enquêté et n'enquêtera jamais. Dans les années suivantes, le nom de Fedoulev sera associé à beaucoup d'autres affaires, mais chaque fois avec le même résultat, ou plutôt la même absence de résultat. À Ekaterinbourg, tous ceux qui avaient traité avec lui savaient que Pachka avait réussi le meilleur des investissements : il s'était acheté la police et celle-ci le protégerait loyalement de tout désagrément.

C'est dans ces années-là que Roudenko et Ovchinnikov devinrent ses fidèles acolytes. Avec leur aide, il devint « un capitaine de l'industrie locale » et fit prospérer sa fortune en usant de la méthode déjà éprouvée sur Iakouchev.

Un jour, il décida de s'associer avec un oligarque d'Ekaterinbourg du nom d'Andreï Sosnine. Les deux hommes mirent leurs capitaux en commun et se lancèrent, sur le marché régional des valeurs mobilières, dans une campagne de spéculation à une échelle encore inégalée à ce jour. Sosnine prit ainsi le contrôle des principales entreprises de l'Oural. Autrement dit, il mit la main sur tout le tissu industriel local tissé par plusieurs générations de Soviétiques depuis la Seconde Guerre mondiale, époque à laquelle les plus grandes fabriques situées dans la partie européenne de l'URSS avaient été évacuées vers cette région. Nombre de firmes passèrent sous la coupe du binôme formé par Fedoulev et Sosnine, et notamment les combinats métallurgiques de Nijni-Taguil et de Katchkanar (deux groupes de renom international), Ouralkhimmach, Ouraltelekom, le site métallurgique de Bogolovski et trois usines d'hydrolyse situées dans les villes de Tavda, d'Ivdel et de Lobva.

Pour nos deux compères, c'était un immense succès, mais pour l'État ? Sosnine, pas plus que Fedoulev, n'avait le projet de développer ces entreprises. Sans leur demander ce qu'ils comptaient en faire, les officiels locaux les portèrent aux nues, savourant par avance leur part du gâteau. La corruption atteignait des sommets, et les deux associés n'oublièrent personne. Ils partagèrent le produit de leurs rapines avec ces gens influents qu'ils ne pouvaient en aucun cas laisser sur leur faim.

Puis vint le moment où ils durent se répartir leur butin : quelle part devait revenir à chacun ? On recourut aux bonnes vieilles méthodes. Andreï Sosnine mourut malencontreusement d'une blessure par balle. Un autre dossier fut ouvert le 22 novembre 1996, sous le numéro 474802. Une fois encore Fedoulev était le principal suspect et une fois encore il ne fut pas inquiété.

C'est dans les moments difficiles qu'on reconnaît

ses amis. À la mort de Sosnine, les policiers que Fedoulev comptait parmi ses intimes étaient des hommes déjà prospères. Il n'échappait à personne que plus ils s'enrichissaient et plus Fedoulev réussissait en affaires. Le dossier 474802 fut clos. On ne prit même pas la peine de l'archiver. Il passa tout simplement aux oubliettes.

LA GUERRE DE LA VODKA

Il est certes important de parler des entreprises sur lesquelles Fedoulev réussit à faire main basse dans la fin des années 1990. Toutefois notre homme a accompli un exploit bien plus admirable, car Ekaterinbourg, c'est avant tout Ouralmach, non pas l'usine connue dans le monde entier sous cette appellation, mais la plus importante structure de tout l'Oural, le plus grand syndicat du crime de Russie — qui porte le nom de cette même usine —, une armée mafieuse de plusieurs milliers d'hommes opérant au sein d'une stricte hiérarchie, dont les représentants sont présents à chaque échelon de la puissance publique. Distribuer des pots-de-vin et éliminer ses partenaires est une chose, gagner l'appui des parrains d'Ouralmach en est une autre. En 1997, Fedoulev réussit cet autre tour de force. Il s'associa à Ouralmach pour acheter des parts de l'usine d'hydrolyse de Tavda. À ce moment-là de sa vie, une telle alliance obéissait à une logique. Fedoulev vivait au-dessus de ses moyens. Une fois de plus, il manquait de fonds pour investir en bourse et Ouralmach avait de l'argent en quantité dans sa

« cagnotte ». Le plus surprenant dans cette histoire, c'est qu'eux-mêmes aient accepté de traiter avec un franc-tireur tel que lui.

Si Fedoulev et Ouralmach s'intéressaient de si près aux usines d'hydrolyse, c'était parce qu'on y distillait l'eau-de-vie dont on faisait la fameuse *palenka*. En Russie, la demande en vodka est considérable, et les coûts de production pratiquement nuls. Il y avait donc là un créneau permettant de réaliser un phénoménal retour sur investissement. En outre, tout se fait « au noir » — pas besoin de crédit, ni de banque — et les profits sont nets d'impôt.

Ainsi Fedoulev et Ouralmach se rendirent conjointement acquéreurs de 97 % des parts de l'usine de Tavda. L'opération s'effectua selon une méthode tout ce qu'il y a de classique : les deux associés créent des sociétés vers lesquelles est transféré le patrimoine de l'entreprise, les titres sont partagés, après quoi ces sociétés sont liquidées, ou bien elles reprennent l'activité de production.

Il apparut bientôt que l'usine d'hydrolyse n'existait plus en tant que telle.

À peine l'opération réalisée, Fedoulev refusa de respecter ses engagements concernant la distribution des parts de la société. Il alla même jusqu'à refuser que les représentants d'Ouralmach siègent au conseil d'administration et les remplaça par ses propres hommes.

En un mot, il retrouvait ses anciens réflexes. Il voulait être le seul maître à bord et écarter tous les associés, fussent-ils des membres du très influent Ouralmach. Et, contre toute attente, il réussit son coup. Au lieu de l'éliminer, les parrains d'Ouralmach battirent en retraite.

Ce n'était pas de la clémence. Fedoulev, à l'époque du rachat de l'usine de Tavda, entretenait des liens plus qu'amicaux avec la police locale. Pour ainsi dire, il la dirigeait. Il était au mieux avec Rossel, le gouverneur de la province, et nommait les plus hauts gradés de la police. C'est ainsi qu'à la tête de la direction régionale de l'UBOP, chargée de combattre le crime organisé et donc des gens tels que lui, il plaça Roudenko et qu'il désigna Nikolaï Ovchinnikov au poste de chef de la police d'Ekaterinbourg.

Les parrains d'Ouralmach n'avaient rien à lui envier. Eux-mêmes disposaient, dans les forces de l'ordre, de leurs propres hommes pour contrer ceux de Fedoulev. L'heure de l'affrontement sonna lorsque des sbires d'Ouralmach débarquèrent à l'usine de Tavda et prirent possession des lieux sous la menace de leurs armes. La riposte de Fedoulev fut immédiate. Une unité d'intervention rapide de l'UBOP fut déployée. Or ces fonctionnaires de police étaient bien décidés, eux aussi, à faire usage de leurs armes.

Mais contre qui allaient-ils se battre ? Contre d'autres fonctionnaires de police, comme cela s'avéra ensuite. À l'usine de Tavda, en effet, l'affrontement opposait non seulement les hommes de main de deux gangs rivaux, ceux de Fedoulev et d'Ouralmach, mais aussi les « forces de l'ordre » qui les protégeaient. Du côté de Fedoulev, l'unité d'intervention rapide sous les ordres de Roudenko et d'Ovchinnikov, et du côté d'Ouralmach les hommes du général Kraïev, le chef régional de la police. En d'autres termes, les deux camps d'une bataille rangée, dont l'enjeu était le partage frauduleux d'une entreprise publique de la région, étaient formés de policiers dont la mission était de faire respecter la loi !

Comment Moscou et le ministre de l'Intérieur

ont-ils réagi à ces événements ? En présentant l'affaire comme une simple lutte de pouvoir au sein de la police d'Ekaterinbourg, comme un léger problème d'incompatibilité d'humeur entre Kraïev et le duo Roudenko-Ovchinnikov. Kraïev et Roudenko furent démis de leurs fonctions. Toutefois, le général fut publiquement accusé d'entretenir des liens avec Ouralmach, tandis que Roudenko était proclamé victime d'une lutte sans merci contre l'une des mafias les mieux organisées de l'Oural. En tant que partie lésée, il fut transféré à Moscou, où le ministre de l'Intérieur, Vladimir Rouchaïlo, le nomma directeur de l'UBOP pour la région de Moscou, rien de moins. Depuis qu'elle est coiffée par Roudenko, cette direction a beaucoup fait parler d'elle et rarement en bien.

À Ekaterinbourg, le départ de Roudenko laissait plusieurs postes vacants au sein de la section locale de l'UBOP. Fedoulev se chargea personnellement de les pourvoir. Iouri Skvortsov fut nommé à la tête du service. Ancien bras droit de Roudenko, Skvortsov était aussi celui à qui Fedoulev avait confié ses affaires depuis de longues années. On lui attribua comme premier adjoint un certain Andreï Taranov connu pour être le « protecteur » d'Oleg Fleganov, le plus gros trafiquant d'alcool de la région. Fleganov contrôlait totalement le réseau de la vente de détail et jouait, à ce titre, un rôle de premier plan dans le commerce illicite de la vodka. Le second adjoint choisi par Fedoulev s'appelait Vladimir Poutiaïkine. Il fut chargé de faire le ménage dans les rangs de la police régionale. Le très dévoué Poutiaïkine s'attela à la tâche. Il commença par pousser dehors tous ceux qui avaient encore des reproches à adresser à la mafia et tous ceux à qui ne plaisait pas l'idée de travailler sous les ordres de Fedoulev. Voici un petit exemple de la manière dont il s'acquitta de sa mission : un jour, Skvortsov lui demanda des documents écrits nommant les membres de la police qui travaillaient contre Fedoulev. Poutiaïkine ne disposait pas de tels documents. Ce soir-là, il fit venir chez lui un jeune membre de l'UBOP, l'enivra et lui demanda de dénoncer sur-le-champ tous ses collègues qui agissaient contre Fedoulev et contre ceux qui le protégeaient dans la police. Comme le garçon refusait de « balancer » ses camarades, Poutiaïkine le convainquit de retourner contre lui-même son arme de service et de se suicider avant de tomber aux mains des hommes de Fedoulev.

Je vous entends déjà vous écrier : « Mais c'est incroyable ! »

Faites-moi confiance, tout cela est bien vrai. C'est exactement ainsi que le crime organisé a éclos et prospéré en Russie à l'époque d'Eltsine. Aujourd'hui, sous Poutine, la mafia dicte ses règles à l'État. C'est à cette mafia, toute-puissante, influente et extrêmement riche que Poutine pense lorsqu'il affirme que toute redistribution de la propriété est impossible et qu'il n'y a plus à y revenir. Poutine est peut-être un tsar et un dieu en Tchétchénie, où il s'octroie le droit de châtier et de pardonner, mais il a peur de toucher aux « parrains ». Les sommes en jeu atteignent des niveaux que le commun des mortels ne peut même pas imaginer ; la vie et l'honneur d'un homme n'ont aucune valeur lorsque les profits se chiffrent en millions.

Avec l'arrivée de Fedoulev, la région de l'Oural a cessé de « respecter le code d'honneur », pour reprendre une expression de la pègre dont l'argot s'est si bien implanté en Russie que le président lui-même l'utilise dans ses discours à la Nation.

J'ai interrogé des gens d'Ekaterinbourg pour savoir qui, entre Rossel, le gouverneur, Chenetski, le maire de la ville, et Fedoulev, ils respectaient le plus. Tous m'ont répondu : Ouralmach. Surprise, je leur ai demandé comment ils pouvaient respecter des criminels. Leur réponse fut très facile à comprendre : « Parce que eux, au moins, possèdent un code de conduite. Tandis que les nouveaux n'ont aucune règle. »

Voilà où nous en sommes : les Russes préfèrent une mafia à une autre, parce que les nouveaux sont bien pires que les anciens.

Revenons en 1997. La police mange dans la main de Fedoulev qui contrôle désormais toute la chaîne de distribution de la vodka. L'homme continue de jouer en bourse, et un beau jour il escroque une vénérable société moscovite qui se trouve appartenir à un certain oligarque « protecteur et mécène » du clan Eltsine. Autant dire que l'insensé qui tenterait d'escroquer un tel homme signerait son arrêt de mort. Par deux fois, la société flouée porte plainte auprès de l'antenne de l'UBOP à Sverdlovsk, mais toutes les informations susceptibles de nuire à Fedoulev sont bloquées et la police judiciaire refuse d'engager une enquête. Il faut l'intervention du procureur général pour qu'un dossier soit enfin ouvert sous le numéro 142114, à Moscou toutefois — et pas à Ekaterinbourg. Fedoulev prend la tangente. Un mandat d'arrêt fédéral est lancé contre lui.

Vous souvenez-vous de Iouri Altchoul, l'ancien soldat du renseignement devenu le bras droit de Fedoulev ? Vous rappelez-vous qu'on le tenait pour un homme de parole qui n'avait pas froid aux yeux ?

Après avoir fondé son agence de détectives privés et sa société de sécurité, Altchoul continua à travailler pour les services de sécurité russes. Les renseignements qu'il transmit au parquet général et au FSB permirent de mettre sous les verrous quelques gros bonnets du banditisme local. Seulement, Altchoul avait une idée fixe : démanteler Ouralmach. Même si le raisonnement peut sembler un peu étrange, c'est précisément ce projet qui l'avait rapproché de Fedoulev.

En 1997, alors qu'il était recherché par toutes les polices de Russie, Fedoulev se souvint d'Altchoul et de son grand œuvre. Il demanda à le rencontrer. Il craignait que durant son absence forcée Ouralmach ne tente de prendre le contrôle des deux autres usines d'hydrolyse que compte la région de Sverdlovsk et sur lesquelles lui-même avait des vues. Il pria donc Altchoul de protéger ses intérêts contre la mafia, en échange de quoi il lui promettait la moitié des bénéfices réalisés par l'usine d'hydrolyse de Lobva.

Altchoul accepta le marché et partit pour Lobva, une petite ville qui ne possédait rien en dehors de son usine. Sur place, il dut se rendre à l'évidence : le site était dans un état de délabrement avancé. Face à ce triste constat, il se demanda pourquoi Fedoulev insistait tant pour posséder l'entreprise.

Avant que Fedoulev ne s'en mêle, l'usine tournait très bien. Mais en entrant dans son capital, il avait appliqué sa méthode déjà rodée ailleurs : il avait transféré la production vers une kyrielle de petites sociétés lui appartenant. Celles-ci se mirent à distiller de l'alcool, dont le conditionnement et la vente s'effectuaient ensuite par des circuits clandestins. Le produit des ventes revenait bien sûr à l'usine par l'intermédiaire des comptes de ces sociétés, mais Fedoulev en prélevait une partie au passage. Et, progressivement, il avait fini par mettre l'entreprise à sec.

Lorsque Altchoul arriva à Lobva, les ouvriers n'avaient pas été payés depuis plusieurs mois et l'entreprise était au bord de la faillite. La ville avait grandi autour d'elle et mourrait si l'usine disparaissait.

C'est à ce moment-là qu'Altchoul décida de faire cavalier seul. Il donna aux ouvriers sa parole qu'il remettrait de l'ordre dans leur entreprise. Pour commencer, il interdit l'entrée de l'usine aux deux taupes et hommes de main de Fedoulev, les dénommés Sergueï Tchoupakhine et Sergueï Lechoukov.

Tchoupakhine et Lechoukov étaient d'anciens officiers du service de lutte contre la criminalité économique rattaché à la direction régionale du ministère de l'Intérieur, et accessoirement des amis intimes de Vassili Roudenko et Nikolaï Ovchinnikov. Ils avaient quitté la police pour veiller sur les intérêts de ces derniers dans les affaires de Fedoulev.

Finalement Fedoulev fut arrêté. À Moscou, évidemment. Cependant, depuis sa cellule d'isolement, il continua d'intervenir dans les affaires d'Ekaterinbourg. Des membres de la police à sa solde (Roudenko désormais se trouvait à Moscou) s'arrangèrent pour qu'Altchoul vienne lui rendre visite dans sa prison. Lors de cette rencontre, Fedoulev insista auprès d'Altchoul pour qu'il rende à Tchoupakhine et Lechoukov la direction de l'usine. La demande émanait de Roudenko qui craignait de perdre sa part dans l'affaire.

Altchoul refusa et retourna à Ekaterinbourg, suivi de très près par Roudenko. Il fut convoqué à l'UBOP et Roudenko insista une fois de plus auprès de lui pour qu'il rende l'usine de Lobva.

Altchoul lui opposa un refus catégorique. Deux jours après cette rencontre, le 30 mars 1999, l'ancien espion était abattu dans sa voiture. Une enquête fut ouverte. Le dossier portait le numéro 528006 et une fois encore Fedoulev était le principal suspect. C'était la troisième affaire dans laquelle il était soupçonné d'avoir commandité un meurtre. Vous devinez la suite : l'affaire fut classée et le dossier 528006 archivé.

Le raisonnement de Fedoulev obéissait à une logique assez sommaire : en écartant Altchoul de sa route, il pensait reprendre le contrôle de son usine de Lobva. Mais Altchoul avait laissé sur place l'un de ses amis. Vassili Leon était, comme lui, un ancien espion et vétéran des forces spéciales. Leon refusa de céder aux injonctions des hommes de Fedoulev et de quitter l'usine.

Le trio Roudenko-Tchoupakhine-Lechoukov lui proposa un compromis ou plus exactement un partage. Il garderait son poste de directeur, mais laisserait Tchoupakhine et Lechoukov gérer les ventes en gros de la vodka, ce qui était l'activité la plus stratégique. Pour faire bonne mesure, ils tentèrent de l'intimider. Leon fut convoqué personnellement par Skvortsov. L'homme que Fedoulev avait placé à la tête de l'antenne locale de l'UBOP fit de son mieux pour effrayer le réfractaire. Entre-temps, Roudenko avait reçu une nouvelle promotion qui lui avait valu d'être transféré à la direction centrale de la police judiciaire du ministère de l'Intérieur.

Un troisième larron avait été chargé de convaincre Leon. Leonid Fesko était un ami de Roudenko et occupait une fonction élevée dans la police de Sverdlovsk. Fesko devait bientôt partir pour Moscou afin d'y prendre la tête du Fonds de défense et d'aide des membres de l'UBOP pour la région de Sverdlovsk. (Ce fonds servait en fait de circuit légal pour le transit d'argent sale, pots-de-vin et autres dessous-de-table. Ces institutions, créées dans le milieu des années 1990 par des hommes de la même espèce que Fedoulev, se sont multipliées et existent aujourd'hui un peu partout en Russie.) Par la suite, Fesko devint l'adjoint de Fedoulev en charge de la sécurité et de la discipline dans les entreprises contrôlées par son réseau mafieux. Dans les cas d'urgence, lorsque la concurrence faisait monter la pression, son rôle consistait à mobiliser les unités spéciales de la police pour écraser la rébellion. En septembre 2000, il sera le cerveau qui mettra sur pied la prise d'assaut du combinat d'Ouralkhimmach.

En 1999, Vassili Leon les défiait encore. Mais en décembre de cette même année, Evgueni Antonov, un agent de l'UBOP et un proche de Skvortsov, abattit le premier lieutenant de Leon, l'homme qui supervisait la vente en gros de l'eau-de-vie à l'usine de Lobva, le secteur convoité par Tchoupakhine et Lechoukov. Voici un extrait d'une déposition officielle de Leon interrogé par le FSB sitôt après le meurtre de son collaborateur :

À la mi-janvier [2000], j'ai eu une conversation avec Sergueï Vassiliev, responsable d'une division de l'UBOP.

> L'homme se plaignait que ma présence à l'usine de Lobva ait privé l'UBOP d'une source de financement. Il m'a dit : « Vous avez volé la cagnotte du FSB, de l'UBOP et d'autres services régionaux de sécurité. » Vassiliev m'a demandé avec beaucoup d'insistance de collaborer avec eux. Je lui ai demandé en quoi consisterait mon travail et il m'a répondu : « À rapporter l'argent ici ! »

Tout dans la déposition de Leon nous laisse supposer qu'une enquête aurait au moins dû être ouverte. Mais une fois de plus l'affaire fut étouffée. Les appels que Leon adressa au procureur général, au ministre de l'Intérieur et jusqu'au président Poutine restèrent lettre morte.

Par contraste, on se souciait beaucoup du sort de Fedoulev. En janvier 2000, sur les instructions personnelles de Vassili Kolgomorov, vice-procureur général de Russie, Fedoulev fut libéré. Aussi simplement que ça.

À son retour à Ekaterinbourg, les autorités l'accueillirent en vainqueur. Le gouverneur Rossel fit pleuvoir sur lui les distinctions. C'est ainsi que Fedoulev fut nommé « entrepreneur de l'année ». Après avoir séjourné en prison, commandité le meurtre d'Altchoul, intimidé Leon et éliminé son adjoint, Fedoulev était hissé au rang de premier industriel d'Ekaterinbourg. Dès lors, c'est le titre que lui accolèrent les médias locaux. Peu de temps après, il fut élu député de l'assemblée législative régionale et put bénéficier de l'immunité parlementaire.

Si nous prenons un peu de recul, que voyons-nous ? Fedoulev est un oligarque de l'Oural, un élu local et l'un des plus gros propriétaires de la région. Mais, avant tout, il est le fondateur de ce que le code pénal russe désigne par le terme d'association de malfaiteurs. À l'automne 2000, lors de la prise d'assaut du site Ouralkhimmach, là où a débuté notre récit, l'organisation de Fedoulev présente toutes les caractéristiques d'une mafia. Quand le parrain s'est retrouvé sous les verrous, ses usines et ses affaires ont commencé à péricliter. La panique s'est emparée du reste de l'organisation. Tous ceux que les activités de Fedoulev enrichissaient ont vu s'envoler leurs subsides. L'association ne pouvait plus fonctionner sans son chef... Alors on l'a fait sortir de prison.

LA NOUVELLE DONNE

La libération de Fedoulev marqua un tournant majeur dans l'histoire récente de l'Oural. Dès qu'on connut la nouvelle et avant même son retour triomphal à Ekaterinbourg, les gens avertis comprirent que la situation n'était pas si claire. On allait assister à une redistribution du patrimoine, et pour vaincre les résistances Fedoulev servirait de boutoir. On l'avait élargi pour qu'il accomplisse une mission : qu'il reprenne en main ce qui était auparavant sous son contrôle, mais surtout pour qu'il permette à ceux qui travaillaient pour lui (et peut-être aussi à ceux pour qui lui-même travaillait) de recommencer à percevoir leur rente.

Fedoulev ne les déçut pas. Dès qu'il se retrouva dehors, sa priorité fut de récupérer l'usine de Lobva.

Dans sa déposition au FSB, Vassili Leon explique comment il s'y prit :

Fedoulev me fit savoir que si jusqu'à présent les questions avaient été résolues par la voie légale, par la privatisation et le rachat des titres, les choses seraient désormais réglées par la force.

Cette déclaration de Leon date de février 2000. C'est à cette époque qu'il demanda l'aide du FSB pour résister à la mafia. Il voulait être protégé d'un chantage exercé par une association de malfaiteurs ; par des membres de la direction régionale de l'UBOP qui faisaient pression sur lui pour qu'il abandonne l'usine à Fedoulev ; par Fedoulev lui-même qui, dès sa sortie de prison, avait exigé de lui qu'il quitte l'usine et lui verse de surcroît 300 000 dollars de dommages et intérêts.

La demande de Leon ne fut pas entendue. L'État renonça à faire respecter la loi et laissa la mafia se partager l'usine.

Le 14 février 2000, Fedoulev décida de réunir un comité des créanciers de l'usine de Lobva. Il agissait de sa propre initiative, sans en avoir l'autorité légale. Son but était de pousser dehors l'équipe dirigeante et de la remplacer par une nouvelle sous son contrôle.

Sur les cinq principaux créanciers, il ne put en rallier que deux à ses vues. Une fausse procuration fournie pour un troisième permit d'atteindre le quorum. Le comité vota la résolution demandée par Fedoulev. Celui-ci réclamait la tenue d'une assemblée des créanciers non pas à Lobva, mais dans ses bureaux d'Ekaterinbourg. Personne ne cacha la raison de ce choix. Si un véritable créancier venait à se présenter, il faudrait l'arrêter et l'opération serait plus facile dans les bureaux de Fedoulev autour desquels serait placé un cordon de sécurité.

Peu de temps avant la date de la réunion, Rou-

denko arriva de Moscou. Avant l'assemblée, Fedoulev et lui devaient décider du sort de Leon.

Vingt-quatre heures avant la réunion, le 17 février,
Fedoulev envoya deux de ses collaborateurs à
l'UBOP. Ces hommes s'appelaient Pilchtchikov et
Naïmouchine. Ils étaient bien connus dans ces
lieux, puisqu'on les soupçonnait d'être des tueurs à
gages et qu'ils avaient été interrogés dans le cadre
des enquêtes ouvertes, sans grande conviction, à la
suite des meurtres d'associés de Fedoulev. Cette
fois-là, Pilchtchikov et Naïmouchine furent plus ba-
vards que d'ordinaire. Ils accusèrent Leon de leur
avoir extorqué la somme de 10 000 dollars. Leur
dénonciation à peine signée, le système se mit en
branle avec une rapidité encore jamais vue. Des
poursuites furent engagées contre Leon, sans enquête préliminaire, sans audition de témoins et sans
vérification des faits. Au même moment, une voiture de police qui circulait dans les rues de Lobva
distribuait des tracts sur lesquels il était écrit que
Leon tombait sous le coup d'un mandat d'arrêt et
qu'il n'était plus le directeur de l'usine d'hydrolyse.

Puis arriva le jour de l'assemblée des créanciers.
Tout commença naturellement par l'enregistrement
des participants. Le vestibule, les couloirs et les bureaux étaient placés sous la surveillance d'hommes
en uniforme de la police, armés de fusils d'assaut,
les gars de l'UBOP. À première vue, rien ne pouvait
contrarier les plans de Fedoulev.

Mais il se produisit alors quelque chose de totalement imprévu. Galina Ivanova, déléguée du syndicat de l'usine, qui avait le droit d'assister à
l'assemblée en tant que représentante du personnel,
sortit soudain de son sac une procuration émanant
du principal créancier. Leon, dans sa cavale, avait

eu le temps d'organiser ce coup de théâtre. La procuration en question était d'une valeur inestimable, puisqu'elle représentait à elle seule 34 % des droits de vote. La voix d'Ivanova devait donc décider de l'issue de la partie.

Sur ordre de Fedoulev, Ivanova fut embarquée par des agents en civil de l'UBOP qui s'étaient mêlés au public de la salle. Elle fut ensuite détenue pendant trois heures et vingt minutes, jusqu'à ce que Fedoulev appelle pour dire que l'enregistrement des participants était terminé.

Alexandre Naoudjous était l'adjoint de Vassili Leon. Voici comment il décrit, dans sa déposition au FSB, les événements de la nuit qui a suivi l'assemblée :

> Je suis arrivé à l'usine vers 22 h 30. Aux environs de 1 h 30, je suis allé dormir. Vers 4 h 30, j'ai été réveillé en sursaut [...]. La porte des bureaux de l'administration avait été défoncée et les grillages aux fenêtres arrachés. Il y avait partout des hommes armés. J'ai compté une trentaine de voitures et un autocar. On nous a fait entrer dans les bureaux de l'administration, où se tenaient déjà les vigiles de l'usine, les mains en l'air. Ils étaient gardés par des hommes en uniforme de la police, armés de fusils d'assaut. Olechkevitch, un lieutenant de l'UBOP, était assis à la table de travail. Je suis entré dans le bureau du directeur commercial. Fedoulev s'y trouvait. Je lui ai demandé : « De quel droit occupez-vous ces lieux ? » On m'a mis sous le nez le compte rendu de l'assemblée des créanciers et le contrat signé avec le nouveau directeur. C'était un faux.

C'est ainsi que l'opération menée conjointement par Fedoulev et par l'antenne locale de l'UBOP visant à prendre le contrôle de l'usine de Lobva fut couronnée de succès. Lors de ce coup de force, les infractions à la loi et l'abus de pouvoir par des membres de la puissance publique furent manifestes.

Nous sommes maintenant en 2004, cela fait quatre ans que Poutine a proclamé sa « dictature de la loi ». Mais à qui a-t-on demandé des comptes ? Pour l'instant, personne n'a été sanctionné. Aujourd'hui l'usine de Lobva se meurt. Fedoulev l'a vidée de sa substance, puis il est passé à autre chose. En 2000, après qu'il eut reconquis l'usine et qu'il se fut constitué d'importantes liquidités dans les mois qui suivirent, Fedoulev, que personne n'arrêtait, s'attaqua au secteur de la métallurgie. Mais, auparavant, sa première cible avait été Katchkanar.

KATCHKANAR

Le combinat métallurgique de Katchkanar est un fleuron de l'industrie russe. C'est l'une des rares usines au monde spécialisées dans la production de ferrovanadium. Sans ce métal, il n'y aurait pas de hauts-fourneaux, et pas un seul rail de chemin de fer dans notre pays.

Au milieu des années 1990, comme beaucoup d'autres entreprises d'importance nationale, le combinat métallurgique de Katchkanar subit une série d'opérations de privatisation qui l'appauvrirent considérablement. Le groupe traversa une passe particulièrement difficile dans les années 1997-1998. C'est à cette époque que Fedoulev fut nommé président du conseil d'administration et qu'il s'attela, comme ailleurs, à démembrer l'entreprise en appliquant sa tactique habituelle qui consistait à l'assiéger avec sa kyrielle de microsociétés. Fin 1998, il avait amené le combinat de Katchkanar au

bord de la faillite et seule l'arrestation, puis l'emprisonnement, de l' « entrepreneur de l'année » permirent au groupe de retrouver un second souffle, les
autres actionnaires pouvant reprendre un rôle actif
dans la conduite de l'entreprise. Ils embauchèrent
une équipe de gestionnaires expérimentés dirigée
par un certain Djalol Khaïdarov, lequel réussit à attirer d'importants investisseurs.

En 1999, l'entreprise avait retrouvé toute sa vi-
gueur. La production avait augmenté, la valeur de
l'actif net également et les employés recevaient de
nouveau leur salaire. Comme Lobva, la ville de Katchkanar s'était bâtie autour de l'usine, où travaillaient quelque dix mille personnes, soit la quasi-
totalité de la population active.

La reprise était manifeste et elle eut des effets bé-
néfiques sur le cours des actions que les investisseurs recommencèrent à acheter.

En Russie, chaque gouverneur de province
compte dans son entourage un successeur, comme
Eltsine avait le sien en la personne de Poutine.
Loyal et plus futé que les autres, il est proclamé dau-
phin parce qu'il faut bien quelqu'un pour couvrir les
arrières du patron quand celui-ci quittera l'arène
politique, et pour continuer de veiller à son bien-être
matériel comme à sa sécurité.

Pour Edouard Rossel, gouverneur d'Ekaterinbourg, cet homme providentiel se nommait Andreï
Kozitsyne, le roi du cuivre de l'Oural, qui gérait plusieurs fonderies dans la région de Sverdlovsk. À mesure que se rapprochait l'élection du prochain
gouverneur, on vit Kozitsyne étendre ses activités à
la sidérurgie, sous l'aile protectrice de Rossel. Ce
dernier n'allait pas rester éternellement à son poste.
Le scrutin approchant, il s'organisait pour concentrer

les meilleurs morceaux de l'industrie régionale entre les mains de son poulain Kozitsyne.

Vous vous souvenez peut-être que, après sa sortie de prison et son retour à Ekaterinbourg, Fedoulev avait réservé sa première visite au gouverneur Rossel. Nous ne savons pas au juste de quoi les deux hommes se sont parlé à cette occasion, mais nous savons qu'aussitôt après cette rencontre Fedoulev transféra à un trust coiffé par Kozitsyne toutes les parts qu'il détenait dans les combinats métallurgiques de Katchkanar et de Nijni-Taguil. Selon toute vraisemblance, Fedoulev et le gouverneur avaient passé un marché. En échange du droit de mener ses affaires comme il l'entendait à l'intérieur de la région, Fedoulev laissait Kozitsyne mettre le pied à Katchkanar.

À cette époque, il ne possédait que 19 % du capital de l'entreprise de Katchkanar, et encore, pas très officiellement, comme nous le verrons par la suite. Les actions ainsi transférées à Kozitsyne ne lui permettaient pas de contrôler la société. Il ne serait donc pas aisé de parachuter à sa tête le directeur de leur choix. En tout état de cause, l'équipe dirigeante menée par Khaïdarov fit front contre cette invasion orchestrée par Fedoulev et Kozitsyne. Or, derrière elle, suivaient des actionnaires pesant pour 70 % du capital.

Face à cette situation, les usurpateurs décidèrent de recourir à la force. Le 28 janvier 2000, le site de Katchkanar fut pris d'assaut par des hommes en armes. De coups de feu furent tirés, des documents falsifiés, et les services de maintien de l'ordre prirent une part active dans ce scénario comparable à celui qui servit quelques jours plus tard pour l'usine d'hydrolyse de Lobva. Comme à Lobva, le gouverneur, jugeant qu'il étaıt urgent de ne rien faire, se dispensa de toute intervention. Le 29 janvier, à l'aube, Andreï Kozitsyne était assis à la place du directeur, et Pavel Fedoulev plastronnait dans les bureaux vidés de l'ancienne direction.

Cependant, il était clair dans l'esprit de ces coucous que leur coup de force ne survivrait pas à la prochaine assemblée des actionnaires, car ces derniers avaient le pouvoir de les flanquer dehors. En toute logique, ils décidèrent donc que, premièrement, cette assemblée ne devait pas avoir lieu et que, deuxièmement, il fallait mettre la société en faillite le plus rapidement possible afin que les actionnaires perdissent toutes leurs prérogatives. En effet, dans la législation russe, lorsqu'une entreprise est déclarée insolvable, les actionnaires deviennent des propriétaires privés de droit de vote.

Pour empêcher la tenue de cette assemblée, Kozitsyne et Fedoulev eurent donc recours à une méthode déjà appliquée avec succès par notre gouvernement en Tchétchénie. Ils bloquèrent tous les accès de la ville. Les actionnaires se rendant au site de Katchkanar en compagnie des directeurs destitués furent arrêtés à des barrages mis en place par la police. Comment cela fut-il possible ? Très simplement. Soukhomline, le maire, signa l'arrêté d'urgence n° 14 qui interdisait l'entrée dans Katchkanar à « tous les citoyens venant d'autres villes ». Or les actionnaires et les directeurs venaient d'autres villes...

C'est une farce ubuesque, mais malheureusement véridique. L'assemblée des actionnaires ne put se tenir et les deux acolytes décidèrent de passer à la deuxième phase de leur grand projet : la faillite programmée de l'entreprise.

Mais comment provoquer cette banqueroute, puisque le groupe se portait très bien ?

Kozitsyne emprunta 15 millions de dollars à la banque d'affaires russe MDM, un prêt qu'il nantit avec le patrimoine du groupe. Il n'eut aucun mal à l'obtenir. Qui n'aurait rêvé de mettre la main sur le combinat de Katchkanar ? Son crédit en poche, Kozitsyne émit des billets de trésorerie au nom de la société. L'argent qu'il perçut en échange ne fut pas investi dans le groupe, mais dans une autre de ses sociétés, Sviatogor — elle aussi localisée dans la région de Sverdlovsk — prétendument dans le but de constituer une coentreprise. Dès lors, il n'avait plus qu'à transférer fictivement vers la société Sviatogor les billets de trésorerie de Katchkanar.

Pourquoi ai-je employé les adverbes prétendument et fictivement ? Eh bien, tout simplement parce que rien de tout cela n'est réellement arrivé. Toutes les opérations étaient virtuelles et les billets de trésorerie du combinat finirent par atterrir entre les mains d'une petite société écran enregistrée dans un modeste appartement d'Ekaterinbourg qui prétendument appartenait à une dame dont, par la suite, on ne réussit jamais à retrouver la trace. Il n'en demeure pas moins que cette dame évanescente devint du jour au lendemain le principal créancier d'un des plus gros producteurs de ferrovanadium au monde. Et voici par quel tour de passe-passe : sa société écran racheta les billets de trésorerie du combinat pour 40 % de leur valeur nominale, puis les présenta à l'émetteur en demandant leur paiement à 100 % de leur valeur. Le groupe se trouvant dans l'incapacité de racheter ses billets fut déclaré en faillite. La mystérieuse dame se retrouvait détentrice de 90 % des droits de vote lors de l'assemblée des créanciers. Toute l'opération se joua au vu et au su du gouvernement local. Sous ses yeux, on créa une femme de paille, un créancier fictif. Sous ses yeux encore, on organisa frauduleusement l'insolvabilité d'un groupe industriel. Sous ses yeux enfin, les vrais propriétaires de l'entreprise furent spoliés de plusieurs millions de dollars et perdirent tous leurs droits sur les actifs de la société sans pouvoir prétendre à un remboursement de leur investissement.

Pendant tout le déroulement de l'opération, l'antenne régionale de l'UBOP monta la garde en permanence pour éviter toute surprise. Les mêmes hommes allaient intervenir lors de la prise d'assaut de l'usine d'hydrolyse.

Quand personne ne l'arrête, le voleur s'enhardit. Ce qui nous ramène à Ouralkhimmach. Comme Lobva fut la suite logique de Katchkanar, Ouralkhimmach fut la suite logique de Lobva. En septembre 2000, cette entreprise fut elle aussi prise d'assaut, selon le même scénario. Puis dans le courant de l'année 2001, on s'employa à museler les actionnaires en organisant une petite faillite, cette fois encore avec la totale indulgence et la connivence des autorités. La « démocratie contrôlée » annoncée par Poutine était en marche.

Ou peut-être tout cela n'était-il que du capitalisme sauvage, contrôlé par des organisations mafieuses qui s'étaient mis dans la poche les forces de l'ordre, une bureaucratie corrompue ainsi qu'un appareil judiciaire suborné.

L'OURAL, CHAMPION DU MONDE
POUR LA CORRUPTION DE LA JUSTICE

Rappelez-vous : la nuit qui a suivi la prise de l'usine d'Ouralkhimmach, le camp de Fedoulev et celui des partisans du directeur évincé brandissaient l'un et l'autre des décisions de justice inconciliables.

Ces documents n'étaient pas des faux. Quand on commence à s'intéresser aux événements qui se sont produits à Ouralkhimmach, Lobva et Katchkanar, force est de constater que ces invasions musclées ont été menées avec l'aval des tribunaux de Sverdlovsk. Nous retrouvons invariablement les mêmes noms de magistrats d'un côté et de l'autre, comme s'il n'existait ni lois ni Constitution. Le conflit territorial engagé entre les organisations mafieuses contrôlant l'Oural a donné lieu à une guerre fratricide au sein de l'appareil judiciaire local. Les tribunaux ont servi et servent encore à entériner des décisions favorables à l'une ou l'autre partie.

Voici un extrait d'une lettre adressée à Viatcheslav Lebedev, président de la Cour suprême russe, par I. Kadnikov, ancien président du tribunal du district Oktiabrski, à Ekaterinbourg, décoré de l'ordre du Mérite, et par V. Nikitine, ancien président du tribunal du district Lénine, également à Ekaterinbourg.

C'est Ovtcharouk [Ivan Ovtcharouk, président du tribunal régional de Sverdlovsk depuis l'époque soviétique et jusqu'à nos jours] qui, pendant plusieurs années, s'est directement chargé du recrutement et de la formation des magistrats dans la région de l'Oural. C'est lui qui a personnellement choisi et contrôlé la sélection des juges nommés à chaque poste. Sans son accord aucun candidat ne pouvait être retenu et aucun de ceux qui étaient déjà en place ne pouvait obtenir le renouvellement de son mandat. Les magistrats qui n'avaient pas l'heur de lui plaire étaient mis à l'index et persécutés. On les poussait à quitter leur emploi, et à leur place on embauchait des gens sans qualification ni expérience, mais qui étaient par certains aspects vulnérables et donc manipulables. Actuellement, beaucoup de magistrats hautement qualifiés qui ont exercé leur charge pendant de longues années et possèdent par conséquent une grande expérience, mais aussi des qualités précieuses, telles que la rigueur morale, l'indépendance et la fermeté dans leurs verdicts, l'incorruptibilité et le courage, se trouvent exclus du système judiciaire. Car si vous n'êtes pas corrompu, il est impossible de travailler normalement sous la direction d'Ovtcharouk.

Dans l'esprit d'Ovtcharouk, quelles sont au juste les qualités d'un bon juge ?

Anatoli Krizskiï qui, récemment encore, présidait le tribunal du district de Verkh Issetskiï, à Ekaterinbourg n'était pas seulement bon, il était le meilleur. Pendant de nombreuses années, c'est lui qui veilla loyalement sur les intérêts d'Ivan Ovtcharouk. En quoi consistait exactement son rôle ?

Le tribunal du district de Verkh Issetskiï n'est pas une cour comme les autres. La prison d'Ekaterinbourg se trouve dans sa circonscription. Selon la loi, c'est donc cette cour qui examine les demandes d'aménagement de peine présentées par les détenus. Tout le monde sait, en ville, que le principal critère retenu pour l'aménagement d'une peine n'est pas la nature du crime, ni de savoir ce que le détenu a fait et s'il demeure ou non un danger pour la société, mais tout simplement l'argent. D'une manière générale, un malfrat protégé par une organisation mafieuse passera moins de temps derrière les barreaux qu'un autre délinquant, car sa liberté sera rachetée par ses acolytes.

D'où la prospérité affichée par certains tribunaux de district. Il faut savoir qu'en Russie, ces juridictions sont d'ordinaire pauvres comme Job. Elles manquent de tout, jusqu'au papier. Les plaignants sont souvent priés d'apporter le leur. Les salaires des juges sont à peine suffisants pour vivre. Mais ce n'est pas du tout l'image que renvoie le tribunal du district de Verkh Issetskiï. Autour de l'immeuble sont parqués des 4x4, des Mercedes et des Ford qui valent, pour certains, plusieurs milliers de dollars. Leurs propriétaires qu'on voit arriver le matin à leur volant sont de modestes juges, dont le traitement ne dépasse pas quelques centaines de roubles, mais le véhicule le plus rutilant est toujours celui d'Anatoli Krizskiï.

Krizskiï entretient une relation particulière avec Fedoulev. Pendant des années, c'est lui qui a personnellement suivi les affaires dans lesquelles Fedoulev était impliqué à un titre ou à un autre. Krizskiï n'a jamais fait traîner les choses, il était la diligence même. Il étudiait toujours les dossiers intéressant Fedoulev avec la plus grande célérité et ne se laissait retarder ni par l'audition des témoins, ni par le souci de vérifier que ses décisions étaient bien conformes à la loi. Si, par exemple, Fedoulev demandait à Krizskiï de confirmer qu'il était le propriétaire en titre de certaines parts de capital, le juge ne s'embarrassait pas de rassembler les preuves requises en pareil cas. Il décrétait simplement que « ces parts appartenaient à Fedoulev ». C'est avec des décisions de ce type sous le bras que ce dernier se présenta à Ouralkhimmach lors de la prise d'assaut de l'usine.

Autre détail curieux, il arriva même que Krizskiï rendît la justice à domicile. Il prenait ses ordonnances concernant les poursuites engagées contre Fedoulev, non pas dans la salle d'audience, comme l'impose la loi, mais dans le bureau même du justiciable. Parfois ce n'était même pas Krizskiï qui rédigeait la décision, mais l'avocat de Fedoulev qui l'écrivait de sa main, le juge se contentant de signer.

Lorsque, à l'automne 1998, Fedoulev eut maille à partir avec le parquet général pour une fraude commise à l'encontre d'une entreprise moscovite, Krizskiï, accompagné de l'avocat de Fedoulev, fit le voyage jusqu'à la capitale afin de demander l'abandon des charges. Le procureur Skouratov, qui était un ami du juge depuis leur jeunesse, le reçut personnellement, et le dossier fut clos sans qu'on sût exactement comment. Lorsqu'il rentra à Ekaterinbourg Krizskiï rencontra la femme de Fedoulev qui ne lui cacha pas sa gratitude. De son côté, Krizskiï ne dissimula pas sa joie d'être remercié : quelques jours plus tard, il roulait dans un Ford Explorer flambant neuf[1].

Pour un lecteur occidental, tout cela peut sembler assez banal : un président de tribunal a un

1. Par la suite, le bureau du procureur général enquêta sur des allégations concernant le versement au juge Krizskiï, par la femme de Fedoulev, d'un pot-de-vin de 200 000 dollars et la clôture du dossier en faveur duquel le magistrat avait intercédé. L'enquête a établi la preuve du versement d'un « gage de gratitude », mais cela n'a donné lieu à aucune poursuite. Selon la tradition russe, on étouffa le scandale en autorisant Krizskiï à « démissionner pour motifs personnels ». À la suite de quoi il bénéficia d'une « retraite avec les honneurs ». Peu de temps après, le procureur général Skouratov, impliqué dans une affaire à laquelle la corruption n'était pas étrangère, dut abandonner sa fonction (N.d.A.).

train de vie confortable et peut donc conduire un gros 4×4 sans susciter l'étonnement. Mais, en Russie, un tel signe extérieur de richesse chez un président de tribunal de district ne peut signifier que deux choses : ou bien le magistrat a fait un gros héritage, ou bien il accepte des pots-de-vin. Seul un homme d'affaires très chanceux peut s'offrir un Ford Explorer. Or la loi interdit à un président de tribunal de se lancer dans les affaires. Une voiture de ce modèle coûte l'équivalent de vingt années de salaire d'un juge.

Mais Krizskiï n'était pas au bout de sa bonne fortune. Un mois à peine après l'apparition de ce 4×4, Fedoulev avait de nouveau des problèmes avec le procureur général. Une fois de plus, Krizskiï alla rencontrer Skouratov, non pas à Moscou, mais dans la station balnéaire de Sotchi, sur le littoral de la mer Noire, où le procureur passait ses vacances. Les nuages menaçants qui s'étaient amoncelés au-dessus de Fedoulev furent dispersés en un clin d'œil, et Krizskiï troqua bientôt son Ford Explorer, qui avait déjà fait grand bruit à Ekaterinbourg, pour une Mercedes 600, l'attribut par excellence du « nouveau Russe ».

Les fêtes d'anniversaire de Krizskiï faisaient courir le Tout-Ekaterinbourg. Ce rassemblement annuel de parvenus pouvait rivaliser avec les bacchanales des riches marchands de l'époque tsariste. Ces jours-là, sur ordre de son président, les portes du tribunal restaient closes. Krizskiï louait un restaurant en centre-ville.

L'argent et la vodka y coulaient à flots. Toute la bureaucratie locale faisait une fête à tout rompre sous le regard ahuri des habitants de la ville réduits à l'indigence. Ces fêtards se souciaient très peu de savoir qu'un juge ne doit pas se conduire de la sorte, selon les règles tacites de la décence, mais surtout selon le droit écrit. La loi sur le statut des juges de la Fédération de Russie est en effet très claire sur ce chapitre : au tribunal, et en dehors de celui-ci, les juges doivent conserver une certaine retenue et renoncer à toute fréquentation susceptible d'entacher leur réputation. En toute circonstance, il est exigé d'eux qu'ils gardent la plus grande discrétion et fassent honneur au pouvoir judiciaire qu'ils représentent.

Or Krizskiï, qui s'affichait avec Fedoulev et d'autres personnages peu recommandables, avait pourtant les faveurs d'Ovtcharouk, le président du tribunal régional. Ce dernier l'encensait et, en toute occasion, ne manquait par de répéter que Krizskiï était l'un des meilleurs magistrats de l'Oural. Pourquoi donc agissait-il ainsi ?

L'explication est simple. La plupart des Russes sont nés en URSS et, à des degrés divers, ils en ont gardé le code de conduite. Ovtcharouk n'échappe pas à cette règle. Le vieux mode de pensée soviétique est inscrit au plus profond de lui. Sa vie durant, il a été formé à ne jamais contester sa hiérarchie. Le personnage est un exécutant. Il obéit aux ordres de ses supérieurs et va même jusqu'à tenter d'interpréter leurs humeurs à la façon dont ils froncent le sourcil. Cela n'est pas une exagération de journaliste, mais juste une description fidèle de ce qu'était la servilité soviétique. Ovtcharouk est le legs de ce passé, un homme dont la carrière a progressé en douceur, parce que jamais, au grand jamais, il n'a osé contester les décisions de ses supérieurs, si stupides et illégitimes fussent-elles.

Lorsque nous sommes entrés dans une nouvelle

ère, avec l'avènement de la démocratie et du capitalisme, il y a eu un temps, des témoins oculaires le confirment, où Ovtcharouk s'est trouvé dans le plus grand désarroi. Qui allait-il pouvoir servir désormais ?

Sa perplexité ne devait être que temporaire. Avec un flair tout soviétique pour repérer les futurs détenteurs du pouvoir, ceux à qui il serait le plus avantageux de se soumettre, Ovtcharouk se trouva de nouveaux maîtres. D'abord dans le monde des affaires en pleine éclosion, ensuite dans la bureaucratie qui, bien que chacun s'en plaignît, demeurait plus monolithique que jamais et aussi solide que le granit. Cette double allégeance d'Ovtcharouk s'incarna en la personne de Fedoulev et en celle du gouverneur Rossel. Puisque ses deux maîtres étaient unis par une tendre amitié et qu'une nouvelle mafia était née pour concurrencer celle d'Ouralmach, Ovtcharouk n'avait plus aucun doute : il servirait fidèlement Rossel et Fedoulev.

Ce n'est qu'à la fin de l'année 2001 qu'Ekaterinbourg se débarrassa de Krizskiï. L'affaire fut assez sordide et ses suites peu satisfaisantes.

La direction régionale du FSB était parfaitement au courant du fait que Krizskiï protégeait depuis de longues années les activités criminelles de Fedoulev dans l'Oural. Mais ses agents n'avaient encore jamais réussi à le prendre en flagrant délit. Finalement, une surveillance (illégale) permanente fut mise en place, et le président du tribunal du district de Verkh Issetskiï se trouva bientôt impliqué dans une affaire de pédophilie.

Le FSB présenta les preuves accumulées contre lui à Krizskiï, mais aussi à son patron Ovtcharouk ainsi qu'à Rossel. Pourtant il n'y eut aucun scandale.

Krizskiï s'en sortit sans une éclaboussure. Il ne perdit pas son mandat, on se borna à le démettre de sa fonction de juge. Il devint alors conseiller juridique de la mairie, et l'affaire n'alla pas plus loin.

Mais qu'en est-il des juges qui ont refusé de participer à la transformation d'un système judiciaire indépendant en un appareil entièrement soumis au crime organisé ?

Au cours des dernières années, à Ekaterinbourg, beaucoup de magistrats sont restés inflexibles. Ceux qui ont refusé de servir la mafia émergente ont été renvoyés par dizaines et livrés à la calomnie.

Olga Vassilieva a travaillé comme juge pendant onze ans. De l'extérieur, c'est une personne calme et posée. À la voir, on imagine très bien qu'elle appartient à cette catégorie de magistrats qui ont refusé de rendre les ordonnances réclamées par Fedoulev. Olga Vassilieva était employée par le tribunal de district dont Krizskiï était le président. Les pressions exercées sur elle ont été considérables et sont allées jusqu'aux menaces contre elle-même et sa famille. Pourtant elle n'a pas plié. Elle a refusé à Fedoulev et à Krizskiï les aménagements de peine qu'ils exigeaient pour l'un ou l'autre de leurs protégés.

Le dernier affront de Vassilieva fut d'accepter une assignation en justice contre le président du tribunal régional, Ivan Ovtcharouk, bien que Krizskiï eût insisté auprès d'elle pour qu'elle déboutât les plaignants afin de ne pas créer de précédent. La plainte émanait de citoyens de la ville qui considéraient que le juge Ovtcharouk avait fait traîner leur dossier et délibérément manqué d'examiner leur requête dans les délais prévus par la loi, parce qu'elle était dirigée contre des personnages très haut placés dans l'administration du gouverneur Rossel.

À Ekaterinbourg, ville gangrenée par la mafia, où chacun sait que toute désobéissance dans des affaires de ce type conduit à une mort certaine, le simple fait d'accepter cette assignation était proprement incroyable. C'était un acte révolutionnaire. D'autres tribunaux de district, pour s'éviter de gros désagréments, auraient refusé d'enregistrer la plainte, bien que cela fût illégal.

Le système se vengea cruellement d'Olga Vassilieva qui avait voulu agir dans le respect de la loi. La juge fut non seulement limogée, mais traînée dans la boue. Au dossier monté contre elle pour la faire exclure de la magistrature s'ajoutèrent des plaintes émanant des protégés de Fedoulev, tous ces malfrats à qui elle avait refusé des aménagements de peine. Il est à noter que ces plaintes de détenus étaient rédigées sur des formulaires officiels du tribunal que seul Krizskiï avait pu leur procurer.

Vassilieva dut faire le tour de toutes les institutions afin de prouver que ces accusations n'étaient qu'un tissu de mensonges et que son intégrité était sans faille. Il fallut un an à la Cour suprême russe pour la réintégrer dans ses fonctions, toutefois Vassilieva n'était pas encore au bout de ses peines. La Cour suprême siégeait à Moscou, mais la magistrate exerçait à Ekaterinbourg. À son retour, elle remit l'arrêt de la Cour à Krizskiï, mais celui-ci refusa de la réintégrer et adressa une protestation officielle la concernant au collège régional de qualification des juges, instance de tutelle de la magistrature russe. Il y affirmait qu'Olga Vassilieva, bien que réintégrée à son poste, « n'était pas en voie de s'amender » — une formule habituellement employée pour les détenus.

Pour que leur mandat soit reconduit, les magistrats doivent être périodiquement confirmés dans leurs fonctions et ont besoin pour cela d'une recommandation du collège de qualification dont ils dépendent. Un tel système a pour conséquence que le renouvellement d'un mandat est plus ou moins automatiquement accordé sur instruction du président du tribunal régional. L'avis d'Ovtcharouk venant s'ajouter aux dénonciations de Krizskiï, le collège décida « de ne plus recommander » Olga Vassilieva pour un poste de juge.

Inutile de préciser que ce lamentable collège n'essaya même pas de prouver les allégations de quelques repris de justice, des allégations que la Cour suprême avait pourtant rejetées comme dénuées de tout fondement.

Olga Vassilieva est une femme droite et courageuse. Évidemment, elle demanda justice auprès de la Cour suprême. Elle a perdu des années de sa vie dans cette campagne aussi épuisante qu'inepte, et entre-temps elle fut empêchée de travailler pour le bien de l'État.

On ne peut naturellement attendre de la majorité des magistrats qu'ils s'engagent sur la voie ardue choisie par cette juge. Beaucoup de ceux qui siègent à Ekaterinbourg et qui m'ont priée de ne pas publier leur nom m'ont ainsi présenté leur position : « Il nous est plus facile d'entériner les décisions d'Ovtcharouk que de nous retrouver dans la position de Vassilieva. » À l'appui de leurs dires, ils m'ont raconté ce qui était arrivé à leurs collègues qui avaient voulu résister. Le cas d'Alexandre Dovgui, juge à Ekaterinbourg, est à cet égard exemplaire :

Ce magistrat s'est rendu coupable du même crime que Vassilieva, c'est-à-dire qu'une fois il a désobéi à

Krizskiï qui lui demandait de faire libérer l'un de ses protégés. Quelques jours plus tard, il était brutalement battu à coups de barre à mine en pleine rue. La police refusa de rechercher ses agresseurs, alors que, d'ordinaire, en cas d'atteinte à la personne d'un juge, ils mènent une enquête très poussée. Dovgui fit un long séjour à l'hôpital, dont il ressortit estropié. Bien qu'il ait retrouvé son poste, il ne s'occupe plus que des dossiers de divorce. Il n'en demande plus d'autres.

> Dans l'état actuel des choses, on considère comme du professionnalisme l'absence totale d'indépendance d'esprit. Des gens qui continuent de fonctionner selon les bonnes vieilles méthodes bolcheviques sont chargés, au nom de l'État, de rendre la justice. Ils jouent la comédie de la vertu, mais ne trouvent rien de répréhensible au fait d'influencer les verdicts. Ils imposent aux juges de rendre des comptes devant le collège de qualification — qui n'est autre que la version modernisée d'une cellule du PC — mais sans s'émouvoir condamnent ou pardonnent en notre nom, par notre main...

Ces lignes ont été écrites par un jeune juge plein d'avenir, qui lui aussi m'a demandé de protéger son anonymat. Comme Vassilieva, il a subi le harcèlement d'Ovtcharouk et de Krizskiï, et sous la pression il a fini par craquer. Le passage que vous venez de lire est extrait de la lettre de démission qu'il a adressée à Krizskiï. Il y a ajouté : « Je demande que mon cas soit étudié en mon absence. » Sur ce, il a quitté Ekaterinbourg pour ne plus jamais y revenir.

Ce jeune juge aimait pourtant son métier, mais voilà qu'un beau jour arriva ce qui devait arriver. Un sale dossier impliquant la mafia locale atterrit sur son bureau, et Krizskiï le pria de le classer sans tarder. Le jeune juge demanda le temps de la réflexion. Il reçut alors des menaces anonymes, sous la forme de coups de fil à son domicile, de notes laissées dans des endroits où on était certain qu'il les lirait. Il fut « malencontreusement » agressé à l'entrée de son domicile. Rien de sérieux, un simple avertissement. Ses assaillants ne furent jamais retrouvés.

Le jeune juge demanda la permission de démissionner et l'encombrant dossier fut promptement transmis à un autre magistrat. À la veille de l'audience, cet autre juge reçut un télégramme du tribunal régional l'enjoignant d'interrompre la procédure. Le lendemain, le dossier était clos.

Sergueï Kazantsev, juge au tribunal du district Kirov d'Ekaterinbourg, considérant qu'il représentait un danger pour la société, a ordonné qu'un certain Ouporov, accusé de vol et de coups et blessures, soit placé en détention provisoire. Après quoi, le magistrat passa à une autre affaire et rédigea son verdict dans la salle du tribunal. La loi russe interdit de déranger un magistrat dans ce moment-là, et le non-respect de cette règle entraîne presque automatiquement la cassation de la décision par une juridiction supérieure. Cela n'empêcha pas Ovtcharouk de téléphoner à Kazantsev pour lui demander d'annuler l'ordre de détention et de faire libérer Ouporov. Kazantsev refusa et Ovtcharouk le menaça de lui retirer son poste. Le juge fut effectivement limogé.

L'histoire récente d'Ekaterinbourg nous fournit d'innombrables exemples similaires. Le résultat de cet « écrémage » est que les magistrats qui restent en place sont tous coulés dans le même moule, manipulables à souhait et parfaitement dociles. Ils entérineront n'importe quelle décision, pourvu qu'ils ne s'attirent pas les foudres de leur hiérarchie. Toute résistance est tuée dans l'œuf. Sous couvert de « dictature de la loi » règne la tartuferie et une justice à deux vitesses.

Tout cela explique que dans l'affaire d'Oural-khimmach les deux camps adverses aient pu brandir des décisions de justice contradictoires. Depuis des années, toute velléité d'indépendance du pouvoir judiciaire a été brutalement réprimée, et les magistrats sont désormais conditionnés à la servilité. D'autant que les plus vieux juges ont connu les tribunaux « aux ordres » de l'époque soviétique. Face à ce constat, on se demande d'où peut encore venir une justice courageuse et impartiale. Tous ceux qui étaient prêts à résister ont été écartés du système. Mais ceux qui savent se mettre au garde-à-vous et servir sans états d'âme des individus qui bafouent la loi, ceux-là font de belles carrières.

Derrière chaque exploit de Fedoulev apparaît en filigrane sa très grande intimité avec la magistrature locale. Avec elle, il a toujours appliqué la politique du renvoi d'ascenseur. Les deux noms qui reviennent le plus souvent dans ses dossiers sont ceux de Riazantsev et Balachov. Riazantsev, modeste juge au tribunal municipal de Katchkanar et placé sous l'autorité d'Ovtcharouk, est l'homme qui a ratifié les décisions dont Fedoulev avait besoin pour mettre la main sur le combinat métallurgique. C'est lui qui a entériné les opérations d'une certaine société éphémère qui racheta à bas prix des billets de trésorerie et demanda ensuite leur paiement au maximum de leur valeur, scellant ainsi le destin d'une entreprise d'envergure internationale. Balachov est lui aussi un petit juge au tribunal de district Kirov de la ville d'Ekaterinbourg. C'est lui qui a statué en faveur de Fedoulev dans le dossier Ouralkhimmach, ainsi que dans d'autres affaires décisives qui ont jalonné la carrière de l'homme d'affaires.

Ce magistrat fut le déclencheur des hostilités dans l'affaire Ouralkhimmach. Le vendredi soir, il acceptait une demande de référé défendant les intérêts de Fedoulev dans l'usine, puis dès le lundi matin, avec une diligence inédite dans l'histoire de la jurisprudence russe, il rendait la décision qu'attendait Fedoulev. Il convient de préciser qu'il réussit cet exploit sans interroger de témoins, sans demander de complément d'information et sans entendre de tiers.

Pour être juste, il faut préciser que Balachov agit toujours dans le strict cadre de la loi. Toutefois il est très doué pour en exploiter les failles. Sa procédure en référé était tout ce qu'il y a de légal. Une injonction en vue de « satisfaire la demande des plaignants » peut être rendue dans les affaires où la partie adverse a déjà pris des mesures constituant un détournement du bien. L'utilité première d'une telle injonction est de « geler » la situation. La cour était parfaitement autorisée à intervenir pour empêcher l'équipe dirigeante d'agir jusqu'à ce que le fond de l'affaire ait été jugé, autrement dit jusqu'à ce qu'on ait décidé qui était le propriétaire légitime de l'entreprise.

Par son référé, Balachov n'avait pas l'intention de trancher sur cette question, mais d'empêcher quiconque d'exploiter l'usine et de disposer du patrimoine de la société. De l'extérieur, tout semblait très innocent. Pourtant, le but poursuivi n'était rien d'autre que l'asphyxie de l'entreprise.

Selon la loi russe, lorsqu'un verdict a déjà été rendu, il est impossible à un autre tribunal de rejuger la même affaire. En prenant son référé, Balachov prétendit ignorer un détail crucial, à savoir qu'un tribunal d'arbitrage avait déjà rendu un verdict dans le litige concernant Ouralkhimmach. Il avait, à ce sujet, une explication très convaincante : la région n'est pas équipée d'un système d'information centralisé (ce qui est exact) et le tribunal de district n'avait donc pas eu connaissance de cette précédente décision...

Quelques heures à peine après qu'il eut prononcé son injonction, l'encre de sa signature n'avait pas encore eu le temps de sécher, que Fedoulev, brandissant cette décision, prenait d'assaut l'usine d'Ouralkhimmach avec l'appui d'hommes en armes.

UNE PARTICULARITÉ
DE LA PROCÉDURE JUDICIAIRE RUSSE

Dans la Russie actuelle, si un tribunal fait preuve de partialité et favorise ouvertement l'une des parties, il est autorisé à le faire pour la bonne et simple raison que les juridictions sont supposées être indépendantes. Tout ce qui importe, c'est de savoir si un juge bénéficie ou non du soutien de sa hiérarchie. Si la haute magistrature, qui veille au respect des procédures, et les juges placés sous son autorité avancent dans la même direction, alors il n'y a pas à se gêner. Après l'échauffourée d'Ouralkhimmach, Valeri Baïdoukov, président du tribunal de district et supérieur hiérarchique de Balachov, exigea des explications. La réponse de Balachov fut qu'il avait rendu la décision attendue par le tribunal régional et que tout avait été réglé avec Ovtcharouk. Les questions de Baïdoukov s'arrêtèrent là.

Mais l'opinion publique d'Ekaterinbourg se montra plus curieuse, car les incidents d'Ouralkhimmach l'avaient laissée perplexe.

Dans ses explications, Baïdoukov n'y alla pas par quatre chemins. Chaque minute comptait quand le patrimoine d'une entreprise risquait d'être pillé par on ne savait qui. C'est pourquoi, dans l'intérêt des citoyens comme des propriétaires, un référé avait été pris en toute urgence.

Il se trouve, comme par hasard, que ce Baïdoukov était aussi le président du conseil régional de la magistrature, la conscience de la justice. Le dossier d'Olga Vassilieva était naturellement passé plusieurs fois par son bureau, et chaque fois il l'avait traité conformément aux instructions d'Ovtcharouk. Comme ceux du collège de qualification, les membres du conseil régional de la magistrature sont nommés sur recommandation d'Ovtcharouk. Il va de soi qu'il choisit toujours les plus dociles, ceux qui rendront sagement les bonnes décisions. Valeri Baïdoukov est un homme pusillanime qu'on sent incapable de prendre la défense de quiconque. S'il a une opinion, elle est purement hypothétique. L'homme s'y connaît pour pontifier et présenter le tribunal de district comme « la pierre angulaire du système judiciaire russe », mais il n'a plus rien à dire dès qu'on aborde des questions plus concrètes.

Quatre-vingt-quinze pour cent des dossiers civils et pénaux en Russie sont jugés par des tribunaux de district, ce qui fait effectivement de cette juridiction « la pierre angulaire du système ». Mais la réalité est tout autre. Ces tribunaux sont extrêmement manipulables, car assujettis aux cours de région et de république, dont les hauts magistrats n'ont aucune envie de voir arriver une réforme de la justice qui leur ferait perdre le contrôle qu'ils exercent sur leurs subalternes. Ces derniers ne sont indépendants que dans la Constitution, et le fait que cette loi suprême prévale sur toutes les autres n'y change rien. Les tribunaux de district n'ont tout simplement aucune indépendance en matière de procédure.

La loi accorde aux tribunaux de région le contrôle procédural des cours de district et des cours municipales. Cela implique que les décisions rendues par ces juridictions sont examinées et évaluées par les tribunaux de région qui se prononcent sur leur légitimité. De cette dépendance en découle une autre, dans les nominations et dans l'avancement des carrières. Un juge subalterne dont la tête ne plaît pas est aussi vulnérable qu'un bébé. Un magistrat placé au-dessus de lui a le droit de critiquer et d'annuler ses verdicts comme bon lui semble et sans encourir la moindre sanction. Un tribunal de région peut casser le verdict d'une cour de district sans motiver sa décision ni proposer une meilleure solution de rechange.

La cour régionale n'assume pas la responsabilité des verdicts. En revanche, elle tient la comptabilité des affaires dans lesquelles des erreurs de procédure ont été relevées, avec le nom des juges qui ont rendu ces décisions. Ces statistiques servent au calcul des primes versées aux magistrats et déterminent l'octroi de certains privilèges : période des congés (l'été pour les bons et l'hiver pour les mauvais), avancement dans la liste d'attribution des logements (ces attributions sont décidées par le tribunal de région et ont une très grande importance pour les juges dont les maigres salaires ne permettent pas l'achat d'un appartement), renouvellement de leur mandat, etc.

Voilà par quels mécanismes les tribunaux de district, « la pierre angulaire du système », se retrouvent aujourd'hui plus dépendants de leur hiérarchie qu'à l'époque soviétique. Pourtant, notre Loi fondamentale affirme que tous les juges sont égaux et indépendants, puisque nommés par décret présidentiel. Sur le strict plan de la Constitution, la vassalité des petits juges n'existe donc pas. Pourtant, si tous les magistrats sont égaux pour leur nomination, ils ne le sont plus pour leur limogeage. Un président de tribunal régional peut obtenir la tête d'un juge de district, alors que l'inverse n'est pas vrai.

C'est l'évolution des règles qui régissent la magistrature depuis la fin de l'URSS qui a permis à un Ovtcharouk de devenir ce qu'il est aujourd'hui : l'homme qui protège l'appareil judiciaire de l'Oural contre les juges tentés de prononcer un verdict malencontreux. L'appareil judiciaire n'a pas prévu de garde-fou contre les hauts magistrats qui s'écarteraient du droit chemin. Il fait toute confiance au sens moral des personnes occupant un rang équivalent à celui d'Ovtcharouk. Il présuppose que le haut de la hiérarchie est intègre, mais il ne dispose pas de sanction en cas de dérapage. De toute évidence, ce système est à revoir.

Pour revenir au juge Balachov, aurait-il pu agir différemment dans le cas de Fedoulev et, si oui, que pouvait-il faire ? Il lui suffisait de retarder l'examen de la demande en référé et il en avait le droit.

Lorsqu'ils préparaient l'assaut contre Ouralkhimmach, Fedoulev et ses complices ont sondé de nombreux tribunaux de district pour éprouver leur docilité.

Tous acceptèrent d'agir à l'instar de Balachov. Tous sauf un : le tribunal de Chkalov. Ivan Ovtcharouk proposa alors à son président, Sergueï Kiaïkine, un transfert à Magadan, aux confins de la Sibérie, autant dire l'exil. Sur quoi l'obstiné juge Kiaïkine, ce natif d'Ekaterinbourg, dont les racines et la fierté étaient attachées à cette ville, qui lui-même était diplômé en ingénierie chimique et ancien d'Ouralkhimmach, fleuron de l'industrie nationale, cet homme-là quitta l'Oural sans demander son reste. Il tenait trop à sa vie et à celle de ses proches.

Balachov était le fidèle gardien des intérêts de Fedoulev et a porté à son apogée l'art de prononcer des décisions de justice pour les protéger. Voici, par exemple, le jugement qu'il a rendu le 28 février 2000.

Fedoulev avait décidé de vendre Ouralelektromach, qui contrairement à ce que son nom pourrait laisser supposer n'était pas une usine mais une société s'occupant de gérer les parts qu'il détenait, entre autres, dans les combinats de Katchkanar et d'Ouralkhimmach.

Comme la loi l'y autorisait, Fedoulev décida de vendre sa société et donc de céder les titres qu'elle gérait. Quelque temps plus tard, les nouveaux propriétaires d'Ouralelektromach découvrirent que, bien qu'ils aient payé, ils n'avaient pas reçu les documents officiels de la société. Fedoulev avait vendu, mais en gardant ses parts. Les acheteurs réalisant qu'ils avaient été floués exigèrent une explication. Fedoulev leur répondit qu'il avait finalement changé d'avis. Ils insistèrent pour récupérer leur argent, mais Fedoulev leur rétorqua : « Pas question, vous n'avez aucun document officiel. Vous n'êtes personne. Fichez-moi la paix ! » Il fit de même avec ses parts d'Ouralkhimmach. Sortant de prison à Moscou, il voulait conserver ce qu'il avait déjà vendu pour plusieurs millions de dollars. « Je ne veux rien savoir, dit-il. La transaction n'est pas régulière, l'enregistrement n'a pas été fait dans les règles. » Il alla trouver le juge Balachov qui trancha en sa faveur.

Pour bien comprendre les agissements de Fedoulev, il faut savoir que la législation russe comporte encore de nombreuses lacunes. En l'occurrence, la faille était qu'une compagnie qui émet des titres doit, bien sûr, enregistrer l'opération. Dans les premiers temps de la transition, personne en Russie ne savait comment s'y prendre. En Union soviétique, il n'y avait ni bourse ni actions. Après l'effondrement de l'URSS, les instances gouvernementales concernées mirent beaucoup de temps à trouver leurs marques. Elles n'arrivaient ni à expliquer ni à décider comment les titres devaient être enregistrés. Si bien que beaucoup d'actions restèrent non enregistrées. Pourtant elles étaient et sont toujours l'objet de transactions sur les marchés financiers.

Qu'aurait dû faire Fedoulev ? L'honnêteté en affaires n'étant pas son fort, il saisit la chance qui s'offrait à lui. Il conclut la vente des actions d'Ouralelektromach, et c'est seulement dans un deuxième temps qu'il entreprit de les enregistrer auprès de la Commission fédérale des opérations de bourse, l'autorité des marchés financiers. Ce qui fut fait, en définitive, mais assez tardivement à cause d'un manque de coordination. Fedoulev annonça à ses acheteurs que la vente avait été conclue avant cette régularisation. Il les regarda sans ciller et déclara :

« Je récupère les titres et je garde l'argent. C'est vous qui avez commis l'erreur. » Une fois de plus la justice trancha en sa faveur.

Fedoulev est-il beaucoup plus futé que les autres pour connaître toutes ces failles et les exploiter ? Bien sûr que non. Il est simplement si riche qu'il peut s'offrir les meilleurs juristes, ceux qui savent repérer ces faiblesses du système. Il a réussi à bâtir une pyramide oligarchique qui lui garantit que quoi qu'il entreprenne, tous ceux qui sont impliqués dans le coup sont liés comme les maillons d'une chaîne. Aucun ne peut agir sans les autres.

Dans le dossier Ouralelektromach, le juge Balachov a donc rendu une décision favorable à Fedoulev. La procédure judiciaire a suivi le même modèle que dans l'affaire d'Ouralkhimmach. Sitôt la demande en référé déposée, Balachov a réussi le tour de force d'examiner en un temps record une affaire complexe qui requérait l'avis d'experts capables de se prononcer sur les subtilités de la bourse russe.

Puis les événements s'enchaînèrent. L'exil à Magadan d'un juge récalcitrant fut sans doute l'épisode le plus anodin. La décision de justice dans l'affaire d'Ouralelektromach fut le prologue des sanglants affrontements d'Ouralkhimmach.

Balachov, lui aussi, avait des copains. L'un d'eux n'était autre que le juge Riazantsev du tribunal municipal de Katchkanar. Le 28 janvier 2000, comme nous l'avons déjà vu, le site se trouvait pris d'assaut par les gros bras de Fedoulev. Comment la justice a-t-elle réagi ? Le 1er février 2000, le juge Riazantsev décréta qu'il n'y avait rien de contraire à la loi dans le fait de réunir le comité de direction sous la menace d'armes à feu. L'audience fut menée à la Balachov, c'est-à-dire tambour battant, sans audience préalable ni consultation de la partie lésée. Puis, pareillement à Balachov, Riazantsev rendit sa décision dès le lendemain.

Le 15 février, soit à peine deux semaines plus tard, le collège judiciaire des affaires civiles du tribunal régional de Sverdlovsk (autrement dit la juridiction d'Ovtcharouk) confirma la décision de Riazantsev, et là encore sans audience. Voilà bien un exemple de diligence unique dans les annales pour une procédure d'appel qui d'ordinaire en Russie dure six mois.

Mais l'affront à Thémis ne s'arrêta pas là. Le même jour, alors qu'il était déjà clair que le tribunal régional ne casserait pas le précédent verdict, Riazantsev, afin de prévenir un éventuel dérapage, interdit la tenue d'une assemblée générale des actionnaires du combinat de Katchkanar.

Un tribunal municipal n'a aucunement le droit de prononcer ce genre de décision. Qui plus est, le code de procédure civile ne prévoit nulle part la possibilité d'entraver la liberté d'action de tiers qui ne sont pas engagés dans un litige.

Mais qui parmi les gardiens de la loi dans la région de Sverdlovsk s'en préoccupa ? Riazantsev fut-il sanctionné ? Nullement. Les tribunaux rendirent leur décision sans même se donner la peine de vérifier si Fedoulev était bien le propriétaire en titre de l'entreprise. D'ailleurs, 19 % des actions de Katchkanar dont Fedoulev se réclamait comme le légitime propriétaire n'existaient même pas en réalité. Ces parts avaient depuis longtemps été saisies, à Moscou, par le comité d'enquête du ministère de l'Intérieur chargé d'examiner les affaires de Fedoulev. S'il avait été emprisonné pour fraude, c'était précisément parce qu'il avait vendu deux fois ces fameuses parts à différents acheteurs.

À partir de février 2000, les réactions se multiplièrent. La Cour suprême de Moscou condamna à plusieurs reprises les abus commis par le tribunal régional de Sverdlovsk. Sans grands résultats. Fedoulev conserva le contrôle du combinat, ceux qu'il avait floués se cachaient à l'étranger, et les tribunaux de Katchkanar et de Sverdlovsk furent chargés d'une masse de dossiers résultant de la déclaration de faillite prononcée pour l'entreprise de Katchkanar.

Les juges de Sverdlovsk facilitèrent ainsi une série d'opérations visant à organiser l'insolvabilité du groupe. Cela, soit dit en passant, constitue un délit, mais qui allait s'en soucier ? Comme nous l'avons déjà vu, en arrivant au pouvoir Poutine a clairement fait savoir que sa loyauté allait à des gens comme Fedoulev et Rossel. Le 14 juillet 2000, peu de temps après avoir été élu à la tête de l'État, il se rendit à Ekaterinbourg, où il participa à la cérémonie officielle de la pose de la première pierre du laminoir 5000, au combinat métallurgique de Nijni-Taguil, la plus grosse entreprise de ce type au monde. L'image fut une excellente opération de relations publiques pour Fedoulev, alors en pleine expansion mafieuse. Sous Poutine, l'argent afflua dans la région. Or Fedoulev et Rossel, qui ne sont pas des gens ingrats, ont soutenu activement le président en échange de ses largesses, et ils ont assuré le fonctionnement de la section régionale de son parti Russie unie. En 2004, lors de sa seconde campagne présidentielle, ils furent parmi ses plus fervents supporters.

Il reste à dire que dans notre pays la démocratie n'est qu'un joli vernis. Le principe d'un pouvoir judiciaire indépendant a été proclamé et l'obstruction au fonctionnement de la justice est un délit. La loi fédérale qui définit le statut de la magistrature est progressiste et protège l'indépendance des juges. Mais, dans la réalité, tous ces principes constitutionnels et démocratiques sont enfreints avec le plus parfait cynisme. Le non-droit est plus puissant que la loi, et la justice n'est pas la même pour tous. Elle réserve un traitement de faveur aux oligarques, aux mafieux, et spolie les autres.

Puisque nous sommes entrés dans la construction du capitalisme, il existe désormais une propriété privée. Certains veulent mettre la main dessus et d'autres n'ont pas envie de partager. La question est de savoir comment résoudre le conflit, selon quelles règles du jeu. Dans notre État rongé par la corruption, les règles, pour l'heure, sont celles que fixent les Pachka Fedoulev.

Dernière scène avant le baisser de rideau : mars 2003, à Ekaterinbourg, ville de province encore figée dans les glaces de l'hiver. Plusieurs jours de suite, du 25 au 28 mars, ont lieu des manifestations organisées par les militants des droits civiques de la région de Sverdlovsk : le Centre international des droits de l'homme, le Comité social pour la défense des droits des détenus et un collectif d'associations appelé Union pour le pouvoir au peuple. Ils collectent des signatures pour demander la démission immédiate d'Ivan Ovtcharouk. Ils proclament qu'Ovtcharouk, qui entretient de longue date des liens avec les parrains de l'Oural, est le premier responsable de l'arbitraire judiciaire qui règne dans la région et le principal obstacle à la mise en place d'une réforme de la justice. Ils disent à ceux qui veulent bien les entendre qu'Ovtcharouk continue d'étouffer la moindre velléité de démocratie et s'oppose farouchement à l'introduction des jurys populaires, arguant que cela « serait contraire aux intérêts de la région de Sverdlovsk », alors que sa seule réelle préoccupation est de tenir à l'écart tous ceux qui pourraient entraver le système judiciaire corrompu qu'il a créé au bénéfice du crime organisé.

Mars 2003, à Moscou. Ivan Ovtcharouk peut se féliciter. Le président Poutine vient de renouveler son mandat à la tête du tribunal régional de Sverdlovsk.

5

Autres récits de nos provinces

LE VIEIL HOMME D'IRKOUTSK

L'hiver 2002-2003, celui de la troisième année du mandat présidentiel de Poutine, a été très froid. La Russie est une contrée du Nord, le pays de la Sibérie, des ours et des fourrures. On s'attendrait que chacun y soit préparé à affronter les basses températures.

Hélas, tout nous prend toujours par surprise, comme le paquet de neige glissant d'un toit qui nous tomberait sur la tête. Le froid n'échappe pas à la règle, et c'est ce qui explique la terrible histoire qui va suivre.

À Irkoutsk, dans les profondeurs de la Sibérie, un vieil homme a été retrouvé gelé sur le sol de son appartement. Il avait plus de quatre-vingts ans. C'était un retraité ordinaire, l'un de ceux pour qui les services d'urgence refusent de se déplacer, parce qu'ils sont trop vieux. Au téléphone, ils s'entendent répondre sans ambages : « Eh bien, oui, qu'est-ce que vous voulez ? Vous ne vous sentez pas bien, c'est normal. C'est l'âge. » Ce vieil homme vivait seul. Vétéran de la Seconde Guerre mondiale, il avait contribué à libérer l'Europe du nazisme. Il était décoré et recevait une pension de l'État. Il était au nombre de ceux à qui le président Poutine envoie le 9 mai, jour de la Victoire, ses vœux de bonheur et de santé. Nos vieux compatriotes, nos anciens combattants à qui on ne peut reprocher d'être trop gâtés par la Nation, versent des larmes sur ces lettres sans âme, avec leur signature photocopiée. Mais voilà qu'en janvier 2003 cet homme-là est mort d'hypothermie, sur le sol où il était tombé. Il s'appelait Ivanov, le nom le plus commun en Russie. Les Ivanov se comptent par centaines de milliers dans notre pays.

Ivanov, l'ancien combattant, est mort gelé parce que son logement n'était pas chauffé. Il aurait dû l'être, comme tous les appartements de l'immeuble où il habitait, comme tous les appartements d'Irkoutsk en ce troisième hiver de la présidence de Poutine.

Comment une telle chose a-t-elle pu se produire ? La réponse est simple. Dans toute la Russie, les conduites de chauffage sont usées parce qu'elles ont été installées à l'époque soviétique. Or cette époque, Dieu merci, s'est terminée il y a plus de dix ans. Si bien que pendant longtemps cette plomberie a fui, et les services urbains[1], qui sont responsables de son entretien, n'ont rien fait. Il faut savoir qu'en Russie ces services sont un monopole d'État centralisé. Chaque mois, nous devons leur verser une certaine somme pour des prestations dont on ne voit jamais la couleur. Sans se soucier des usagers que nous sommes, ils en font aujourd'hui aussi peu qu'hier, mais continuent de réclamer périodiquement des

---

1. Ces services publics centralisent en Russie la gestion des eaux usées, des déchets, du chauffage et de la distribution d'électricité dans les zones urbaines.

augmentations de leurs tarifs. Le gouvernement les leur accorde. Nous payons davantage, mais les services restent tout aussi inexistants.

Un jour, les tuyaux ont éclaté. C'était au cœur de l'hiver. On apprit alors qu'il n'y avait pas moyen de les remplacer. Les services urbains ne disposaient pas du budget nécessaire. Nul ne savait à quoi avait servi l'argent que nous leur avions versé. Tous les équipements collectifs installés à l'époque soviétique s'étaient peu à peu détériorés. Cela n'avait rien de surprenant, il était toutefois plus étonnant de découvrir que nous n'avions rien pour les remplacer, alors que la Russie produit chaque année des milliers de kilomètres de tuyaux de tous types. « Le pays n'a pas d'argent pour ça », ont déclaré les agents du gouvernement de Poutine. Sur quoi ils haussèrent les épaules, comme si tout cela ne les concernait pas. « Comment, vous n'avez pas d'argent ? » protestèrent faiblement les membres de l'opposition, endossant une fois de plus, pour la galerie, l'habit de défenseurs des droits du peuple.

Le président tança publiquement son Premier ministre, et l'affaire n'alla pas plus loin. L'opposition se paya de mots. Il n'y eut ni scandale ni démission du gouvernement, pas même celle des ministres concernés. Les gens allaient devoir continuer à arpenter leur logis pour se tenir chaud, à manger et à dormir enveloppés dans leur manteau, chaussés de leurs bottes de feutre. Les conduites seraient réparées... en été.

Le vieil homme fut détaché à la pince du sol glacé de son appartement, puis discrètement enseveli dans la terre gelée de Sibérie. On ne décréta pas pour lui de deuil national.

Le président fit comme si cela n'était pas arrivé

dans son pays, à l'un de ses électeurs. Il resta muet pendant les funérailles et la Nation accepta son silence. Puis, soucieux de redorer son blason, il sortit de sa réserve et prononça un discours musclé dans lequel il accusait le terrorisme d'être responsable de tous les maux qui accablaient la Russie. Dorénavant, ajouta-t-il, la priorité de l'État serait l'anéantissement du terrorisme international en Tchétchénie. Mais, pour le reste, tout allait pour le mieux dans le meilleur des mondes. Il ne fallait pas donner à la population le loisir de réfléchir aux imperfections de la réalité que chacun voyait pourtant évoluer sous ses yeux.

Puis le printemps arriva. Poutine préparait sa réélection en mars 2004. Il n'était plus temps de regretter les défaites, mais au contraire de se réjouir des victoires. Un nombre impressionnant de jours fériés furent proclamés. On alla même jusqu'à célébrer le carême !

Plus l'été approchait et moins les gens parlaient de l'effondrement de l'infrastructure nationale de chauffage survenue pendant l'hiver. Les citoyens étaient appelés à se réjouir en masse au spectacle des préparatifs du tricentenaire de Saint-Pétersbourg, et à s'enorgueillir des palais des tsars auxquels on rendait leur splendeur passée pour l'émerveillement des grands de ce monde.

Poutine avait invité pour la fin mai les principaux chefs d'État de la planète à se retrouver dans la ville de Pierre le Grand, alors on s'empressait de repeindre les façades de la cité impériale. Le vieil homme d'Irkoutsk et avec lui les vieux de Saint-Pétersbourg ou d'ailleurs furent oubliés de tous, y compris du président.

« Si seulement il était mort à Moscou... », pontifiaient les experts de la capitale, laissant ainsi entendre qu'il y aurait eu un énorme scandale et que les autorités auraient fait remplacer les conduites avant l'hiver suivant.

Schröder, Bush, Chirac, Blair et beaucoup d'autres visitèrent donc notre capitale du Nord et célébrèrent Poutine comme l'un des leurs. Reçus en grande pompe, ils feignirent de respecter notre président. Personne n'eut la plus petite pensée pour le vieil Ivanov et pour les millions de retraités russes qui ont à peine de quoi survivre.

Pendant l'hiver 2002-2003, alors qu'on détachait du sol le corps du vieil Ivanov, Poutine arrivait à un moment charnière de son mandat, mais ce fait passa totalement inaperçu pour la bonne et simple raison que notre président a fondé son pouvoir sur les seuls oligarques. Il fraie avec certains, il est en guerre contre d'autres, mais avec le peuple il n'entretient aucune intimité. L'État ne se préoccupe que de ces milliardaires qui contrôlent le pétrole et le gaz russes. Et c'est à Moscou que bat le cœur de cet État. Source de chaleur et de lumière, la capitale occupe le centre d'un système solaire qui éclaire de ses rayons la lointaine province et ses étranges habitants.

KAMTCHATKA : LA LUTTE POUR LA SURVIE

Le Kamtchatka[1] s'étend aux confins de la Sibérie. Pour s'y rendre depuis Moscou, il faut compter plus

1. Le Kamtchatka forme une presqu'île bordée au nord par la mer de Béring et au sud par la mer d'Okhotsk.

de dix heures de vol, et les appareils rudimentaires qui font la liaison avec Petropavlosk-Kamtchatski prédisposent le voyageur à méditer sur l'immensité de notre pays, sur sa complexité et sur le fait que notre capitale n'abrite qu'une infime partie de sa population. Tout occupée de ses intrigues politiques, celle-ci adore puis brûle ses idoles et s'obstine à croire qu'elle contrôle ce territoire gigantesque.

Cette vaste presqu'île est l'endroit rêvé pour mesurer combien nos provinces sont éloignées de la capitale. La distance géographique n'a pourtant rien à y voir. La province vit différemment, elle respire un autre air. C'est la Russie profonde, authentique.

Là-bas, on est pêcheur, mais surtout marin. En dépit d'importantes réductions d'effectifs, l'armée y reste le principal appui du pouvoir politique. Pour être élu dans la région, il faut remporter les suffrages de la flottille du Kamtchatka, qui appartient à la flotte du Pacifique.

Comme on peut s'y attendre dans une ville côtière, la couleur dominante est le bleu, celui des bérets, des cabans et des marinières. Il ne manque au tableau que la légendaire élégance de la marine. Hélas, les étoffes sont usées et les couleurs délavées.

Alexeï Dikiï est commandant du sous-marin nucléaire *Viliouchinsk*. À l'instar de son navire, il est l'élite de notre marine.

Dikiï a reçu une brillante éducation à Leningrad — aujourd'hui Saint-Pétersbourg. Officier de talent, il a rapidement gravi les échelons de la hiérarchie. À trente-quatre ans, il était déjà un sous-marinier hautement qualifié, et chaque mois de service supplémentaire augmentait sa valeur de quelques milliers de dollars, selon les critères du marché international de l'emploi. Aujourd'hui, pourtant, le capitaine de vaisseau Alexeï Dikiï mène ce qu'il faut bien appeler une existence misérable. Il vit dans un foyer pour officiers, un lieu sinistre et délabré, aux cages d'escalier lépreuses. Tous ceux qui pouvaient déserter l'endroit et regagner « la terre ferme » en abandonnant au passage leur carrière militaire l'ont déjà fait. Beaucoup d'appartements sont inoccupés, on les repère à leurs fenêtres nues. L'environnement est hostile, il respire la faim, le froid. C'est la misère que les gens ont fuie. Le capitaine Dikiï me confie que lorsque le temps le permet lui-même et d'autres officiers de la marine vont pêcher de quoi s'offrir un repas décent.

Sur la table de sa cuisine, il a placé ce que la Nation le paie en contrepartie de son indéfectible loyauté. Dikiï vient en effet de rapporter du sous-marin, enveloppée dans un drap de la flotte, la ration mensuelle d'un capitaine : deux paquets de pois cassés, deux kilos de sarrasin et de riz dans des sachets de papier, deux boîtes de petits pois bon marché, deux autres de hareng du Pacifique et une bouteille d'huile végétale.

« C'est tout ?

— Oui, c'est tout. »

Dikiï ne se plaint pas, il constate. C'est un homme solidement bâti et authentique. Un vrai Russe, en somme. Il est habitué aux privations. Sa loyauté va à la mère patrie plutôt qu'aux dirigeants qui se succèdent à la tête du pays. S'il se permettait de penser autrement, il y a longtemps qu'il aurait quitté cet endroit. Le capitaine accepte l'idée que tout peut arriver, y compris la famine, et c'est bien à elle qu'on pense quand on regarde sa maigre ration.

Ces boîtes de conserve et ces sachets de papier doivent nourrir les trois membres de la famille pendant un mois. Le capitaine est marié à Larissa. Elle est radiochimiste, diplômée du prestigieux Institut moscovite de génie physique, dont les chasseurs de têtes viennent recruter les étudiants pour les sociétés d'informatique de la Silicon Valley.

Mais Larissa, qui a suivi son mari dans cette base militaire fermée de la flotte du Pacifique, est au chômage. Ce détail n'a pas plus d'importance pour l'état-major de la marine que pour le lointain ministère de la Défense. Dans sa politique de recrutement, l'état-major se refuse obstinément à voir l'or qu'il a sous la main. Larissa ne peut même pas obtenir un poste d'enseignante dans une école pour les enfants du personnel de la marine. Le chômage parmi les effectifs non militaires atteint ici 90 %.

Alissa, la fille du capitaine, est le troisième membre de la famille. Elle va à l'école, en cours élémentaire, et sa situation n'a rien d'enviable. Dans cette base militaire, rien n'est prévu pour favoriser son développement et celui de ses camarades. Pas de salle de sport, pas de piste de danse, pas d'ordinateur. Les enfants de la garnison n'ont à leur disposition qu'une cour sale et lugubre et un bâtiment équipé d'un magnétoscope et de quelques cassettes de dessins animés.

Le Kamtchatka est bien le bout du monde, la dernière frontière de notre État sans âme. D'un côté, on peut y admirer ce que la technologie produit de plus sophistiqué pour tuer les gens et, de l'autre, les précaires conditions d'existence de ceux qui supervisent ces équipements. Tout le système repose entièrement sur le patriotisme et l'enthousiasme de chacun. Il n'y a à en attendre ni fortune, ni gloire, ni avenir.

Le lieu où vit Dikiï s'appelle Rybatchie. Il se situe

à une heure de route de Petropavlosk-Kamtchatski, la capitale de la péninsule du Kamtchatka. Avec ses 20 000 habitants, Rybatchie est peut-être la base militaire la plus connue au monde. Elle est le symbole même de la flotte nucléaire nationale et peut se vanter de détenir les armements les plus modernes qui soient. C'est ici que se situe le front oriental du bouclier nucléaire russe et que vivent ceux qui maintiennent ce dispositif en bon état de marche.

Le sous-marin du capitaine est l'une des pièces maîtresses de ce bouclier. Autant dire que Dikiï est lui-même un élément vital de la Défense nationale. Son navire est une merveille technologique qui n'a pas son équivalent dans toutes les armées du monde. Il est capable de détruire des flottilles entières de bâtiments de surface comme les meilleurs sous-marins des plus grandes puissances de la planète, y compris ceux des États-Unis. Dikiï commande une arme sans pareille équipée d'ogives nucléaires et d'une réserve impressionnante de torpilles. Tant qu'elle dispose d'un engin de cette puissance pour se défendre, la Russie n'est vulnérable à aucune attaque, du moins venant du Pacifique.

Le capitaine Dikiï, en revanche, a tout à craindre, en premier lieu de l'État qu'il sert. Mais il préfère ne pas y réfléchir. Comme beaucoup d'officiers, il est rompu à l'art de survivre sans argent. Son salaire est très bas et lui est versé irrégulièrement, avec des retards pouvant atteindre six mois.

Quand l'argent manque, Dikiï préfère ne pas manger à bord (bien qu'en tant qu'officier il y soit autorisé) et rapporter chez lui la ration équivalant à son repas pour la partager avec sa famille, car il n'a pas d'autre moyen de la nourrir.

Le capitaine n'est plus que l'ombre de lui-même.

Il est étique et ses joues ont une pâleur maladive. Le commandant de l'un des principaux bâtiments du boulier nucléaire russe souffre de malnutrition.

Le fait de vivre en permanence dans une zone de radiations n'arrange rien. Dans le passé, il y avait des compensations. Les sous-mariniers étaient des célibataires très recherchés. Hélas, ce n'est plus vrai. Aujourd'hui les jeunes filles se détournent quand elles voient passer des officiers de marine.

« La pauvreté n'est pas le pire », me dit Dikiï.

Cet homme est un ascète, un romantique désargenté, un officier dans l'âme, presque un saint dans une époque cynique qui évalue tout en dollars.

« On peut vivre dans la pauvreté tant qu'on a un objectif clair et des tâches bien définies à accomplir. Notre malheur tient à l'état désastreux de la flotte nucléaire nationale et à l'absence de perspectives. À Moscou, on ne semble pas comprendre que ces armements ne doivent pas être traités à la légère. Dans dix ans, si le niveau de financement reste ce qu'il est actuellement, Rybatchie n'existera plus, ou alors nous verrons les navires de l'OTAN se ravitailler dans nos rades. »

Pour échapper au désespoir, Dikiï a décidé de poursuivre ses études à l'école militaire de l'état-major général. Il veut écrire une thèse sur l'état de la sécurité nationale russe au tournant du XXIe siècle. À l'issue de ses recherches, il espère pouvoir fournir une explication argumentée à la question qui le préoccupe : qui a intérêt à saper notre sécurité nationale ?

Les conclusions auxquelles il est arrivé pour le moment ne sont pas favorables à Moscou, pourtant le capitaine n'en éprouve pas de ressentiment. S'il juge révoltante la conduite des autorités, il considère qu'il ne peut rien y faire sinon tenir, parce que les hommes comme lui sont plus forts et plus intelligents que ceux qui nous gouvernent.

Du fait de son travail, Dikiï n'est pas libre d'organiser sa vie comme il l'entend. Beaucoup de choses lui sont interdites. Parce qu'il est d'astreinte en permanence et doit pouvoir regagner son navire en cinq minutes, il ne peut jamais aller nulle part. Il ne peut pas partir avec ses amis dans les bois à la cueillette des baies ou des champignons. Il est tenu de vivre constamment au poste qu'il a accepté, sans possibilité de le déléguer à un autre. En outre, il a le devoir de rester près de ses officiers, de veiller à ce qu'ils gardent le moral en cette période difficile. Et il doit encore trouver le temps de faire un tour d'inspection dans les casernes et surveiller les matelots. Bref, c'est un homme très occupé.

Beaucoup d'officiers réduits à la misère comme Dikiï ont au moins la possibilité de sortir après leur journée de travail, et de gagner un peu d'argent qui leur permet de nourrir et d'habiller leur famille, voire de payer leur uniforme (nombre d'entre eux en sont effectivement rendus à cette extrémité). Mais le capitaine n'a pas le loisir de les imiter. Dans les quelques heures qui lui restent après son service, il doit impérativement se détendre et dormir. Quand il monte à bord de son sous-marin, il faut qu'il soit parfaitement reposé, c'est une exigence de sa fonction. Les conséquences de sa nervosité pourraient être catastrophiques.

« Au travail, je dois être aussi calme et équilibré que si je rentrais de vacances, m'explique-t-il. Comme si je n'avais pas à me soucier du lendemain et de la manière dont je vais nourrir ma famille.

— Vous dites que vous y êtes obligé, mais il me

semble que vous n'envisagez pas la situation sous le bon angle. Vous servez l'État. C'est donc à lui de vous offrir des conditions d'existence satisfaisantes pour vous permettre de travailler dans les meilleures dispositions d'esprit. »

Dikiï me sourit d'un air un peu condescendant et je ne saurais dire à qui cette condescendance s'adresse : à la journaliste qui lui pose ces questions ou à l'État qui méprise ses plus loyaux serviteurs. Il s'avère qu'elle m'est destinée.

« L'État n'en a pas les moyens pour le moment, me répond-il enfin. Il ne peut pas, un point c'est tout. Pourquoi demander quelque chose qu'on ne peut pas vous donner ? Je suis un réaliste et je ne me mets pas en colère inutilement. Les rêveurs et les râleurs ont depuis longtemps déserté cette base et rendu leur tablier.

— Je n'arrive pas bien à comprendre pourquoi vous n'avez pas démissionné vous aussi. Vous êtes un spécialiste du génie nucléaire, vous retrouveriez facilement un emploi.

— Je ne peux pas abandonner mon navire. Je suis le commandant, pas un simple homme d'équipage. Si je partais, il n'y aurait personne pour prendre ma place. J'aurais l'impression de trahir.

— Trahir qui ? La Nation ? Mais c'est elle qui vous a trahi !

— Avec le temps, tout rentrera dans l'ordre. Pour l'heure, il faut patienter et veiller sur notre flotte nucléaire. C'est à cette mission que je me consacre. Le ministre de la Défense peut bien poursuivre une politique de trahison, c'est à la Russie que va ma loyauté. C'est la Nation que je sers et pas les fonctionnaires de l'État. »

Vous venez de découvrir le portrait d'un sous-marinier russe de notre temps. Fidèle à son serment, cet officier exilé aux portes orientales de notre territoire en couvre chaque jour les embrasures de sa propre stature, car il ne reste rien d'autre avec quoi colmater les ouvertures.

Pour remplir ses obligations dans la débâcle financière qui frappe nos forces armées, ce commandant doit se dévouer corps et âme à sa fonction. Chaque jour, il quitte son foyer à 7 h 20 et n'y retourne pas avant 22 h 40. Il n'a pas le choix. La marine se délabre sous nos yeux et sa technologie, qui n'est plus entretenue, nous menace à chaque instant d'un accident, voire d'une catastrophe.

La seule chose qui n'ait pas changé ici, c'est la levée du drapeau. Qu'il pleuve ou qu'il vente, en toutes circonstances et malgré les changements de régime, le rituel se déroule chaque jour à 8 heures précises.

Ce matin, Dikiï sort de chez lui et marche jusqu'à l'endroit où est amarré le *Viliouchinsk*. Ce trajet lui prend une quarantaine de minutes. Il le fait à pied, non parce qu'il a besoin d'exercice, mais parce qu'il n'a pas d'argent pour se payer une voiture et que la marine ne met à sa disposition aucun autre moyen de transport. Comme tout le reste du Kamtchatka, la 2e flottille à laquelle appartient le *Viliouchinsk* connaît une grave pénurie de carburant, si bien que voitures et autocars restent au garage. La marine n'a pas d'essence, dans un pays qui exporte son pétrole vers le monde entier !

Mais l'essence est un moindre souci, le pire serait de manquer de pain. La garnison doit une grosse ardoise à la fabrique locale, toutefois celle-ci continue d'approvisionner gracieusement les navires. N'est-ce pas proprement incroyable ? Le personnel chargé de veiller sur le bouclier nucléaire de l'une des plus grandes puissances de la planète mange les miettes de la charité.

Personnellement, j'en éprouve de la honte et je me demande si notre président se sent à l'aise quand il assiste aux sommets du G8.

Bref, à la base de Rybatchie, les officiers se rendent à pied à leur travail. Ils forment une ruche bourdonnante, discutant avec animation des problèmes qui les préoccupent. Combien de temps vont-ils pouvoir colmater les brèches ? Vers quel précipice courons-nous ?

Ce débat politique est alimenté par le spectacle de la désolation qui les entoure. Lorsqu'on marche, par exemple, jusqu'au quai n° 5 où est amarré le *Viliouchinsk*, on aperçoit un chantier naval à l'abandon. Il y a seulement deux ou trois ans, le chantier Khlebalkine assurait encore la maintenance de quinze ou seize sous-marins. Aujourd'hui la surface de son bassin est lisse comme un miroir, le site n'abrite plus un seul navire en réparation. Les officiers ont été informés que désormais l'entretien des bâtiments serait soumis lui aussi à des économies draconiennes.

« C'est un spectacle d'autant plus affligeant que nous savons très exactement ce qu'il présage, me dit Dikiï. Notre technologie doit faire l'objet d'une maintenance rigoureuse. Il ne faut pas croire aux miracles. Les sous-marins nucléaires ne sont pas des vieillards qui ne vont jamais chez le docteur. Les accidents sont inévitables. »

Cette lente décomposition a totalement découragé certains officiers de la base. D'autres se sont tournés vers la débauche. La garnison a connu ces derniers temps de nombreux cas de suicides et de comportements bizarres.

« La situation rend les officiers amers. C'est la raison pour laquelle j'insiste tant pour que tout le monde assiste à la levée du drapeau à 8 heures chaque matin. Les hommes doivent voir leur commandant et lire dans son regard que tout va bien, que la situation est sous contrôle et que quoi qu'il arrive nous continuerons d'accomplir notre devoir. »

« Du bla-bla d'officier, de jolis mots pour des têtes creuses ! » Voilà ce que beaucoup d'entre vous penseront en lisant ces lignes. Dans un certain sens, ils auront raison. Ce sont bien des histoires à l'eau de rose, mais il n'en demeure pas moins que face à la désintégration de la flotte du Pacifique, ceux qui n'ont pas encore fui le navire n'ont rien d'autre que ces belles paroles à quoi se raccrocher pour continuer à remplir la difficile mission qui est la leur. Ce sont des hommes de principe et des idéalistes, c'est la raison pour laquelle ils ont choisi la marine. Ils se sont portés volontaires pour servir dans les sous-marins, parce qu'ils en attendaient le prestige et aussi des carrières mirobolantes avec de gros salaires à la clé. Ils pensaient que cet âge d'or durerait éternellement.

Mais la vie n'est pas un roman, et à Rybatchie le sublime côtoie souvent le trivial jusqu'au burlesque.

« La vie de vos hommes est impossible. Ils n'ont pas une minute pour souffler ! »

Larissa Dikiï est une beauté rieuse originaire de Jitomir, en Ukraine. Cette femme a tout sacrifié et accepte de vivre dans cette misère pour que son mari puisse accomplir son devoir.

Elle me répond avec un sourire malicieux :

« Pour être franche, la situation présente me

convient. Au moins je sais à chaque instant où est mon mari. Comme il n'a nulle part où se cacher, je suis protégée des tourments de la jalousie. »

Dikiï se tient près de nous. Il sourit d'un air gêné, comme un écolier qui viendrait de recevoir une déclaration d'amour de la plus belle fille de la classe. Je découvre que le capitaine est un grand timide. En le voyant rougir, je sens les larmes me monter aux yeux, car je mesure très nettement combien l'énorme fardeau qui repose sur les épaules d'un commandant de sous-marin nucléaire est incompatible avec le mode de vie, l'âge, mais aussi l'apparence de cet homme.

Chez lui, sans son uniforme, le capitaine de vaisseau Alexeï Dikiï a le visage maigre et l'air mélancolique d'un premier de la classe. À Moscou, où les gens deviennent adultes plus tard qu'ailleurs, Dikiï, avec ses trente-quatre ans, serait encore un post-adolescent.

« Mais vous avez déjà accumulé trente-deux années de service, vous pourriez prendre votre retraite.

— Oui, effectivement je pourrais, me répond le capitaine avec un peu d'embarras.

— Une chose m'échappe, capitaine. Êtes-vous entré dans la marine à l'âge de deux ans ? Seriez-vous comme ces fils de famille noble qu'on enrôlait dans l'armée dès leur naissance et qui, lorsqu'ils arrivaient à l'âge adulte, possédaient déjà des états de service et des galons ? »

Le capitaine sourit. Ce qu'il s'apprête à me dire lui est visiblement très agréable. Son père était officier de marine. Il est maintenant à la retraite. Dikiï a grandi à Sébastopol, à la base navale de la mer Noire.

« En ce qui concerne mes trente-deux années de service... »

Il est brusquement interrompu par sa vivace épouse.

« Il veut dire qu'il a fait tout son service dans le corps le plus difficile, celui des sous-marins nucléaires, au contact de réacteurs et d'armes radioactifs. Chaque année de service y compte triple. »

J'insiste encore :

« Vous ne pensez pas que pour cette simple raison l'État aurait déjà dû vous couvrir d'or ? Ne vous sentez-vous pas insulté de devoir partager en trois votre ration personnelle, comme un étudiant ?

— Non, pas du tout, me répond-il avec une calme assurance. Quel sens cela aurait-il que des gens comme nous se mettent en grève ? Dans notre monde clos, tout le monde vit de la même façon. Nous survivons grâce à l'entraide. Nous nous empruntons constamment de la nourriture et de l'argent les uns aux autres.

— Lorsque l'un de nous reçoit un colis de sa famille, aussitôt nous organisons un festin, explique Larissa. Nous avons un cercle d'amis qui nous nourrit. C'est ainsi que nous vivons.

— Est-ce que vos parents vous envoient des colis d'Ukraine ? »

Elle part d'un éclat de rire sonore. Comme l'a écrit l'un de nos poètes, on pourrait faire des clous de gens comme eux[1].

Il est curieux de constater que même si beaucoup de temps s'est déjà écoulé depuis la chute du parti

1. « On pourrait faire des clous de gens comme eux, il n'y en aurait pas au monde de plus solides. » Ce vers est du poète soviétique Nicolas Tikhonov (1896-1979).

communiste, certaines habitudes héritées du passé restent immuables. La première d'entre elles est un irrespect pathologique du pouvoir pour les gens, en particulier pour ceux qui, en dépit de tout, accomplissent leur devoir avec désintéressement et dévouement et gardent une foi sincère dans la cause qu'ils servent. Le gouvernement n'a jamais appris à remercier les hommes qui consacrent leur vie au service de la patrie. Vous travaillez dur ? Eh bien, continuez jusqu'à ce que mort s'ensuive ! L'État se montre chaque jour plus impudent. Il brise la volonté des meilleurs de nos concitoyens, tandis qu'avec un aveuglement qui tient du délire il mise tout sur les pires individus.

Il ne fait aucun doute que le communisme a été une loterie fatale à notre pays, mais ce que nous vivons depuis est encore pire.

Je poursuis ma conversation avec le capitaine au poste de contrôle central du *Viliouchinsk*. La base de Rybatchie est fermée aux étrangers et aux curieux. Les épouses elles-mêmes sont interdites d'accès à certains quais classés « secret défense ». Mais, pour moi, le renseignement militaire a fait une exception.

Depuis la rive, on perçoit déjà, en regardant le *Viliouchinsk*, la nature éminemment combative et agressive de ce bâtiment. À la poupe, se détache en blanc sur fond noir la gueule ricanante d'un requin. L'artiste, dans le souci de donner à sa créature un aspect encore plus menaçant, lui a dessiné une denture comme on n'en rencontre pas dans la nature. Ce symbole n'est pas là par hasard : à l'origine, lorsqu'il a été construit, ce navire s'appelait *Kazatka*, le requin blanc. C'est récemment qu'il a été rebaptisé. Pourquoi ce changement de nom ? Les officiers ne peuvent pas l'expliquer, mais ils ne s'en formalisent pas.

Ma visite du bâtiment m'éclaire sur les raisons pour lesquelles on m'a personnellement autorisée à monter à bord. Je longe la bouche béante d'un terrifiant volcan dont on n'ose imaginer ce qu'il produirait en cas d'erreur dans son chargement. Un réacteur et des ogives nucléaires constituent un mélange assez détonant. Dans un contexte de crise économique et de désarroi des forces armées, ce sous-marin est rempli à ras bord d'armes atomiques. Peut-on imaginer tableau plus effrayant ?

Tandis que nous poursuivons notre visite, Dikiï m'assène son couplet idéologique, non sans une certaine pédanterie. La société peut bien se transformer, l'armée, elle, ne fait pas de compromis. Il récuse la notion de « directive criminelle » qui circule dans ses rangs depuis 1991. Son avis sur la question est qu'en cédant d'un pouce, en autorisant des subalternes à désobéir à un ordre qu'ils jugeraient inepte ou inapproprié, on provoquerait, par un effet de domino, l'effondrement de tout le système. L'armée est une structure pyramidale. Un tel risque ne peut pas être pris.

Je constate que le capitaine et les autres hommes qui se sont joints à notre conversation — tous des officiers de la marine de guerre qui arborent, épinglées à leurs uniformes, des décorations symbolisant des campagnes de plusieurs mois à bord de sous-marins — distinguent la patrie, qu'ils servent, de Moscou, avec qui ils sont en conflit. Pour eux, il existe deux États : la Russie et sa capitale.

Les officiers ne mâchent pas leurs mots : vu du Kamtchatka, tout ce qui se passe au ministère de la Défense n'a aucun sens. Pourquoi le ministre refuse-t-il des crédits pour la maintenance de la flotte nucléaire, quand il sait pertinemment qu'il leur est non seulement impossible mais aussi interdit de mener ce travail à l'échelle locale avec leur propre budget ? Pourquoi désaffecte-t-il impitoyablement des navires qui ont entre dix et quatorze ans et qui auraient pu servir encore longtemps ? Pourquoi transforme-t-il délibérément leur bouclier nucléaire, l'effort de toute une nation, en une vieille passoire rouillée, à une époque où les menaces sont bien réelles, principalement sous la forme de sous-marins atomiques chinois croisant constamment au large des côtes russes.

À ma visite du *Viliouchinsk* s'est joint l'un des plus éminents personnages de la région, Valeri Doroguine, vice-amiral du Kamtchatka et commandant des forces armées du Nord-Est. Dans peu de temps, Doroguine se retirera de la carrière militaire et deviendra député de la Douma. En sa présence, les officiers s'expriment en toute franchise sans être intimidés par son grade. On ne sent rien de la pression hiérarchique et des barrières de rang habituelles au milieu militaire.

Cela tient principalement au fait que Doroguine est l'incarnation de Rybatchie. Les officiers et leur commandant ne se cachent rien. Le vice-amiral a servi ici, dans cette base fermée, durant presque vingt ans. Pendant longtemps il a été, comme Dikiï, commandant d'un sous-marin nucléaire. À présent, son fils aîné, Denis Doroguine, sert à son tour à Rybatchie. Comme tout un chacun ici, Doroguine se rend chaque matin à pied à son travail. Comme tout un chacun, il est témoin de la débâcle. Comme tout un chacun, il vit dans cette base sans aucun moyen de subsistance, attendant de ses amis qu'ils le nourrissent.

Les forces du Nord-Est — le corps d'armée auquel sont rattachés le Kamtchatka ainsi que les régions de Tchoukotka et de Magadan — furent constituées à la suite des coupes claires opérées dans les budgets militaires. En fait, un tel corps avait déjà existé avant la révolution de 1917 et dans les années 1930, sous les bolcheviks.

Comme dans tout groupement de ce type, une arme domine inévitablement les autres. Dans le Kamtchatka, terre d'élection du bouclier nucléaire, ce sont évidemment les sous-marins. C'est la raison pour laquelle un vice-amiral est aux commandes. Doroguine a par conséquent sous ses ordres des unités de l'infanterie et des gardes-côtes, de l'aviation et de la défense antiaérienne. Au début, il y a eu des rancœurs et des tiraillements, mais à présent tout s'est calmé, grâce à l'influence de cet homme qui est une légende au Kamtchatka.

Le vice-amiral a servi trente-trois ans dans la marine et, du fait du temps passé dans les sous-marins, il totalise quelque quarante-huit années d'ancienneté. Sa renommée n'est pourtant pas liée à son passé militaire, mais à son présent. Doroguine vit à Petropavlosk-Kamtchatski. Il y a peu, le salaire mensuel de ce haut responsable militaire, qui veille sur un immense territoire et n'a au-dessus de lui que les gouverneurs de trois des régions les plus étendues de la Russie, était de 3 600 roubles, soit à peine plus de 100 dollars.

En pratique, avec la pension de retraite qu'il s'est constituée depuis longtemps, Doroguine touche un peu moins de 5 000 roubles par mois. À titre de comparaison, un conducteur d'autobus à Petro-pavlovsk-Kamtchatski perçoit un salaire mensuel de 6 000 roubles.

Doroguine habite rue Morskaïa, dans un appartement de fonction où il est logé à la même enseigne que les autres officiers. Son habitation est froide, inconfortable, pleine de courants d'air et ne dispose pas de l'eau chaude.

« Pourquoi n'achetez-vous pas un petit chauffe-eau ?

— Parce que nous n'en avons pas les moyens. Nous en achèterons un quand nous aurons un peu d'argent. »

Doroguine mène l'existence d'un ascète. Sa réputation est ce qui a le plus de valeur à ses yeux. Sans être austère, son logement est loin de ressembler à celui d'un amiral. Ses biens les plus précieux sont conservés dans son cabinet. Ce sont des pièces de navires désaffectés qui ont autrefois servi dans l'Extrême-Orient russe. L'histoire navale est la passion du commandant.

« Et votre maison de campagne ? Vous devez bien posséder une datcha. Chaque amiral russe en a une.

— Oui, j'en ai une. Mais c'est une horreur ! Je vous y conduirai demain. Vous en jugerez par vous-même. Sinon vous ne me croiriez pas. »

Le lendemain, je me retrouve donc sur un lopin planté de pommes de terre et de concombres, à la périphérie de Petropavlovsk-Kamtchatski. Ces légumes nourriront la famille de l'amiral pendant l'hiver. Un vieux wagon de chemin de fer repose sur quelques briques au milieu du potager. Si l'on s'en tient aux critères moscovites, ce lieu est indigne d'un haut gradé de l'armée.

Mais le Kamtchatka n'est pas Moscou. Ici tout est plus simple et chaleureux. Des pêcheurs m'ont offert un sac de saumons coho rouges fraîchement pêchés. N'ayant nulle part où le préparer, j'ai donné ce poisson à Galina, l'épouse du vice-amiral, un peu gênée, parce que je ne savais pas si la femme du commandant en chef du Kamtchatka apprécierait de voir se déverser chez elle cette pêche.

À mon grand étonnement, elle m'a remerciée avec des larmes dans les yeux. Dans sa pauvreté, ce poisson était pour elle une manne céleste. Elle en a préparé pour le dîner et s'est offert le luxe d'inviter quelques amis à sa table, puis elle a saumuré les autres pour plus tard. Suprême bonheur, elle a découvert que les saumons recelaient même du caviar rouge, un trésor.

Galina Doroguina me confie que les femmes des officiers supérieurs, même quand elles sont restées toute leur vie dans la région, ne connaissent rien du Kamtchatka pittoresque. « Notre vie se passe entre les périodes d'exercice et les campagnes, les brèves retrouvailles et les longs adieux. »

Galina n'a pas de regrets, même pour les années perdues. « La vérité est que les choses ont très peu évolué pour les femmes d'officiers. Il y a vingt ans, nous mourrions de faim et de froid. Je devais faire la queue toute une journée pour une douzaine d'œufs. Je me souviens qu'on m'inscrivait sur la main mon numéro dans la file. La seule différence aujourd'hui, c'est que nous n'avons plus un sou. Il y a des œufs dans les magasins, mais les officiers n'ont pas les moyens de les acheter. »

L'idéologie du vice-amiral Doroguine est un amalgame de communisme et de capitalisme. Il n'y a pas de quoi être surpris de la part d'un homme qui a passé presque toute sa vie sous le régime soviétique, qui a appartenu aux Jeunesses communistes et au Parti, et qui doit maintenant se frotter aux réalités du libéralisme. De mon point de vue, son mode de pensée est démodé et l'idéologie qu'il défend n'a plus cours depuis la disparition de l'URSS. Paradoxalement, le vice-amiral comprend très bien les aspirations démocratiques et leur nécessité.

Vers quelle tendance idéologique penche-t-il ? Dans laquelle de ces deux dimensions se sent-il chez lui ? Il n'est pas facile de le deviner, mais je vais essayer.

Au Kamtchatka, Doroguine est responsable de tout, des sous-marins jusqu'au musée de l'Armée. L'anecdote suivante illustre la façon de voir du vice-amiral.

Les forces du Nord-Est coiffent, entre autres, la 22e division motorisée Tchapaïev, ainsi nommée parce que cette unité est celle qui fut formée en 1918 dans la région de la Volga par Vassili Tchapaïev, une figure légendaire de la guerre civile. C'est dans ses rangs que combattit sa compagne, la bolchevique Anka, héroïne de centaines d'histoires drôles soviétiques.

À la fin de la Seconde Guerre mondiale, cette division fut redéployée en Extrême-Orient, et aujourd'hui elle est connue au Kamtchatka parce que sa 1re compagnie conserve un lit de camp destiné à Vladimir Ilitch Lénine, chef de l'Internationale prolétarienne. En 1922, Lénine fut en effet nommé soldat honoraire de l'Armée rouge par la division, qui de ce fait lui attribua un lit. Depuis ce jour, partout où elle est allée, la division a toujours transporté le lit de Lénine avec le reste de son équipement. Aujourd'hui encore, il est exposé visiblement dans les casernes. Ses draps sont pliés au carré et près de lui, sur un mur, on peut admirer une sorte d'autel décoré de dessins sur le thème de « Vladimir, le bon petit écolier ». Tous ces objets sont répertoriés dans un ancien registre qui est conservé dans un endroit secret.

Le commandant de la 1re compagnie Lénine, le capitaine Igor Chapoval, vingt-six ans, pense que la présence spirituelle de Vladimir Ilitch est bonne pour le moral de ses hommes.

« Vous êtes sérieux ?

— Oui, en voyant son lit bien fait, ils ont envie de l'imiter. »

Cela me semble du plus grand comique, mais je découvre ensuite que l'amiral Doroguine est tout aussi convaincu du rôle édificateur joué par le lit de Lénine.

« Au début, les nouvelles recrues trouvent cela un peu étrange, mais à la longue les hommes finissent par le respecter. Lorsque la démocratie a triomphé à Moscou, dans le Kamtchatka on a tenté de se débarrasser du lit de Lénine, mais nous sommes parvenus à le conserver. On ne peut tout de même pas le comparer à votre monument à Dzerjinski sur la Loubianka. »

Doroguine ne croit pas qu'on puisse artificiellement provoquer le changement. L'histoire est ce qu'elle est, et détruire la statue du fondateur de la police politique bolchevique n'était pas, pense-t-il, un acte très intelligent. Il considère aussi que puisque le petit mémorial à Lénine a été mis en place dans la division Tchapaïev par une résolution spéciale du Conseil des commissaires du peuple, il faudrait pour le moins un décret du gouvernement, signé du Premier ministre, pour que le lit soit mis au rebut.

Nous discutons ensuite des exemples qu'il faut donner aux soldats du Kamtchatka. L'actuel commandant de la division, le lieutenant-colonel. Valeri Oleïnikov, répond sans aucune hésitation : « Celui des soldats qui se sont battus en Afghanistan et en Tchétchénie. »

Le précédent commandant de la 1re compagnie Lénine, le lieutenant Iouri Bouchnev, avait été fait Héros de la Russie pour sa participation aux combats de Grozny. Pendant notre conversation, je dis qu'éduquer des soldats en leur donnant pour exemple ce qui se passe en Tchétchénie n'est peut-être pas une très bonne idée.

Doroguine ne se mêle pas à la discussion. En tant qu'officier supérieur, il a raison de garder cette réserve. Son rôle est de servir son pays et, par principe, ses idées politiques doivent rester confidentielles. Toutefois, sur l'avenir, il se montre plus loquace. L'idéologie c'est une chose, les coupes budgétaires en sont une autre. Les officiers ont l'impression d'être assis sur un baril de poudre.

« Nous nous attendons presque à ce que d'un instant à l'autre l'État se retourne contre ceux qui l'ont servi loyalement », déclare Alexandre Chevtchenko, le chef d'état-major de la division. Les autres officiers, y compris Doroguine, approuvent. Aucun de ceux que l'on s'apprête à démobiliser n'a, dans le civil, de qualifications en rapport avec son rang et son statut dans l'armée et, bien sûr, ces hommes n'auront nulle part où vivre. Tous habitent actuellement dans des logements de fonction. En perdant leur poste, ils perdront aussi leur toit. Igor Chapoval est un technicien chargé de l'entretien des véhicules militaires. C'est un spécialiste du travail à froid des métaux, si bien qu'il trouvera facilement à se recycler en réparant les tracteurs ou en confectionnant des clés dans une échoppe de serrurerie rapide. Chevtchenko, lui, a déjà une expérience du travail dans le civil. Pendant deux ou trois ans, il a étudié à Moscou, à l'Académie d'artillerie, et gagnait un peu d'argent comme vigile dans les caves d'un fleuriste, où il faisait les trois-huit avec deux autres élèves officiers.

À Moscou — pense-t-on au Kamtchatka — le ministère de la Défense ne comprend pas qu'un officier ne devrait se consacrer qu'à sa charge dans l'armée et ne pas gaspiller son temps à l'extérieur pour se constituer un complément de revenus.

« Au train où vont les choses, il est très facile d'entraîner un homme dans des activités illégales, dit le vice-amiral. Moi-même, je me suis vu proposer une enveloppe de 2 000 dollars de la main d'un homme qui avait été dirigé vers moi par un de mes amis. Il m'a offert ce dessous-de-table d'une manière très respectable, en me disant que j'avais besoin de cette somme pour payer le traitement médical de ma femme. Il était bien renseigné. En échange de cet argent, je devais approuver un contrat portant sur la vente des rebuts de laiton. Ses dispositions étaient défavorables à l'armée, puisqu'elles prévoyaient un prix de seulement 450 dollars la tonne, au lieu de 700. En fait, ma signature était la dernière d'une liste dans laquelle figuraient les noms de plusieurs représentants du haut commandement militaire. J'aurais pu me contenter de chasser l'homme et son enveloppe, mais j'ai appelé le procureur. Je voulais que cela serve d'exemple à d'autres. »

Doroguine, par bien des aspects, est un saint

homme. Comme beaucoup d'autres officiers, il sert son pays non pour l'argent mais par sens du devoir. Il n'y a qu'ici, aux confins de notre territoire, qu'on peut rencontrer des personnages de sa trempe.

Combien de temps durera la patience de Dikiï, de Doroguine et des autres ? Nul ne le sait. Ils ne le savent pas eux-mêmes. Aujourd'hui, la marine dépend entièrement des officiers de l'ancienne génération. Il n'y a pour ainsi dire plus personne pour prendre la relève. Les jeunes ne veulent pas venir jusqu'ici. Et les rares qui le souhaitent ne peuvent se résigner à l'idée qu'ils vont devoir consacrer toutes leurs forces à cette marine sans rien obtenir en retour. Dans quelques années, que restera-t-il pour servir la flotte russe ?

« L'amour de la patrie ? ironise un jeune capitaine de frégate de Rybatchie, officier sur le sous-marin *Omsk*. On vous le fait payer cher. Il est temps d'arrêter toutes ces conneries, d'arrêter de jouer aux mendiants. Nous devons nous relever et ne pas vivre comme cette lopette de Dikiï. Il est commandant en chef, mais il se traîne avec de vieilles baskets aux pieds et boit du cognac à deux sous. C'est indigne la façon dont on nous traite. La seule manière de répondre, c'est de créer nos propres règles. »

Je lui demande de préciser ce qu'il entend par « nos propres règles ». Pour lui, cela signifie gagner sa vie par tous les moyens, y compris les moins avouables. Il prétend que tous les officiers de son âge font du commerce avec tout ce qu'ils peuvent se procurer clandestinement.

« Aujourd'hui, on me livre du poisson et du caviar à domicile, me dit-il fièrement. Il y a deux ans, j'écoulais de l'alcool volé sur mon bateau et on me méprisait pour ça. »

« Les jeunes officiers entrent dans la marine pour avoir la bonne vie, c'est leur motivation première », déplore le vice-amiral Doroguine. À ses yeux, le simple fait de penser pouvoir répondre à la négligence de l'État à leur encontre en « créant ses propres règles » est aussi dangereux pour l'armée que de contester les ordres d'un supérieur.

VIEILLES DAMES ET NOUVEAUX RUSSES

Deux vieilles dames, toutes deux travailleuses émérites, Maria Savina, dans la catégorie traite des vaches, et Zinaïda Fenochina, dans celle de l'élevage des veaux, sont plantées au beau milieu de la forêt et d'un air menaçant brandissent des bâtons en direction d'un bulldozer. L'engin vrombit, et les deux femmes crient aussi fort qu'elles le peuvent pour couvrir son vacarme : « Arrière ! Ouste ! Combien de temps devrons-nous supporter ça ! »

Surgissant de derrière des arbres centenaires, des vigiles à la mine patibulaire font cercle autour d'elles, comme pour leur signifier : « Dégagez maintenant, ou on tire. »

Nikolaï Abramov, vétérinaire à la retraite, doyen du village et organisateur de la manifestation, déploie les bras. « Ils veulent nous chasser de notre terre, mais nous nous défendrons jusqu'à la mort. Que nous reste-t-il d'autre ? »

La scène se passe à l'extérieur du village de Pervomaïskoïe, dans le district Narofomine de la région de Moscou. Le « théâtre des opérations » est une ancienne propriété de la famille Berg datant de 1904, aujourd'hui protégée par l'État en tant que patrimoine naturel et culturel.

Quand elles ont quelque peu retrouvé leur calme, les vieilles personnes secouent tristement la tête. « Vous voyez, à notre âge nous avons rejoint les Verts. Avons-nous une autre solution ? Eux seuls peuvent défendre notre parc contre cette vermine. Nous ne pouvons compter sur personne d'autre. »

Cette vermine, ce sont les nouveaux Russes qui ont embauché des promoteurs sans scrupule pour édifier trente-quatre maisons dans le cœur de l'antique parc Berg. Maria et Zinaïda appartiennent à un groupe écologiste spécialement formé par le conseil du village de Pervomaïskoïe pour organiser des actions contre les spoliateurs.

Indifférents aux manifestants, les camions continuent d'avancer et les tracteurs de vrombir parmi les précieux arbres centenaires. En une heure, ils ont ouvert une saignée à travers les bois. Ce sera l'avenue centrale du nouveau lotissement. Des tuyaux, des armatures d'acier et des plaques de béton s'empilent un peu partout. Le chantier bat son plein, et les travaux sont menés sans le moindre égard pour l'environnement. Déjà 130 mètres cubes de bois ont été retirés de l'abattage des essences rares. Partout, des cèdres et des sapins sont marqués d'encoches qui les condamnent à la cognée. Les engins saccagent l'environnement sans vergogne, labourant le sol en profondeur et détruisant de ce fait un écosystème forestier qui a mis des dizaines d'années à se développer.

« Connaissez-vous le pin de Weymouth ? » me demande Tatiana Doudenous.

Elle est la responsable du groupe écologiste et travaille dans un institut de recherche médical des environs de Moscou.

« Nous en avions cinq dans le parc, les seuls spécimens dans toute la région. La famille Berg s'était fait un passe-temps de la propagation des essences rares. Trois de ces pins ont été abattus pour la seule et unique raison que les promoteurs avaient décidé de faire passer une rue à l'endroit où poussaient ces arbres. D'autres espèces de prix sont également menacées : le sapin argenté et le mélèze de Sibérie, le peuplier blanc, un *Thuja occidentalis*, dont nous possédons ici l'unique spécimen de la région de Moscou. Au cours des seuls trois derniers jours, nous avons perdu plus de soixante arbres. Ce ne serait pas si terrible s'ils coupaient les spécimens en mauvais état, mais ces gens-là ne font pas de quartier. Ils choisissent l'endroit où ils veulent tracer une route et ensuite ils détruisent tout ce qu'ils rencontrent sur leur passage. Ils décident de construire un cottage et rasent toute la parcelle sans se soucier de la rareté des arbres qu'ils abattent. La forêt ici bénéficie officiellement d'une protection de niveau 1, ce qui signifie qu'il est illégal de toucher à ses arbres. Pour obtenir le droit de les abattre, il faut arguer de "circonstances exceptionnelles" et appuyer sa demande d'un permis délivré par l'Inspection nationale de l'environnement. Pour chaque hectare abattu, il faut l'autorisation expresse du gouvernement fédéral. »

Aucune de ces démarches n'a été effectuée dans le cas du parc Berg. Le comité des Verts de Pervomaïskoïe a porté plainte auprès du tribunal de Narofomine dans l'espoir de ramener à la raison les arrogants nouveaux riches. Ils ont déposé une demande en référé auprès de la juge Elena Gouloubeva, chargée du dossier, pour qu'elle suspende les travaux jusqu'à l'audience du tribunal, car même si la justice tranchait en leur faveur, le verdict ne serait d'aucune utilité si les arbres étaient déjà abattus.

Hélas, comme nous l'avons déjà vu, les oligarques règnent en maîtres dans la Russie d'aujourd'hui. Toutes les branches du gouvernement n'ont pour seul langage que le bruissement des billets de banque. La juge Goloubeva n'a même pas pris en considération la demande en référé puis, alors que les travaux avaient déjà commencé, elle a manqué délibérément à son devoir d'organiser une audience.

Un à un, les arbres sont tombés.

Valeri Koulakovski émerge du groupe des vigiles. Il est le directeur adjoint de la société Promjilstroï, qui se déclare officiellement comme une coopérative de constructeurs de maisons individuelles. Koulakovski me conseille de rester en dehors de tout ça. Il ajoute que des gens très influents à Moscou sont intéressés à ce projet immobilier, car ils vont vivre ici. Ses dires sont bientôt confirmés. Je découvre en effet que la prétendue coopérative s'est arrangée pour se rendre propriétaire du parc Berg, lequel appartient de droit à la Nation. L'opération est totalement illégale.

Koulakovski reste sourd aux arguments des Verts et m'expose son point de vue :

« Nous en avons marre de ces manifestations. Qu'est-ce que je suis censé faire, alors que j'ai investi tellement dans ce projet, pour l'achat du terrain, pour les travaux ? Qui va me rembourser cet argent ? »

Il me fait également savoir qu'il n'a aucune intention de reculer.

Il n'a pas menti. Les promoteurs n'ont pas cédé, et le parc Berg n'existe plus. L'abattage de nos plus belles forêts dans l'intérêt d'une poignée d'oligarques et de leurs entreprises est à l'œuvre dans tout le pays.

Peu de temps avant que les *babouchkas* de Pervomaïskoïe ne s'engagent dans un combat désespéré pour défendre leur cher parc, la Cour suprême de Russie s'était penchée sur ce qui fut appelé le « dossier forestier » et avait étendu au pays tout entier la position de principe appliquée dans l'affaire du parc Berg.

« Vous oubliez de tenir compte des intérêts des propriétaires. Ils ont acheté le terrain, construit les habitations, et vous voudriez maintenant revenir en arrière. » Cette déclaration de la Cour suprême reprend presque mot pour mot les propos tenus par Koulakovski.

Olga Alexeïeva et Vera Michtchenko, les avocates des écologistes, qui ont défendu les intérêts de la société russe contre les caprices de quelques nouveaux riches, voient les choses d'un autre œil : « Chaque citoyen de ce pays a le droit à la vie et à la jouissance du patrimoine national. Si nous sommes de vrais citoyens russes, alors nous avons le devoir de veiller à ce que les générations futures reçoivent en héritage un patrimoine au moins égal à celui dont nous bénéficions aujourd'hui. En outre, comment peut-on sérieusement prendre en considération un droit de propriété acquis illégalement ? »

L'origine du « dossier forestier » dont il est question est la suivante : des écologistes russes, soutenus par l'institut de droit de l'environnement Ecojuris, une ONG basée à Moscou, exigèrent l'annulation de vingt-deux décrets pris en Conseil des ministres qui transformaient des forêts classées de niveau 1 en terrains non boisés. Ces décrets avaient permis l'abattage d'au moins 34 000 hectares des plus belles forêts de Russie.

Il faut savoir que, dans notre pays, les forêts sont classées en trois catégories : le niveau 1 concerne celles qui ont une importance particulière soit pour la société soit pour l'environnement. Elles abritent des essences précieuses, servent d'habitat à des oiseaux ou des animaux rares ; ce sont des réserves et des parcs naturels ou encore des zones vertes urbaines ou périurbaines. Le code forestier de la Fédération de Russie accorde donc aux forêts de niveau 1 le statut de patrimoine national. Le parc Berg entrait dans cette catégorie.

Curieusement, la demande de changement de classification, et par conséquent du droit d'abattre les arbres, émanait de la Rosleskhoz, la commission forestière de la Fédération. Cet organisme est seul habilité à soumettre au Premier ministre les demandes de changement de classification des forêts. Les vingt-deux décrets contestés par les écologistes avaient été promulgués sans l'avis, obligatoire en pareil cas, de l'Inspection nationale de l'environnement. Le patrimoine national fut ainsi placé à la merci de prédateurs aux vues très courtes. Les forêts furent coupées pour laisser place à des stations-service, des garages, des hangars industriels, des marchés de gros, des décharges à ordures et, bien sûr, des lotissements d'habitation

Pour les écologistes, cette dernière option est la moins préjudiciable, à condition toutefois que les nouveaux propriétaires adoptent un comportement responsable vis-à-vis des arbres qui entourent leurs maisons, et qu'ils ne détruisent pas leurs racines en creusant des tranchées pour poser des canalisations.

Pendant que l'on débattait du « dossier forestier »

et que les juges faisaient traîner les choses, 950 hectares de forêts de première importance furent condamnés à la destruction conformément aux nouveaux décrets signés par le Premier ministre. Les régions autonomes de Khanti-Mansiisk et d'Iamalo-Nenetsk furent les plus touchées. Des arbres y furent abattus en nombre par les compagnies de pétrole et de gaz. La région de Moscou souffrit également, et ce qui est arrivé au parc Berg n'est que le résultat des atermoiements de la justice.

Tandis que l'on remuait de la paperasse et que personne ne trouvait le courage de mettre un point final aux discussions, à Pervomaïskoïe, la lutte pour la forêt s'envenima. Lorsque, à la demande du procureur, les écologistes armés d'un Caméscope voulurent filmer le saccage engendré par l'activité des promoteurs, des renforts de police les attendaient sur les lieux. Une bagarre éclata durant laquelle les Verts — tous des personnes âgées — furent tabassés.

« Bien sûr que nous ne souhaitons pas la guerre, mais on ne nous a pas laissé le choix, déclare Nikolaï Abramov, le parc était le dernier endroit du village où nous pouvions encore aller nous promener. Il était surtout fréquenté par des vieux et des mamans avec des poussettes. Il abrite encore une école pour trois cents élèves et un jardin d'enfants, mais tout le reste est occupé par les cottages des "nouveaux Russes". »

Ces vieux écologistes ont bien conscience qu'ils se battent contre des gens immensément riches. Ces gens, ils ne les ont jamais vus, mais ils en ont entendu parler à l'assemblée du village, quand Alexandre Zakharov, le président du conseil du district rural de Pervomaïskoïe, leur a déclaré que les sommes en jeu étaient trop importantes pour qu'il soit seulement envisagé de faire marche arrière. Voici ce qu'Igor Koulikov, président de l'Union écologiste de la région de Moscou, a écrit dans une lettre adressée au procureur régional, Mikhaïl Avdioukov : « Le président du conseil de district a publiquement déclaré aux membres du groupe écologiste élu par l'assemblée qu'il avait communiqué leur nom et leur adresse à la mafia et qu'elle leur réglerait leur compte s'ils ne mettaient pas fin à leurs protestations. »

Alexandre Zakharov est incontestablement l'une des figures centrales de cette triste fable. S'il avait tenu bon, aucun cottage n'aurait été bâti sur les terres du parc Berg. C'est sa signature, qu'on lit au bas des documents, qui a finalement permis l'abattage des arbres de Pervomaïskoïe, en violation de la loi et contre une résolution prise par l'assemblée du village.

Ce scénario nous est familier : tout d'abord, Moscou reçoit des demandes de « rétrogradation de forêts de niveau 1 en terrains non boisés ». Ces demandes prennent ensuite la forme d'un décret soumis à la signature du Premier ministre. Finalement, l'office régional des forêts et le conseil de district donnent leur aval à l'abattage des arbres autorisé par le décret.

La Russie s'est dotée de belles lois. Dommage qu'il y ait si peu de gens pour les respecter.

6

Nord-Ost :
dernières nouvelles d'un massacre

Moscou, le 8 février 2003, au numéro un de la rue Doubrovskaïa désormais connu du monde entier comme « la Doubrovka ». Dans un théâtre bondé, dont les images il y a trois mois à peine faisaient la une de la presse et des journaux télévisés, règne une exubérante atmosphère de gala. En smoking et robe du soir, tout le gratin politique a répondu présent. Membres du gouvernement, députés de la Douma, responsables de partis et de formations politiques se pressent autour d'un somptueux buffet, et partout ce ne sont qu'exclamations discrètes, embrassades et tapes dans le dos.

Ces gens sont là pour célébrer une victoire, celle du combat mené contre le terrorisme international dans notre capitale, et dont la reprise de la comédie musicale *Nord-Ost* est l'éclatant symbole — si l'on écoute les politiciens favorables à Poutine. Ce soir sera donnée la première représentation de ce spectacle interrompu depuis le 23 octobre 2002, date à laquelle, dans le théâtre sans surveillance, acteurs et spectateurs furent pris en otages et détenus pendant cinquante-sept heures par plusieurs dizaines de terroristes tchétchènes. Par cet acte, le commando espérait forcer le président russe à mettre fin à la guerre et à retirer ses troupes du territoire de leur république.

Ce fut un échec. Personne ne se retira de nulle part. La guerre continua comme avant sans laisser de place au doute quant à la légitimité de ses méthodes. La seule chose qui changea fut que le 26 octobre, au petit matin, une attaque au gaz fut lancée contre la population présente dans le bâtiment, soit quelque huit cents personnes, terroristes et otages confondus. Ce gaz à usage militaire avait été choisi par le président lui-même. Cette attaque fut immédiatement suivie d'un assaut par les unités spéciales antiterroristes. Tous les preneurs d'otages, sans exception, furent tués, ainsi que deux cents des otages qu'ils détenaient. Beaucoup de gens moururent sans avoir reçu de soins. Tenue secrète, la composition du gaz ne fut même pas révélée aux médecins chargés de secourir les victimes. Pourtant, dans la soirée, le président annonçait sans ciller « une victoire contre les forces du terrorisme international ».

Lors du gala du 8 février, c'est à peine si l'on se souvint des martyrs de ce sauvetage meurtrier. Il s'agissait de l'un de ces rassemblements branchés, comme il y en a beaucoup à Moscou, dont les participants oublient systématiquement la raison première de leur venue. Ce soir-là, on chanta, on dansa, on mangea, on but aussi. Tout le monde raconta beaucoup de fadaises, avec un cynisme d'autant plus cruel que l'événement se tenait sur le lieu d'un massacre, même si ce lieu avait été remis en état en un temps record. Les parents de ceux qui avaient péri dans la tragédie de *Nord-Ost* refusèrent d'assister à la représentation qu'ils considéraient comme un sacrilège. Le président, de son côté, ne fut pas en mesure de se joindre à la fête, mais il envoya un message de félicitations.

Personne ne réussirait à nous briser, disait-il. Il y avait en effet de quoi se féliciter. Son message, rédigé dans la plus pure rhétorique soviétique, colportait des valeurs typiquement staliniennes : c'était bien triste pour ceux qui étaient morts, bien sûr, mais les intérêts de la société devaient primer sur tout le reste. Les producteurs du spectacle remercièrent chaleureusement le président qui comprenait si bien leurs problèmes financiers et firent savoir que le public, s'il revenait, « en aurait pour son argent », car la comédie musicale avait reçu « un nouveau souffle ».

Mais examinons maintenant le revers de la médaille et penchons-nous sur le sort de ces personnes dont la vie a été sacrifiée pour que le président puisse raffermir sa position dans la coalition internationale contre le terrorisme. Ces gens pour qui les événements de la Doubrovka n'ont pas été « un nouveau souffle », mais au contraire une expérience qui les a broyés. Penchons-nous sur les victimes que la machine étatique voudrait aujourd'hui jeter aux oubliettes, en nous incitant tous à en faire autant. Penchons-nous sur l'épuration ethnique qui a succédé à cet attentat terroriste ainsi que sur la nouvelle idéologie nationale énoncée par Poutine en ces termes : « Peu importe les pertes, nous ne reculerons devant aucun sacrifice, que tout le monde se le tienne pour dit. »

Iaroslav Fadeïev figure aujourd'hui au premier rang de la liste des victimes de *Nord-Ost*. La version officielle des événements soutient que les quatre otages morts par balle ont été abattus par des terroristes. L'unité spéciale du FSB qui a donné l'assaut n'a commis aucune bavure, n'a pas tué d'otages.

Bien que Iaroslav ne fasse pas partie des « quatre personnes abattues par les terroristes », il n'en demeure pas moins qu'un projectile lui a traversé le crâne. Sur le certificat de décès remis à sa mère, Irina, la « cause de la mort » n'est pas indiquée et la ligne est remplie par des tirets.

Le 18 novembre 2002, Iaroslav, qui était lycéen à Moscou, aurait fêté ses seize ans. Un grand rassemblement familial était prévu. Devant le cercueil de celui qui désormais aura éternellement quinze ans, son grand-père, un médecin moscovite, a ce commentaire : « Jamais nous n'aurons eu la chance de nous raser ensemble. »

Ils étaient quatre à se rendre au théâtre ce soir-là : Irina Fadeïeva, sa sœur Victoria Krouglikova et leurs deux enfants Iaroslav et Nastia. Nastia, la cousine de Iaroslav, a dix-neuf ans. Les trois femmes ont survécu, mais Iaroslav est décédé dans des circonstances qui n'ont jamais été élucidées.

Après l'assaut et l'attaque au gaz, Irina, Victoria et Nastia, encore inconscientes, furent évacuées vers un hôpital. Mais Iaroslav avait disparu. Son nom ne figurait sur aucune liste. Il n'existait pas d'informations officielles le concernant. Le numéro d'urgence annoncé à la radio et à la télévision par les pouvoirs publics n'était pas en service. Les parents des otages couraient d'un bout à l'autre de Moscou, et parmi eux se trouvaient des amis de cette famille. Ils ratissèrent la ville qu'ils avaient divisée en secteurs afin de vérifier plus efficacement hôpitaux et morgues.

Finalement, c'est à l'institut médico-légal de l'allée Kholzounov qu'ils découvrirent, sous le numéro 5714, un corps correspondant à la description de Iaroslav, mais qu'ils ne purent formellement identifier. Le passeport retrouvé dans sa poche était bien au nom de sa mère, Irina Vladimirovna Fadeïeva, mais sur la page des enfants on pouvait lire : « Iaroslav Olegovitch Fadeïev, sexe masculin, 18/11/1988 ». Or Iaroslav était né en 1986.

Comme l'expliqua plus tard Irina : « J'avais mis mon passeport dans la poche de pantalon de mon fils. Il n'avait pas de papiers d'identité sur lui. Il était très grand pour son âge, et paraissait avoir dix-huit ans. Je craignais donc, si les Tchétchènes décidaient subitement de libérer les enfants et les adolescents, que Iaroslav ne soit pas retenu à cause de sa taille. Si bien que dans la salle, accroupie sous les fauteuils, j'ai noté dans mon propre passeport les détails concernant Iaroslav et changé son année de naissance pour le rajeunir un peu. »

Le 27 octobre, lors d'une visite à l'hôpital, Sergueï apprit à son amie Irina ce qu'il savait du corps 5714. Il lui parla du passeport retrouvé dans la poche du mort et de sa ressemblance avec Iaroslav. En dépit du froid glacial, Irina, dans les vêtements qu'elle portait, quitta immédiatement sa chambre et s'échappa en profitant d'un trou dans la clôture.

Les survivants de *Nord-Ost* hospitalisés étaient encore retenus en otages. Sur ordre des services spéciaux, ils n'avaient pas le droit de rentrer chez eux, de téléphoner, ni de recevoir des visites de leurs proches. Sergueï n'avait pu se glisser à l'intérieur de l'hôpital qu'en soudoyant tous ceux qu'il avait croisés sur sa route : infirmières, vigiles, brancardiers et policiers. Dans notre pays, la corruption ouvre les portes les plus solidement fermées.

Irina courut tout droit à la morgue. Là, sur un écran d'ordinateur, on lui montra une photographie à partir de laquelle elle identifia Iaroslav. Elle demanda à voir le corps. En l'examinant attentivement, elle découvrit deux impacts de balle, un orifice d'entrée et un autre de sortie. Tous deux avaient été colmatés avec de la cire. Sergueï, qui l'accompagnait, sembla surpris par son calme. Irina ne sanglotait pas, ne hurlait pas de douleur. Elle restait très maîtresse d'elle-même et parfaitement rationnelle.

« J'étais heureuse de l'avoir enfin retrouvé, me confie-t-elle. Dans mon lit d'hôpital, j'avais déjà longuement réfléchi et envisagé toutes les possibilités. Si mon fils était mort, je savais ce qu'il me resterait à faire. À la morgue, quand j'ai vu que c'était bien Iaroslav et que ma vie était finie, j'ai tout simplement agi comme je l'avais déjà décidé. J'ai dit que je voulais rester seule avec mon fils et demandé très calmement à tout le monde de quitter la pièce dans laquelle le corps m'avait été amené depuis la chambre froide. J'avais tout prévu. Voyez-vous, avant sa mort je lui avais fait une promesse. Quand nous étions enfermés là-bas, durant la toute dernière nuit, juste quelques heures avant les gaz, Iaroslav m'a confié : "Maman, je ne vais probablement pas m'en sortir. Je suis à bout de forces. Dis-moi, s'il se passe quelque chose, à quoi ça ressemblera ?" Je lui ai répondu : "Ne crains rien. Nous avons toujours été ensemble ici, nous ne serons pas séparés là-bas." Alors il m'a demandé : "Mais comment je saurai que tu es là ?" Et je lui ai dit : "Nous nous tenons par la main ici, alors nous continuerons de nous tenir par la main là-bas. Tu ne me perdras pas. Il suffit de ne jamais lâcher ma main, de t'y cramponner." Mais vous savez ce qui est arrivé. J'ai l'impression de l'avoir abandonné. Quand il était en vie, nous n'étions jamais loin l'un de l'autre. Jamais. C'est la raison pour laquelle j'étais si calme : nous étions ensemble dans ce monde, alors nous serions ensemble dans l'autre. Lorsque je me suis retrouvée seule avec lui à la morgue, je lui ai dit : "Je suis là, ne t'inquiète pas. Je t'ai retrouvé et je viens te rejoindre." [...] Je ne l'avais jamais trahi [...]. Je suis sortie par une porte latérale pour ne pas croiser mes amis qui m'attendaient et j'ai demandé aux employés de me laisser emprunter l'entrée de service. Quand j'ai été dehors, j'ai arrêté une voiture qui passait et j'ai roulé jusqu'au premier pont sur la Moskova. J'ai sauté, mais je ne me suis pas noyée. La rivière charriait des blocs de glace et je suis tombée à côté d'eux. Je ne sais pas nager, pourtant je n'ai pas coulé à pic. Quand j'ai compris que je ne coulerais pas, j'ai pensé que j'aurais peut-être une crampe à la jambe, mais ça n'est pas arrivé. La malchance me poursuivait et j'ai été repêchée par des gens qui m'ont demandé : "D'où venez-vous ? Qu'est-ce qui vous prend de nager ici ?" Je leur ai expliqué que je sortais de la morgue et je les ai suppliés de ne parler de moi à personne. Je leur ai donné un numéro à appeler et Sergueï est venu me chercher. Aujourd'hui, je fais aller, mais au fond de moi je suis morte. Je ne sais pas comment il s'en sort là-bas sans moi. »

Le 26 octobre, en reprenant conscience à l'hôpital, Irina s'était rendu compte qu'elle était entièrement nue sous sa couverture. Autour d'elle, les autres rescapées étaient toutes habillées, mais Irina n'avait rien sur elle, sinon une petite icône qu'elle serrait dans sa main. Quand elle fut en mesure de parler, elle demanda aux infirmières de lui rendre au moins une partie de ses vêtements, mais on lui répondit que ce qu'elle portait quand on l'avait amenée du théâtre avait été détruit sur instruction des services spéciaux, parce que tout était imbibé de sang.

Mais pourquoi ? Et à qui était ce sang ? Irina, lorsqu'elle avait perdu connaissance dans le théâtre, serrait son fils dans ses bras. Celui à qui appartenait ce sang avait donc dû être touché par une balle, ce qui expliquait les éclaboussures sur elle. Cette personne ne pouvait être que Iaroslav.

« La dernière nuit a commencé dans une grande tension, se souvient Irina. Les terroristes étaient très nerveux, mais quand leur chef, Movsar Baraïev, "Mozart", comme nous l'avions surnommé, nous a annoncé que nous pouvions nous reposer jusqu'à 11 heures le lendemain matin, nous avons vu briller une lueur d'espoir. Les Tchétchènes ont alors commencé à nous lancer des jus de fruits. Ils nous avaient interdit de quitter nos sièges. Quand nous avions besoin de quelque chose, il fallait lever la main. Alors ils nous jetaient de l'eau ou des jus de fruits. Quand l'assaut des forces spéciales a débuté, nous avons vu les terroristes courir jusqu'à la scène. J'ai dit à ma sœur : "Couvre Nastia avec ta veste." Moi-même j'ai enlacé Iaroslav. Je n'avais pas compris pour les gaz, je n'ai vu que les terroristes qui devenaient très agités. Iaroslav était plus grand que moi, si bien que pendant que je le serrais contre moi, c'était en réalité lui qui me protégeait. Ensuite j'ai perdu connaissance. À la morgue, j'ai vu que la plaie d'entrée de la balle se trouvait du côté de la tête opposé à celui qu'il avait contre moi. Il m'avait servi de bouclier [...]. Il m'avait sauvée, alors que mon unique souhait, pendant ces cinquante-sept heures de captivité, n'avait été que de le sauver lui. »

Mais d'où pouvait bien venir cette balle ? A-t-on réalisé une expertise balistique ? A-t-on prélevé un échantillon de sang sur les vêtements d'Irina, en vue d'établir à qui il appartenait ?

Personne dans la famille ne connaît les réponses à ces questions. Toutes les informations concernant cette affaire ont été classées secrètes et n'ont pas même été divulguées à la mère. Dans le registre de la morgue, la cause de la mort était « blessure par balle », mais ces mots étaient tracés au crayon. Par la suite, ce registre lui aussi fut classé confidentiel. « Ils ont tout effacé, c'est évident », affirme la famille.

« J'ai tout d'abord pensé qu'il avait été abattu par l'une des Tchétchènes, me raconte Irina. Quand nous étions enfermés là-bas, cette femme rôdait tout le temps autour de nous. Elle avait vu que, chaque fois qu'il y avait un danger, du bruit ou des cris, je serrais étroitement mon fils contre moi. C'est ma faute si j'ai attiré son attention [...]. Il me semblait qu'elle nous observait en permanence. À un moment, elle a fixé Iaroslav et a dit : "Mon fils est là-bas", elle voulait parler de la Tchétchénie. Après ça, il ne nous est rien arrivé, mais je sentais que, partout où elle se trouvait, cette femme ne nous quittait pas des yeux. C'est peut-être elle qui a tué Iaroslav. Je n'ai toujours pas retrouvé le sommeil. Je vois devant moi l'étroite bande de son visage et ses yeux qui me fixent. »

Plus tard, des amis d'Irina lui ont expliqué que la taille de la plaie d'entrée sur le crâne de Iaroslav n'était pas celle d'un pistolet, or les femmes tchétchènes étaient toutes armées de pistolets.

La question reste posée : à qui appartenait cette balle ?

« Elle aura été tirée par l'un des nôtres, dit Irina. Il faut avouer que nous étions assis à un très mauvais endroit, juste à côté des portes. Quiconque entrait dans la salle arrivait aussitôt au rang 11, celui que nous occupions. Quand les terroristes ont fait irruption dans l'auditorium, nous sommes les premières personnes qu'ils ont vues. Alors quand les nôtres sont arrivés, nous nous sommes forcément trouvés en face d'eux. »

Irina a beau analyser comment les choses se sont passées, tourner et retourner les événements dans sa tête, les autorités se moquent de ce qu'elle peut bien imaginer ou penser. La version officielle est que quatre personnes ont été tuées par balle, et pas une de plus. Iaroslav, le cinquième, ne fait pas partie de ce décompte. Du reste, il ne fait même pas partie des victimes officiellement répertoriées du dossier n° 229133, qui fait l'objet d'une enquête du parquet de Moscou.

« Je suis profondément peinée de voir que les autorités agissent comme si Iaroslav n'avait jamais existé », me confie Irina.

Mais il y a pis. Dès qu'Irina a partagé ses questionnements et ses conclusions avec les journalistes, elle a été convoquée par le juge d'instruction, très contrarié : « Pourquoi créez-vous tout ce scandale ?

Ne comprenez-vous pas qu'il est impossible que votre fils soit mort d'une blessure par balle ? »

Il fit tout son possible pour terroriser cette malheureuse mère qui était déjà au plus bas. « Soit vous me signez immédiatement une déposition attestant que vous n'avez rien raconté à ces journalistes et qu'ils ont tout inventé, auquel cas nous les poursuivrons pour calomnie contre les services spéciaux, ou bien nous exhumons votre fils sans votre autorisation et nous effectuons une autopsie[1] ! »

Irina refusa de céder à ce vil chantage. En quittant le bureau du procureur, après y avoir été cuisinée pendant quatre longues heures, elle se rendit tout droit au cimetière pour veiller sur la tombe de son fils. C'était la fin novembre, et à Moscou il règne déjà en cette saison un froid hivernal. Une fois de plus, Irina fut sauvée de la mort par ses amis qui l'avaient cherchée dans toute la ville, voyant qu'elle n'était pas rentrée chez elle cette nuit-là.

Iaroslav était considéré par tous comme un garçon calme et studieux. Il avait été diplômé de son école de musique à l'âge où les autres passaient leur temps dans la rue, à boire de la bière et proférer des obscénités. Il souffrait de sa différence. Il aurait voulu être un dur, avoir plus d'assurance, de hardiesse.

1. Il ne s'agissait de rien d'autre qu'un chantage exercé sur une femme en pleine détresse. Selon la législation russe, comme devait le savoir ce juge d'instruction, l'exhumation ne peut être autorisée que sur décision d'un tribunal et doit forcément avoir lieu en présence de la mère, du père ou d'autres parents proches auxquels la justice reconnaît qu'ils ont souffert du décès de la personne inhumée. Le juge d'instruction qui avait ainsi tenté de faire pression sur Irina fut transféré à un autre poste et par la suite discrètement limogé (N.d.A.).

Comme beaucoup d'adolescents, il tenait un journal. Après les événements de *Nord-Ost*, Irina le lut. Iaroslav se demandait quels traits de sa personnalité il aimait le moins. Il écrivait : « Je déteste ma poltronnerie, ma peur de tout, mon indécision. » « Qu'aimerais-tu développer chez toi ? » demandait le journal. « Je voudrais être fort. » Il avait des camarades d'école, mais ces garçons n'étaient pas des durs, de ceux qui plaisent aux filles. À la maison, il avait le sens de l'humour, il pouvait montrer sa nature profonde, s'affirmer, être sûr de lui. C'était dehors que ses problèmes commençaient.

Irina regrette atrocement les choses qu'elle n'a jamais dites à son fils. Elle ne lui a jamais exprimé toute l'admiration qu'elle avait pour lui.

« Les gens me tiennent pour une femme forte », me confie Victoria, la tante de Iaroslav. « Mais, dans ce drame, j'étais totalement désemparée. Nous étions trois femmes assises près de lui. Il était le plus jeune d'entre nous, pourtant c'était lui qui nous remontait le moral. Ma fille a complètement craqué. Elle tremblait comme une feuille et sanglotait : "Maman, je veux vivre. Maman, je ne veux pas mourir." Mais lui était calme et courageux. Il a rassuré Nastia, il nous a soutenues, il a essayé de tout prendre sur ses épaules, comme un homme est supposé le faire. À un moment, une des Tchétchènes a remarqué que nous avions placé les enfants entre nous pour tenter de les protéger [...]. Irina et moi pensions qu'en cas d'attaque nous les couvririons de nos corps. Alors la femme s'est approchée de nous avec une grenade à la main. Elle a touché la jambe de Nastia. Je lui ai dit : "Pourriez-vous vous éloigner ?" Mais la femme a regardé ma fille et m'a répondu : "Ne craignez rien. Si je suis près de vous,

vous ne souffrirez pas. Vous mourrez tout de suite, alors que ceux qui sont plus loin souffriront davantage." Quand elle s'est éloignée, Nastia m'a glissé : "Maman, demande-lui de rester avec nous, s'il te plaît. Elle a dit que nous n'aurions pas mal." Nastia était déboussolée, mais je savais pertinemment que si cette femme restait près de nous, nous n'aurions aucune chance de nous en sortir, alors que si elle gardait ses distances il nous restait un infime espoir...

« À un autre moment, les terroristes ont voulu nous faire peur en disant que si personne ne venait négocier, ils se mettraient à tirer sur nous et que les premiers abattus seraient les policiers et les militaires. Aussitôt, les gens ont bien sûr commencé à se débarrasser de leur carte d'identité de l'armée, mais les terroristes les ont ramassées et se sont mis à appeler les noms depuis la scène. Soudain nous avons entendu : "Victoria Vladimirovna, née en 1960." C'était moi. Mais le nom de famille qu'ils appelaient n'était pas le mien [...]. Personne ne répondait, la situation était atrocement pesante. Ils ont commencé à contrôler les gens, rang par rang. Quand ils sont arrivés à moi, Irina m'a dit : "Je viens avec toi." Les terroristes ont exigé que les personnes appartenant aux forces de l'ordre les suivent. Nous avons tous pensé qu'ils allaient les abattre. J'ai dit à Irina que l'une de nous devait survivre, sinon nos parents resteraient seuls [...]. Les terroristes ont fini pas trouver la Victoria Vladimirovna qu'ils cherchaient. Toutefois, pendant que le suspense durait encore, Iaroslav était venu s'asseoir près de moi. Il m'avait pris la main et m'avait dit : "N'aie pas peur, tante Victoria, s'il se passe quoi que ce soit, je viendrai avec toi. Pardonne-moi pour tout. Pardonne-moi."

Alors je lui avais répondu : "Ne dis pas de bêtises, tout va très bien se passer." [...] J'ignore où il trouvait tout ce courage. Nous qui le prenions pour un enfant...

« La situation était terrifiante. Ils nous ont fait écouter ce que les radios disaient de nous. C'est ainsi que nous avons appris que le président restait muet et que Jirinovski[1], égal à lui-même, avait déclaré que la Douma n'avait pas de temps à perdre avec cet attentat terroriste. Il était inutile d'en débattre, pour la bonne et simple raison que toute cette histoire n'était qu'une vaste fumisterie...

« Après ce que nous avions enduré la première journée, nous nous sentions capables de tenir encore une semaine, pourvu que nous restions en vie et que le gouvernement trouve une autre solution à la crise que la prise d'assaut du théâtre. C'était très dur. Il était excessivement difficile de garder son calme, mais Iaroslav a tenu bon. »

Depuis lors, la vie d'Irina a changé du tout au tout. Elle a abandonné son emploi, car elle n'aurait pas pu supporter l'idée de retrouver chaque jour le travail qu'elle avait avant, quand Iaroslav était encore vivant. Elle et ses collègues formaient une équipe très soudée. Ils connaissaient tout les uns des autres. Ensemble, ils avaient fêté les examens de Iaroslav et chacune de ses bonnes notes. Aujourd'hui, Irina ne peut même plus marcher dans Moscou, parce qu'elle en a parcouru toutes les rues avec son fils et que chaque tournant fait resurgir les souvenirs.

« Tenez, voilà des billets sur le train de nuit pour Saint-Pétersbourg. Ils sont datés du 25 octobre,

1. Leader politique ultranationaliste.

précisément la nuit où il est mort. Nous devions nous y rendre pour assister à un tournoi de tennis. Nous n'aurions été que tous les deux. Cela faisait un moment que je voulais faire un voyage avec lui, parce que j'avais le sentiment que nous ne nous parlions pas assez. J'avais donc pensé que dans le train nous pourrions avoir une vraie conversation en tête à tête. Mais cela n'est pas arrivé.

— Pourquoi dites-vous que vous ne parliez pas assez ?

— Je ne sais pas... Nous discutions beaucoup, mais c'est l'impression que j'avais. J'aurais voulu parler sans fin avec lui... »

Tous les gens qui l'entourent s'efforcent d'aider et de soutenir Irina. Elle a la chance de pouvoir compter sur l'amour de ses proches et de ses amis, mais l'épreuve qu'elle endure reste terrible. C'est le sentiment qu'a éprouvé le prêtre qu'Irina est allée trouver pour épancher son âme. Quand il a entendu son histoire, il s'est effondré. « Pardonnez-moi, a-t-il dit. C'est trop pénible. »

« J'étais venue lui demander conseil. C'était moi qui avais emmené Iaroslav à ce spectacle, c'était mon idée. Lui-même n'était pas très emballé », m'explique-t-elle. Sur les photographies prises avant la tragédie, Irina est une belle jeune femme, un peu rondelette, qui respire la confiance en soi et la joie de vivre. Aujourd'hui, elle est amaigrie, hagarde, et, dans son regard éteint, on ne lit plus que le désespoir. Elle a l'air d'une vieille femme dans son éternelle tenue de grand deuil. Elle frissonne continuellement et n'ôte plus jamais son manteau, même quand elle est à l'intérieur.

« Iaroslav et moi allions beaucoup au théâtre. Ce soir-là, nous avions des billets pour un spectacle très différent, dans une autre salle, poursuit-elle. Nous nous étions déjà changés pour sortir. Victoria et Nastia étaient passées nous prendre. Nous étions dans le vestibule, prêts à partir, quand nous avons soudain constaté que nos billets étaient pour la veille. Iaroslav était soulagé, car il voulait rester à la maison. Mais j'ai insisté : "Allons voir *Nord-Ost*, ça se joue à deux pas d'ici." […] C'est moi qui l'ai traîné là-bas et ensuite je n'ai pas su le protéger […]. La dernière chose qu'il m'ait dite a été : "Maman, s'il arrive quelque chose, je veux me rappeler de toi de toutes mes forces." […]

— Vous êtes-vous souvent parlé ainsi quand vous étiez là-bas ?

— Non. Il se trouve juste que ce furent ses dernières paroles. Vous savez, quand Iaroslav était encore avec moi, je me levais le matin et j'étais la femme la plus heureuse au monde. […] J'ai conduit Iaroslav à la plus terrible des fins. Le cadeau que je lui ai offert pour son seizième anniversaire était une clôture pour sa tombe.

— Ce n'est pas vous qui lui avez fait ça. »

« C'est la guerre, nous sommes en guerre, n'a cessé de répéter Victoria. Et nous faisons partie des victimes. »

N° 2251 : IDENTITÉ INCONNUE

Avant de vous raconter cette histoire, il y a une chose que je dois vous expliquer. Elle concerne la façon dont nous vivons en Russie depuis *Nord-Ost* et l'état de notre appareil judiciaire sous Poutine.

Certes, nos tribunaux n'ont jamais été aussi indépendants que le laisse supposer notre Constitution. Toutefois, notre système judiciaire connaît actuellement une profonde mutation qui le conduit à un état de soumission totale vis-à-vis du pouvoir exécutif et qui résulte de ce que nous appelons la *pozvonotchnost*[1].

Pozvonotchnost, c'est le mot qui nous sert à décrire le phénomène des magistrats qui se font dicter leurs décisions au téléphone par des représentants de l'exécutif. La *pozvonotchnost* est une donnée quotidienne de la justice en Russie.

Les « victimes de *Nord-Ost* », comme on appelle aujourd'hui chez nous les familles qui ont perdu des parents durant l'assaut ainsi que les otages restés invalides à la suite de l'attaque aux gaz, ces victimes ont commencé à engager des poursuites. Elles demandent à être indemnisées pour le préjudice moral qu'elles ont subi et réclament ces réparations au gouvernement municipal de Moscou. Les plaignants affirment que les élus de la municipalité, craignant de s'opposer à Poutine et au FSB, ont manqué à leur devoir d'organiser une assistance médicale d'urgence aux victimes. Ils considèrent que la responsabilité de la ville est d'autant plus

---

1. La *pozvonotchnost*, l'influence par téléphone, est un terme hérité de l'époque soviétique qui désigne un système informel de gouvernement s'appuyant sur un réseau de relations. Dans ce système, il suffit qu'un fonctionnaire passe un coup de fil au juge pour que celui-ci rende le verdict que l'on attend de lui. La *pozvonotchnost* règne dans bien d'autres domaines de notre vie, comme en témoigne ce dicton : « Rien n'est impossible quand on sait se servir d'un téléphone » (*N.d.A.*).

grande que Iouri Loujkov, le maire de Moscou et le chef de son exécutif, a fait partie de ceux qui ont poussé le président Poutine à utiliser des gaz chimiques contre des citoyens russes.

Les premières plaintes ont été déposées au tribunal intermunicipal du district de Tver, à Moscou, au mois de novembre 2002. Leur nombre atteignait déjà soixante et un, le 17 janvier 2003, lorsque les trois premières affaires furent examinées par la juge Marina Gorbatcheva en vue d'établir s'il y avait matière à poursuite. Le montant des dommages réclamés s'élevait à l'équivalent en roubles de 60 millions de dollars. Les plaignants affirmaient que c'était le prix à payer pour un mensonge d'État. Ce qu'ils exigeaient en premier lieu, c'était la vérité sur les raisons de la mort de leurs proches. Cette vérité, ils n'avaient pas pu l'obtenir parce que le FSB avait classé « secret défense » tout ce qui touchait à l'attaque terroriste. Le FSB — le service de Poutine — étant impliqué, la préparation des audiences se déroula sur fond d'une vaste opération de propagande orchestrée par les médias publics contre les plaignants qu'on accusa de vouloir piller les caisses de l'État et de faire une exploitation vénale de la mort de leurs proches. Tous les ténors du barreau de Moscou refusèrent de défendre les victimes de *Nord-Ost*, parce qu'ils redoutaient les foudres du Kremlin. Igor Trounov, qui avait accepté de les représenter, fut traîné dans la boue par la presse.

Pour échapper aux poursuites, les autorités ne reculèrent devant rien et mirent à profit l'énorme machine de communication à leur disposition. À les entendre, on aurait pu croire que, dans cette affaire, c'étaient eux les véritables victimes.

Le 23 janvier 2000, la juge Gorbatcheva, en

bonne pratiquante de la *pozvonotchnost*, débouta les trois premiers plaignants. La loi fédérale relative à la lutte contre le terrorisme se prête à des interprétations différentes et ses articles recèlent certaines contradictions. En se fondant sur ce texte, il est donc possible de conclure que l'État n'est nullement tenu d'indemniser les victimes d'actes terroristes. C'est ainsi que statua la magistrate, mais elle fit bien plus que débouter les plaignants. Elle accompagna sa décision de propos d'une virulence qui n'avait d'égale que celle des autorités dont la juge avait sans aucun doute reçu ses ordres. Si bien que les audiences se transformèrent en une surenchère d'insultes et d'humiliations à l'encontre de ceux qui s'étaient tournés vers la justice pour obtenir réparation.

Voici plusieurs exemples qui illustrent le comportement de Gorbatcheva durant l'audience du 23 janvier :

« Karpov, asseyez-vous. Je vous ai demandé de vous asseoir !

— Mais je voudrais dire... »

La juge Gorbatcheva interrompt le plaignant Sergueï Karpov au milieu de sa phrase. Cet homme est le père d'Alexandre Karpov, célèbre chanteur, poète, traducteur moscovite qui mourut asphyxié durant l'attaque aux gaz.

« Asseyez-vous, ou je vous fais évacuer de la salle. Vous aviez la possibilité de soumettre une requête écrite avant l'audience et vous n'en avez pas profité.

— Je n'ai jamais été averti de cette possibilité.

— Et moi, je vous affirme que vous l'avez laissée passer. Maintenant asseyez-vous, ou je vous fais évacuer.

— Je souhaiterais soumettre...

— Je n'accepterai rien de vous ! »

La juge semble ne plus se maîtriser. Son regard est vide, sa voix prend des intonations de poissonnière. Tandis qu'elle admoneste le plaignant, elle se cure les ongles. Son attitude est révoltante.

Les débordements verbaux se poursuivent :

« Karpov, je vous interdis de recommencer à lever la main !

— J'exige que l'on m'explique mes droits !

— Vous n'avez rien à exiger. »

La salle d'audience n'a pas été balayée depuis des lustres. Elle est bondée, et les journalistes ont reçu l'interdiction d'utiliser leurs dictaphones. Pour quelle raison au juste ? Quels secrets d'État vont-ils être divulgués ? Quant aux victimes, elles sont accablées. On hésite même à leur adresser la parole, parce que aussitôt elles fondent en larmes. Des parents et des amis sont venus les soutenir dans le cas où surviendrait un malaise. Mais la femme en robe de magistrate poursuit son audience avec la même grossièreté :

« J'appelle V. I. Khramtsova, I. F. Khramtsova, T. I. Khramtsov. Si vous êtes présents, manifestez-vous.

— Je suis là, répond un grand jeune homme maigre.

— Khramtsov, parlez ! » lâche-t-elle, comme elle aurait dit : « Tenez, mon brave, prenez cette pièce et décampez ! »

Alexandre Khramtsov a perdu son père qui était trompettiste dans l'orchestre de *Nord-Ost*. Il commence à parler d'une voix étranglée par les larmes.

« Mon père voyageait dans le monde entier pour donner des concerts et des récitals. Partout où il allait, il représentait notre pays et notre ville. Sa mort est une perte irréparable. Comment ne le ressentez-vous pas ? C'est vous qui avez laissé entrer les terroristes, vous, les responsables municipaux. Vous les avez laissés circuler en toute liberté. Certes, vous n'êtes pas responsables de l'assaut, mais expliquez-moi comment on a pu évacuer quatre cents victimes vers l'hôpital n° 13, alors qu'il n'y avait sur place que cinquante personnes pour les accueillir et leur donner des soins d'urgence ? Des gens sont morts sans qu'on se soit occupé d'eux. C'est ainsi que mon père a succombé. »

La magistrate juchée sur son estrade donne l'impression d'être à des kilomètres de là. Pour tuer le temps, elle remue les papiers posés devant elle. Elle semble s'ennuyer et jette des coups d'œil par la fenêtre. De temps à autre, elle redresse son col, étudie son reflet dans la vitre teintée. L'une de ses boucles d'oreilles semble l'irriter, alors elle se gratte le lobe.

Le fils Khramtsov, poursuivant son intervention, se tourne tout naturellement vers une table derrière laquelle sont assis les trois représentants de la Ville de Moscou, des agents rattachés à la direction juridique du gouvernement municipal. Pendant ce temps, la juge s'examine les ongles.

« Si vous n'aviez pas assez de docteurs, pourquoi n'avez-vous pas au moins laissé des étudiants en médecine pénétrer dans le bâtiment ou monter à bord des bus qui conduisaient les otages à l'hôpital ? Ils auraient pu s'occuper des blessés pendant leur évacuation. Des gens s'étouffaient et mouraient parce qu'ils étaient couchés sur le dos.

— Khramtsov ! le coupe brutalement Gorbatcheva quand elle remarque enfin à qui le jeune homme s'adresse. Qui regardez-vous ? C'est à moi que vous devez parler.

— D'accord, dit-il en ramenant son regard vers elle. Ils se sont étouffés, vous entendez ? »

Il éclate en sanglots. Personne ne pourrait rester insensible à son chagrin.

Valentina Khramtsova, la veuve du musicien, est assise juste derrière la barre des témoins et pleure à chaudes larmes. Elle est toute vêtue de noir. Gorbatcheva ne peut pas ne pas l'avoir remarquée. Près d'elle se trouve Olga Milovidova. Le visage enfoui dans son mouchoir, les épaules pareilles à deux bosses pointues, elle retient ses sanglots pour ne pas déranger la cour. Tous les plaignants savent qu'ils ne doivent pas irriter le juge, car elle a le droit de suspendre l'audience, auquel cas il faudrait encore patienter dehors pendant de longues et pénibles heures. Olga est dans le septième mois de sa grossesse. Sa fille de quatorze ans, Nina, est morte à la Doubrovka. C'est Olga qui lui avait acheté son billet. « Pourquoi essayez-vous sans cesse de nous rabaisser ? s'écrie Tatiana Karpova, la mère de feu Alexandre Karpov, l'épouse de Sergueï. Avons-nous mérité ça ? » Danila Tchernetsov, un étudiant de Moscou mort asphyxié par les gaz, avait vingt et un ans et, pour gagner un peu d'argent, il travaillait au théâtre comme placeur. Sa mère, Zoïa Tchernetsova, se lève et quitte la salle. Derrière la porte, nous l'entendons se lamenter : « Je voulais des petits-enfants ! » La jeune épouse de son fils a fait une fausse couche neuf jours après l'enterrement de Danila. « J'ai attendu ce procès et voilà que je m'y fais traiter plus bas que terre. »

L'absence de toute tradition d'indépendance au sein de notre système judiciaire se fait cruellement

ressentir. Les gens qui ont placé la juge Gorbatcheva à son poste considèrent que ce sont eux et
non les contribuables qui lui paient son salaire. Ils
peuvent comme ils le veulent la destituer et lui retirer les privilèges qui lui rendent la vie plus facile
qu'au citoyen ordinaire à faible revenu. À supposer
qu'elle ne puisse effectivement rien faire d'autre
que de débouter les malheureuses victimes, cela
l'autorise-t-il pour autant à se montrer si grossière ?
A-t-elle vraiment besoin de les tourner en ridicule, de
les insulter ? Éprouve-t-elle un quelconque plaisir à
frapper ces gens qui sont déjà à terre ? Mais qui
donc est la juge Gorbatcheva qui défend avec tant de
zèle les intérêts pécuniaires de la Ville de Moscou ?

Pensez-vous que la presse et la télévision contrôlées par le gouvernement aient rendu compte en ces
termes des procès de *Nord-Ost* ? Évidemment non.
Jour après jour, les médias ont répété aux citoyens
russes que le gouvernement offrait tout son appui à
la juge Gorbatcheva dans sa défense des intérêts de
l'État, lesquels doivent prévaloir sur les intérêts particuliers.

Voilà de quoi est faite la nouvelle idéologie russe,
celle de Poutine. Inutile de se voiler la face, c'est
d'abord en Tchétchénie que cette idéologie a été
éprouvée. C'est précisément au tout début de l'ascension de Poutine au pouvoir, dans le fracas des
bombardements qui ont marqué le début de la
deuxième guerre de Tchétchénie, que la société russe
s'est pour la première fois rendue coupable d'une
erreur tragique et condamnable, qui ne peut s'expliquer que par sa réticence endémique à réfléchir.
Notre société a refusé de voir ce qui se passait réellement en Tchétchénie, que les bombes ne visaient
pas des camps d'entraînement terroristes, mais des

villes et des villages, et que des centaines de vies innocentes étaient anéanties. C'est à cette époque qu'une majorité de gens vivant en Tchétchénie ont éprouvé le sentiment, qui les habite encore aujourd'hui, d'être irrémédiablement pris dans un piège infernal. C'est à cette époque que les autorités militaires et civiles ont commencé à dire (et continuent aujourd'hui) à ces gens dont elles emmenaient les enfants, les pères, les frères on ne sait où ni à quelle fin : « Arrêtez donc de pleurnicher. C'est la guerre contre le terrorisme qui l'exige, il faudra vous y faire. »

Pendant trois ans, la société russe n'a pratiquement pas bronché. La grande majorité fermait les yeux sur ce qui se passait en Tchétchénie et faisait la sourde oreille quand les cassandres prédisaient un retour de bâton et prophétisaient qu'un gouvernement capable de se conduire de cette façon dans une partie du pays ne s'arrêterait pas en si bon chemin.

Les victimes de *Nord-Ost* et leur famille sont traitées comme le furent en leur temps les populations tchétchènes. « Arrêtez de pleurnicher, leur dit-on, il faut bien en passer par là. L'intérêt de la société prévaut sur celui des individus. »

Soyons justes, le gouvernement se conduit envers eux un tout petit peu mieux, puisqu'il a réussi, en raclant ses fonds de tiroirs, à trouver entre 50 000 et 100 000 roubles pour au moins payer les frais d'obsèques.

Comment le peuple russe a-t-il réagi ? Il a montré peu de compassion. Il n'a pas fait preuve de solidarité sous la forme d'un élan social et politique auquel le gouvernement n'aurait pu rester sourd. C'est plutôt l'inverse qui s'est produit. Une société dépravée demande du confort, de la paix et de la tranquillité, même au prix de vies humaines. Les gens fuient la tragédie de *Nord-Ost*. Plutôt que d'affronter la réalité, ils préfèrent croire ce que leur raconte l'entreprise étatique de lavage de cerveau.

Une heure après l'intervention d'Alexandre Khramtsov au tribunal, la juge Gorbatcheva rendait un verdict favorable à la municipalité de Moscou. La salle se vida, il n'y resta que les vainqueurs : Iouri Boulgakov, juriste au service des finances de la Ville, ainsi qu'Andreï Rastorguev et Marat Gafourov, conseillers auprès de la direction juridique du gouvernement municipal[1].

« Alors, vous êtes satisfaits ? n'ai-je pas pu m'empêcher de leur demander.

— Non, m'ont-ils rétorqué la mine affligée. Nous sommes humains après tout et nous voyons bien ce qui se passe. C'est honteux la façon dont le gouvernement traite ces pauvres gens.

— Dans ce cas, pourquoi n'arrêtez-vous pas de faire ce boulot ? »

Ils n'ont rien trouvé à répondre. Nous sommes sortis dans la nuit. Certains pour rejoindre un foyer chaleureux empli du rire de leurs enfants, d'autres vers l'écho d'un appartement vide, déserté à jamais le 23 octobre. Le dernier à partir fut un homme d'âge mûr, grisonnant et voûté, au regard expressif. Pendant toute la durée de l'audience, il était resté assis dans un coin en affichant une calme dignité.

« Comment vous appelez-vous ? lui demandai-je quand je l'eus rattrapé.

— Toukaï Khaziev.

— Vous étiez parmi les otages ?

---

1. Ce fait fut observé par les familles des victimes ainsi que par les journalistes présents aux audiences *(N.d.A.)*.

— Non, c'est mon fils. Il est mort là-bas.

— Pouvons-nous nous revoir ? »

Toukaï Khaziev me communiqua à contrecœur son numéro de téléphone.

« Je ne sais pas ce que ma femme va en penser. Vous devez comprendre que ce n'est pas une chose dont elle a envie de parler. Mais appelez dans une semaine. Je l'aurai préparée. »

La famille Khaziev, qui vit à Moscou, a traversé un enfer dont la Russie a le secret. Non seulement elle a perdu un fils, Timour, qui était musicien dans l'orchestre, mais elle s'est trouvée stigmatisée par une idéologie aujourd'hui très répandue et dont on peut affirmer, sans exagération, qu'elle a été la cause réelle de la mort de Timour.

« Est-ce que Poutine n'aurait pas pu trouver un compromis avec les terroristes tchétchènes ? ne cesse de répéter Toukaï Khaziev. Il n'a pas cédé et voyez à quoi nous a conduits son entêtement. Qu'y avons-nous gagné ? »

Dans cette maison située sur l'avenue de Volgograd, Toukaï est le seul qui puisse évoquer ce sujet sans pleurer. Rosa, sa femme, Tania, la jeune veuve de Timour, et la grand-mère de quatre-vingt-sept ans sont incapables de retenir leurs larmes. La fille de Timour, la petite Sonietchka, file comme une fusée au milieu des adultes. Elle a trois ans, mais son père n'était plus là pour fêter avec elle son dernier anniversaire.

Ils mettent le couvert. Sonietchka grimpe sur une chaise et s'empare de la plus grande tasse.

« Celle-ci est pour papa. C'est la tasse de mon papa. Vous pouvez pas la prendre », déclare-t-elle d'un ton péremptoire.

Sa grand-mère Rosa lui a expliqué que son papa

était maintenant au ciel, avec son propre père, et qu'il ne pourrait plus jamais rentrer à la maison. Mais la petite est encore trop jeune pour comprendre pourquoi son papa ne revient pas quand sa Sonietchka chérie a tellement envie de le voir.

« J'ai foi en l'État, me dit Toukaï Khaziev. Jusqu'à la toute dernière minute du siège, j'ai cru en lui. J'étais convaincu que les services secrets trouveraient un moyen, qu'ils arriveraient à un accord, qu'ils feraient des promesses, régleraient quelques problèmes et que tout s'arrangerait. Mais jamais je ne me serais attendu à ce qu'ils fassent ce qu'a suggéré Jirinovski, la veille de l'assaut. Je me rappelle qu'il a dit qu'il fallait gazer tout le monde. Les gens dormiraient une heure ou deux, puis ils se réveilleraient et n'auraient plus qu'à sortir. Seulement, ils ne se sont pas réveillés et n'ont jamais quitté la salle. »

Toute la vie de Timour Khaziev tournait autour de la musique et de la maison de la culture située au numéro un de la rue Doubrovskaïa. Depuis son enfance, il y fréquentait le studio musical *Lyre*. C'est là qu'il avait signé son contrat pour entrer dans l'orchestre de *Nord-Ost* quand le spectacle avait loué la salle de la maison de la culture. Et c'est là qu'il avait trouvé la mort.

Toukaï et Rosa, ses parents, habitaient auparavant une chambre, dans un appartement communautaire, à deux pas de ce centre culturel. Leurs deux fils, Elda, l'aîné, et Timour y ont appris à jouer de l'accordéon. Les professeurs encouragèrent Timour à continuer, car il avait du talent. Quand, à la fin de ses études secondaires, il dut choisir un métier, c'est tout seul, aidé seulement de son professeur d'accordéon, qu'il réussit du premier coup l'examen du cours de percussions. Il fut admis au conservatoire de musique, dans la classe des instruments à vent, dont il décrocha le diplôme en trois ans au lieu de quatre. Après quoi il entra à la prestigieuse école de musique Gnessine, le rêve de toute sa vie.

Son professeur l'avait surnommé « Raffinade », à cause de la manière élégante dont il tenait ses baguettes. Timour était un percussionniste subtil, intelligent et raffiné.

Alors qu'il terminait ses études à l'école Gnessine, il avait joué dans la fanfare et l'orchestre symphonique du ministère de la Défense. Il était parti en tournée en Norvège avec un orchestre militaire, et plusieurs dates étaient programmées en Espagne après le 23 octobre.

« Vous voyez, j'ai préparé son uniforme et son habit de soirée pour les concerts », me dit Rosa en ouvrant la porte de l'armoire.

Elle parle d'une voix ferme, en s'efforçant de réprimer toute émotion.

« Mais le ministère de la Défense ne vient pas les prendre. »

Sonietchka file devant nous comme une flèche et s'empare de la casquette avec sa cocarde brillante. Elle la pose sur sa tête et se met à galoper à travers la pièce.

« Le chapeau de papa ! Le chapeau de papa ! »

Incapable de se maîtriser plus longtemps, Tania quitte la pièce.

Lorsqu'il sortit de l'école Gnessine, Timour fut pris dans l'orchestre de *Nord-Ost*. Il cumulait déjà deux emplois, mais il accepta ce troisième engagement. Il était marié et sa fille grandissait. Tania est diplômée de l'école d'eurythmique. Elle a été formée à la comédie et à la production, mais travaille dans un jardin d'enfants, pour un salaire en rapport avec le faible niveau de qualification de sa fonction.

De nos jours, il est démodé de croire au mysticisme et aux pressentiments, et pourtant...

« Un mois avant le siège du théâtre de la Doubrovka, m'explique Tania, Timour a commencé à souffrir d'insomnie. Vers le matin, il se réveillait en sursaut. Je lui demandais ce qu'il avait et je lui disais de se recoucher, mais il me répondait : "Quelque chose m'angoisse." »

Sa famille mit tout cela sur le compte d'une fatigue excessive. La journée de Timour commençait très tôt. Il déposait Sonietchka et Tania au jardin d'enfants. De là, il filait tout droit chez ses parents pour s'exercer, car c'était chez eux qu'il gardait ses instruments. Depuis peu, il travaillait à améliorer le travail de sa main gauche et il était content les jours où il arrivait à des résultats. Encore deux ans, disait-il à Tania, et il serait un bon percussionniste. Quand il avait fini, il remontait dans sa voiture et partait répéter avec l'orchestre militaire. Puis il repassait chercher sa fille et sa femme et les déposait à la maison avant de repartir à la Doubrovka pour la représentation de *Nord-Ost*. Il rentrait sur le coup de minuit, et le cycle reprenait le lendemain matin. Il semblait toujours pressé de vivre. Pourquoi ? Après tout il n'avait que vingt-sept ans. Personne ne peut répondre à cette question, tout comme personne ne s'explique pourquoi ce 23 octobre Timour était présent au théâtre.

« C'était un mercredi, m'explique Tania. Or le mercredi, c'était la règle, nous passions la soirée en famille. Un autre percussionniste prenait la relève, mais ce soir-là sa copine avait insisté pour qu'il reste avec elle, si bien qu'il avait demandé à Timour de le remplacer. Cette fille a sauvé son ami, mais au prix de la vie de mon mari. Timour n'a jamais su dire non et il en est mort. »

« Personne ne souhaite que les affaires d'un être cher traînent quelque part sans qu'on vienne les récupérer, n'est-ce pas ? » La question de Rosa est rhétorique. Elle enchaîne aussitôt : « Alors nous y sommes allés. Évidemment, son téléphone portable avait disparu. Timour, qui commençait à gagner un peu d'argent, s'en était acheté un. Ses vêtements neufs aussi étaient introuvables. »

Sur place, au théâtre, Rosa s'est effondrée quand elle a vu les affaires de son fils. On n'a rendu aux parents de Timour que son tee-shirt et une vieille veste avec une empreinte de botte militaire dans le dos. Rien d'autre.

Au cours des dernières années, il semble que nous ayons beaucoup régressé au plan moral. Ce fait devient de plus en plus criant à mesure que se poursuit la guerre dans le Caucase. Un à un les tabous sont brisés et l'ignominie se banalise. Des meurtres ? Bof, nous en voyons tous les jours. Des attaques à main armée ? C'est notre lot quotidien. Des pillages ? Ils font partie de la guerre. Ce ne sont pas seulement les tribunaux qui ne condamnent pas les coupables, c'est la société tout entière. Des actes naguère considérés comme répréhensibles sont aujourd'hui tolérés par tous.

Pendant ces terribles journées d'octobre, alors qu'un groupe de nos concitoyens était gardé en otage, tout le pays semblait uni par un même élan de compassion. On voulait aider, on priait, on espérait, on attendait. Mais nous ne pouvions rien faire. Les services secrets ne laissaient personne approcher et nous assuraient qu'ils contrôlaient la situation.

Comment dans ce cas accepter que les rares personnes autorisées à pénétrer dans les lieux en aient profité pour faire main basse sur tout ce qui avait un tant soit peu de valeur, ce qui était nouveau, joli et à leur taille. Il n'y a pas d'autre explication à la disparition des effets personnels des otages. Les familles de ceux qui sont morts là-bas ne se libéreront jamais des sentiments qui ont été les leurs durant ces terribles journées. Si le gouvernement décidait demain de leur verser à chacun un million de dollars d'indemnisation, ces souvenirs ne s'effaceraient pas pour autant.

À en juger par le tee-shirt qui leur a été restitué, Timour est resté allongé dehors. Rosa n'a pas réussi à en laver les taches laissées par la boue si particulière de nos rues moscovites, ce mélange d'huile de vidange et d'essence.

Quand Timour s'est rendu à son travail pour la dernière fois, il avait dans les poches une bonne dizaine de pièces d'identité portant sa photographie et attestant qu'il appartenait à l'orchestre de *Nord-Ost* ainsi qu'à celui du ministère de la Défense. Il avait sur lui son passeport, son permis de conduire et un carnet d'adresses avec les numéros de téléphone de tous ses parents et amis.

En dépit de tout cela, le 28 octobre, son corps fut rendu à sa famille avec une étiquette nouée à son poignet par une bande élastique qui indiquait .
« N° 2251 ; Khamiev ; Inconnu ».

« Comment cela a-t-il été possible ? demande Rosa. Pourquoi ont-ils écrit Khamiev [en russe, ce nom a une connotation péjorative, car le mot *kham* est une injure] à la place de Khaziev. Et que peut bien signifier cet "inconnu" ? Pourquoi avons-nous eu tant de mal à le retrouver ? Il leur suffisait d'ouvrir son carnet d'adresses, de composer un numéro au hasard et de demander à la personne au bout du fil si elle connaissait un certain Timour Khaziev. On leur aurait aussitôt communiqué notre numéro. »

La mère de Timour parle du jour qui a suivi l'assaut, cette longue journée du 26 octobre que la famille Khaziev n'est pas près d'oublier.

« Depuis le matin jusqu'à 4 heures de l'après-midi, son nom n'a été mentionné nulle part, dans aucune des listes d'otages transmises par les autorités, relate Toukaï Khaziev. Nous avions déjà fait le tour des morgues et des hôpitaux quand il est soudain apparu. C'était sur une courte liste qui ne contenait pas plus de vingt noms. Elle disait que Timour était vivant et se trouvait à l'hôpital n° 7. J'ai aussitôt appelé ma femme pour la rassurer. Nous avons pleuré de joie. Nos amis nous ont félicités. Tania et moi avons filé à l'hôpital. »

Mais, au poste de garde, le vigile refusait l'entrée à tout le monde. Le parquet l'interdisait, disait-il. Tania se mit à pleurer et l'homme, pris de pitié, glissa à Toukaï qu'il avait de mauvaises nouvelles, car si leur garçon était là, c'était qu'il n'y avait aucun espoir de le sauver. En entendant cela, Tania le supplia de les laisser passer, si bien que le garde leur ouvrit la porte.

Les couloirs de l'hôpital leur parurent déserts, jusqu'à ce qu'ils voient venir vers eux un policier serrant contre sa bedaine un fusil d'assaut.

« Cet homme n'avait pas de cœur. Il n'a pris aucune précaution pour nous parler. Il ne nous a pas prévenus de nous préparer à de mauvaises nouvelles. Il nous a simplement lâché : "Il est mort, dégagez." J'ai eu une crise de nerfs qui a duré vingt bonnes minutes et mes pleurs ont ameuté des médecins. "Qui vous a laissé entrer ?" ont-ils demandé. »

Quand Tania réussit finalement à se calmer, elle demanda à voir le corps de Timour avant l'autopsie, mais essuya un refus. Elle eut beau l'implorer, le policier se contenta de leur répondre : « Allez demander l'autorisation à Poutine. » Trois membres du parquet arrivèrent sur ces entrefaites. « Pourquoi êtes-vous si pressée ? dirent-ils à la veuve éplorée. Vous aurez bien le temps de clouer son cercueil. » Puis ils lui demandèrent : « C'est quoi son nom de famille ? Khaziev ? C'est un Tchétchène ? »

Voilà quel a été le principal handicap de Timour. En lisant son nom tartare, la police l'a pris pour un Tchétchène. À la suite de quoi tout s'est enchaîné conformément à l'idéologie dominante.

La famille est désormais convaincue que la cause de la mort de leur fils est que, catalogué comme Tchétchène, on l'a délibérément laissé sans soins. Quand les hommes de la famille Khaziev ont récupéré son corps à la morgue, Timour portait, inscrit sur la poitrine en grandes lettres : « 9 h 30 ». C'était l'heure de son décès à l'hôpital n° 7. Ils ne virent nulle marque de perfusion, d'injection ou de l'utilisation d'un respirateur. Les instructions d'en haut étaient d'éliminer tous les Tchétchènes et Timour, pris par erreur pour l'un d'eux, n'avait bénéficié d'aucune réanimation. Pendant plus de quatre heures après l'assaut, on l'avait laissé agoniser sans soins. Timour a été victime de l'idéologie.

« Nous n'avons aucun droit dans notre propre pays. Nous sommes considérés comme des citoyens de seconde zone. C'est à cause de ça que mon Timourka est mort. »

Voilà quels sont les derniers mots de Tania quand je la quitte.

Le 26 octobre, pendant que Tania et Toukaï attendaient aux portes de l'hôpital, une vingtaine d'hommes tentèrent de pénétrer dans l'appartement du jeune couple Khaziev, certains en uniforme, d'autres en civil. Une voisine intervint immédiatement et réussit à les arrêter. Ils lui expliquèrent que l'hôpital leur avait signalé qu'un Tchétchène vivait dans cet appartement.

Que doit faire la famille Khaziev à présent ? Accepter l'humiliation et courber l'échine ?

« Quand nous avons pris la parole en tant que plaignant au tribunal, se souvient Toukaï, Gorbatcheva a fait semblant de ne pas comprendre. Elle était certaine que tout le monde, sans exception, avait reçu l'assistance médicale nécessaire. »

Les Khaziev possèdent évidemment un acte de décès, mais il n'indique pas la cause de la mort. À la place, il y a un blanc.

Nulle mention n'y est faite d'un attentat terroriste. En plus de l'idéologie d'État qui a tué leur fils, la famille doit affronter un système qui refuse de fournir des preuves matérielles.

« J'imagine que vous avez demandé aux représentants du parquet pourquoi ils n'avaient pas rempli cette ligne ?

— Oui, dès le 28 octobre. Ils nous ont répondu qu'il s'agissait d'une simple formalité et que nous pouvions commencer à préparer les funérailles. Ils attendraient les résultats de l'autopsie, car ils voulaient être sûrs d'indiquer la cause exacte de la mort.

— L'ont-ils fait ?

— Non, évidemment. »

Voilà une réponse édifiante. Personne n'attend la vérité du gouvernement. En dépit de tous leurs sondages d'opinion dont les résultats sont toujours très encourageants, les autorités sont perçues, au mieux, comme une source de tracasseries. Récemment, l'administration présidentielle a créé un service dont la mission était de créer une image « politiquement correcte » de la Russie et de son président à l'étranger. L'idée était d'éviter de laisser se répandre à l'extérieur de nos frontières des informations défavorables afin que le reste du monde ait une meilleure opinion de notre pays. Peut-être faudrait-il suggérer à notre gouvernement de créer un autre service pour redorer l'image du pays et de son président aux yeux de ses propres citoyens.

« Poutine n'aurait-il vraiment pas pu céder ? Ne pouvait-il simplement dire : "J'arrête cette guerre." S'il l'avait fait, nos êtres chers seraient toujours vivants », ne cesse de répéter Toukaï. « Tout ce que je veux savoir, c'est qui est responsable de cette tragédie. Rien de plus. »

Tania a récemment acheté une tortue, Kirioucha, et un chat, Frossia, pour qu'elle et sa fille aient un peu de compagnie quand elles regagnent leur appartement. Sonietchka est encore trop jeune pour comprendre ce qui est arrivé à son papa, mais en rentrant du jardin d'enfants, elle n'aime pas retrouver une maison où il n'est plus. Il y a peu, la famille a reçu un appel des producteurs de *Nord-Ost*. Ils lui offraient des billets gratuits pour assister à la reprise du spectacle. Les Khaziev ont refusé, alors on leur a répondu que les places restaient à leur disposition et que quand ils le voudraient... Nous avons décidément perdu toute notion de la décence.

Il faudrait être fou pour envier le sort des Tchétchènes qui vivent en Russie aujourd'hui. Leur situation n'était déjà pas très simple, mais depuis *Nord-Ost* nous assistons à un véritable emballement de la machine du racisme institutionnalisé. Les agressions à caractère xénophobe et les opérations de nettoyage ethnique supervisées par la police sont devenues monnaie courante. Du jour au lendemain, des gens perdent tout — leur logement, leur travail et le soutien de la société — simplement parce qu'ils sont tchétchènes. Leur vie à Moscou et dans d'autres grandes villes devient un enfer : on glisse de la drogue dans leur poche, des cartouches dans leur main, puis on les condamne à de lourdes peines de prison. Au vu et au su de tous, ces gens sont transformés en parias. Ils se retrouvent dans une situation sans issue, et c'est leur lot commun. Des plus jeunes aux plus vieux, personne n'y échappe.

« Quand ils se sont mis à parler en tchétchène et qu'ils ont interrompu le deuxième acte, j'ai compris qu'il se passait quelque chose de grave et que nous devions nous attendre au pire. Je ne sais pas comment, mais cela m'est tout de suite apparu très clairement. »

Iakha Nesserkhaïeva a quarante-trois ans. Elle vit à Moscou, où elle exerce la profession d'économiste. Elle est tchétchène, née à Grozny, mais cela fait maintenant de longues années qu'elle est venue s'installer dans la capitale russe. Le 23 octobre, elle assistait à la représentation de *Nord-Ost*. Galia, une amie de longue date, originaire d'Oukhta, dans le nord de la Russie, leur avait acheté des billets au treizième rang du parterre. Iakha n'était pas « fan » des comédies musicales, mais elle avait cédé aux suppliques de Galia qui lui demandait de l'accompagner.

« Leur avez-vous dit que vous étiez tchétchène ?

— Non, j'avais peur. Je ne savais pas s'il était mieux de parler ou de me taire. Ils auraient pu m'abattre pour être une Tchétchène assistant à une comédie musicale. »

Iakha n'a pas vu les gaz, bien que beaucoup d'otages aient déclaré avoir remarqué une fumée blanche flottant dans l'air. De l'endroit où elle était assise, elle a juste entendu des gens crier : « Ils ont lâché du gaz ! » Quelques secondes plus tard, elle perdait connaissance.

Elle a été transportée à l'hôpital n° 13, où furent évacuées beaucoup de victimes, dont Irina Fadeïeva, la mère de Iaroslav, l'adolescent tué par balle. Iakha ne comprenait pas ce qui se passait autour d'elle, jusqu'à ce qu'un inspecteur se présente.

« Il m'a demandé mon nom, mon prénom, mon adresse, ma date de naissance et ce que je faisais à *Nord-Ost*. Après quoi deux femmes sont arrivées. Elles ont pris mes empreintes digitales et ont emmené mes vêtements au laboratoire de police pour analyse. Dans la soirée, l'inspecteur est revenu et m'a dit : "J'ai de mauvaises nouvelles." Tout de suite, j'ai pensé que mon amie avec qui j'assistais au spectacle était morte, mais il a ajouté : "Vous êtes arrêtée pour complicité avec les terroristes." J'étais abasourdie, mais je me suis levée et dans mon peignoir, avec les pantoufles de l'hôpital aux pieds, j'ai suivi l'inspecteur. On m'a d'abord gardée deux jours à l'hôpital n° 20 [un établissement spécial sécurisé], où personne ne m'a rien demandé ni donné de traitement. En fait, à aucun moment je n'ai reçu de soins. À la fin de la deuxième journée, l'inspecteur est revenu. Il m'a photographiée et a enregistré un échantillon de ma voix. Quelques minutes plus tard, on m'a apporté un manteau et une paire de bottines d'homme. On m'a mis des menottes et dit : "Vous devez être traitée dans un autre hôpital." On m'a fait monter dans une voiture de police, puis on m'a emmenée au bureau du procureur, où j'ai passé environ dix minutes, et de là j'ai été conduite à la prison de Marino [un centre de détention provisoire pour femmes situé à Moscou]. Je me suis donc retrouvée là, pas lavée et pas coiffée depuis une semaine, avec des chaussures trois fois trop grandes pour moi et un pardessus d'homme crasseux. On m'a placée dans une cellule et tout ce que la surveillante a trouvé à me dire, c'était : "Alors, tu la ramènes plus, sale vermine..."

— Vous ont-ils souvent interrogée quand vous étiez en cellule d'isolement ?

— Jamais. On ne m'a jamais posé la moindre question. Je suis restée là et j'ai demandé à rencontrer l'inspecteur. »

Iakha relate ces événements d'un ton calme, dénué d'émotion. Elle semble à peine présente. Son visage est celui d'une morte. Ses pupilles sont dilatées, son regard fixe, ses muscles immobiles. La photographie de son passeport me montre une tout autre personne, une femme fière et belle.

De temps en temps, elle s'efforce de sourire, mais c'est comme si pendant les deux semaines passées en prison sa bouche avait oublié comment faire. Iakha a tout d'abord pensé qu'elle était fichue, que rien ne pourrait plus la sauver. Elle était dans de très sales draps. Les policiers qui l'ont transférée de l'hôpital n° 20, les seuls qui étaient en mesure de l'informer sur ce qui l'attendait, lui avaient dit qu'elle risquait de prendre pour tout le monde, puisque les autres terroristes avaient été exterminés et qu'elle était la dernière.

Cependant, comme dans une comédie musicale, l'histoire de Iakha eut une fin heureuse.

Ses amis se mobilisèrent et engagèrent très vite un avocat qui réussit miraculeusement à percer la muraille impénétrable qui s'était bâtie autour d'elle. Au bout de dix jours de détention, Iakha fut libérée. Fait notable en ces temps de racisme institutionnalisé, des membres de la police judiciaire qui enquêtaient pour le parquet sur l'affaire *Nord-Ost*, ne trouvant aucun élément pour l'incriminer, ont fait ce qui s'imposait en pareil cas. Ils n'ont pas essayé de la piéger, de fabriquer des preuves, de monter un dossier de toutes pièces ni de constituer un chef d'accusation « à la tête du client ». Ils ne l'ont pas raillée ni insultée. Ils n'ont pas cherché à se venger sur cette femme, simplement parce qu'elle était tchétchène. De nos jours, ce comportement est suffisamment rare pour être noté.

Ces hommes sont même allés plus loin. En annonçant à Iakha qu'elle était libre, ils lui ont présenté des excuses et l'ont raccompagnée chez elle. Pour cela, elle tient à remercier l'inspecteur principal et juriste de premier échelon V. Prikhojikh. Elle veut aussi exprimer sa gratitude aux agents du service des affaires internes de Bogorodskoïe qui ont rapidement accordé à Malika, sa sœur aînée, venue en toute hâte de Grozny pour l'aider à remonter la pente, un permis spécial lui permettant de demeurer dans la capitale pour assister un parent nécessitant des soins constants. Ils ont délivré cette autorisation, car ils savaient qu'à Moscou, de nos jours, un Tchétchène ne peut plus sortir de chez lui sans être immédiatement arrêté.

Aelita Chidaïeva a trente et un ans. Elle aussi est tchétchène. Depuis le début de la deuxième guerre, elle vit à Moscou avec ses parents et sa fille Khadijat. Aelita a été arrêtée sur son lieu de travail, un café situé près de la station de métro Marino. Elle me raconte son histoire d'une voix très posée, sans pleurs ni cris, et me sourit poliment. À la voir, on pourrait croire que cette jeune femme n'a rien vécu d'extraordinaire, si on ne savait qu'après sept heures d'interrogatoires acharnés, lorsqu'elle est finalement ressortie du poste de police du parc Marino, Aelita s'est effondrée.

« Tout s'est passé d'une façon très étrange. D'abord il y a eu ce policier qui déjeunait comme tous les jours dans notre café. Ça n'avait rien d'inhabituel. Le poste de police n'est qu'à cent mètres de notre porte, alors ils mangent souvent chez nous. Je ne leur ai jamais caché que j'étais tchétchène et que j'avais quitté Grozny pour échapper à la guerre. Le policier a terminé son repas et il est ressorti. C'est à ce moment-là qu'ils se sont tous rués à l'intérieur. Ils étaient une quinzaine, avec à leur tête Vassiliev, l'îlotier qui couvre notre secteur et me connaît très bien. Ils nous ont tous collés contre le mur. Ils nous ont fouillés et m'ont emmenée.

— Quel genre de questions vous ont-ils posé ?

— Ils m'ont demandé quelles étaient mes relations avec les terroristes. Je leur ai dit : "Vous l'avez vu vous-mêmes. J'étais devant vous douze heures par jour, de 11 heures du matin à 11 heures du soir !"

— Qu'ont-ils répondu ?

— Ils m'ont demandé : "Avec quel terroriste t'es allée au restaurant ?" Je n'ai jamais mis les pieds dans un restaurant depuis que je vis à Moscou... Ils m'ont dit que si je n'avouais pas avoir des contacts avec les terroristes, ils cacheraient de la drogue et des armes sur moi. Ils m'ont interrogée à tour de rôle. Des types en uniforme passaient par là et me dévisageaient. L'inspecteur m'a menacée : si je n'avouais pas, ils me laisseraient à ces hommes et ils "ne feraient de moi qu'une bouchée". Il a ajouté qu'ils étaient capables de faire parler n'importe qui et n'attendaient que de s'occuper de mon cas. »

Au poste de police, Aelita fut informée qu'elle avait été renvoyée de son travail. Selon l'inspecteur, la police avait conseillé à son patron de la virer s'il ne voulait pas qu'on ferme son café. Ils n'ont accepté de relâcher Aelita que parce sa mère, Makka, professeur de russe, a su faire valoir leurs droits. Aux dires des policiers de Marino, elle aurait « rameuté toute la ville de Moscou ». Makka a téléphoné à la station de radio *Ekho Moskvy* (L'Écho de Moscou), mobilisé l'avocat Abdoulah Hamzaïev et bien d'autres, et en dépit des dénégations de la police qui prétendait qu'Aelita n'était pas dans leur commissariat, elle a fini par obtenir, à force d'obstination, qu'ils libèrent sa fille[1].

Aelita s'est remise de ses émotions. Elle est très lucide sur sa situation et dit qu'elle veut quitter Moscou.

---

1. Une enquête sur l'arrestation d'Aelita Chidaïeva fut menée par le parquet de Moscou à la suite de la plainte déposée par la jeune femme. Aucune sanction ne fut prise contre les policiers impliqués (*N.d.A.*).

« Pour retourner en Tchétchénie ?

— Non, pour partir à l'étranger. »

Makka est opposée à ce projet. Mais elle n'est pas contre le fait qu'Aelita emmène sa fille ailleurs : Khadijat a besoin d'aller à l'école, en dépit des commandos terroristes et de l'intérêt tout particulier que porte la police moscovite aux jeunes femmes tchétchènes. Mais Makka ne veut pas partir ; elle n'imagine pas ce que serait sa vie hors de Russie. Toutefois elle ne comprend pas non plus ce que la Russie attend d'elle, d'Aelita et de Khadijat. L'une est une adulte dont toute l'existence s'est passée en URSS ; l'autre est une jeune femme qui n'a jamais vécu pleinement, qui n'a connu que l'errance, la fuite d'un endroit à un autre, d'une guerre à une autre ; la troisième est une enfant qui observe et écoute attentivement le monde autour d'elle et ne dit rien, pour le moment.

L'institutrice de Khadijat vient de téléphoner. Très gênée, elle a annoncé qu'Aelita devait leur fournir une attestation confirmant son état de mère célibataire. Qui délivre ce genre d'attestation ? Tous ses papiers sont parfaitement en règle. Mais si elle n'obtient pas ce document, poursuit l'institutrice, alors « elle ne sait pas ce qu'elle pourra faire ». En un mot, ils veulent renvoyer Khadijat. Après les événements du 26 octobre 2002, il n'y a plus de place à Moscou, dans l'école primaire n° 931, pour une enfant tchétchène que sa famille a amenée là afin qu'elle puisse y recevoir une instruction.

« Je n'arrive même plus à savoir si le fait que je sois une mère célibataire ne risque pas de jouer contre Khadijat, me dit Aelita. À qui puis-je encore faire confiance ? »

Aboubakar Bakriev occupe depuis plusieurs années un modeste poste de technicien à la *Pervyï Respoublikanskiï Bank*. Mais aujourd'hui il est libre de son temps. Tout est arrivé très simplement et sans drame. Aboubakar a été convoqué par le vice-président de la banque chargé de la sécurité qui lui a dit : « Ne le prenez pas mal, mais nous allons avoir des problèmes à cause de vous. Je vous demande de nous adresser votre lettre de démission. »

Au début, Aboubakar n'y a cru qu'à moitié. Mais ensuite le vice-président a ajouté qu'« ils » lui demandaient d'antidater la lettre, au 16 octobre par exemple, pour que tout ait l'air parfaitement en règle et qu'on ne puisse pas les accuser de le renvoyer pour des raisons d'appartenance ethnique, à la suite des événements de *Nord-Ost*.

L'histoire est plaisante : voilà des exécuteurs qui vous envoient à la mort (car un ou une Tchétchène qui perd son emploi de nos jours est fini, il ou elle n'en retrouvera pas d'autre), mais ils vous prient de les comprendre. C'est une nouveauté de l'époque que nous vivons : l'assassin, qui avance sur sa victime, lui glisse en guise de préambule : « Je vais te tuer, non pas parce que je suis mauvais, mais parce qu'on m'y oblige. Aussi, j'aimerais que tu t'arranges pour donner l'impression que tu n'as pas été assassiné. »

Ce jour-là, un employé originaire du Daghestan fut « démissionné » par la même banque. Et sa lettre aussi devait être antidatée. Cet homme occupait un emploi subalterne, mais cela ne l'a pas empêché d'être l'objet d'un nettoyage ethnique de la part d'un établissement soucieux de s'éviter toute question embarrassante au sujet de son personnel caucasien.

« La *Pervyï Respoublikanskiï Bank* a été épurée, me dit Aboubakar. Les services de sécurité intérieure peuvent dormir tranquilles. J'ai cinquante-quatre ans et je ne sais pas où aller. La police est déjà venue trois fois à mon domicile pour voir comment je vis avec mes trois enfants. Vous êtes en train de faire de nous des ennemis. Parce que nous n'avons plus d'autre solution que d'exiger notre indépendance pour avoir enfin un lieu où nous pourrons vivre en paix. Donnez-nous n'importe quel bout de terre sur la planète et nous partirons nous y installer. »

Issita Tchirghizova et Natacha Oumatgarieva sont deux femmes tchétchènes qui vivent dans un camp de personnes déplacées près du village de Serebrianiki, dans la région de Tver. J'ai fait leur connaissance à Moscou, au poste de police n° 14. Issita essuyait ses doigts tachés d'encre après qu'on eut relevé ses empreintes. Natacha sanglotait. On venait tout juste de les libérer, un miracle dans la Russie d'aujourd'hui. La police avait eu pitié d'elles.

Le 13 novembre 2002 au matin, ces femmes avaient subi le traitement habituel réservé aux gens de leur origine. Arrivées en train à Moscou pour y collecter des fonds auprès d'une organisation des droits de l'homme, elles avaient été arrêtées à la gare, à deux pas du but de leur voyage, sous le prétexte que Natacha boitait. À cause de son diabète, elle avait un ulcère purulent à la jambe. On l'avait prise pour une combattante blessée. Issita était enceinte de sept mois. Elle avait donc un ventre proéminent qu'on a confondu avec la bosse d'une ceinture de grenades telle qu'en portent les kamikazes. C'est du moins ce que prétendait le major Lioubeznov qui était de service au poste de police n° 14 lors de l'interpellation des deux femmes. En russe, l'adjectif *loubiezniï* signifie aimable, mais ce major est loin de posséder cette qualité. Soucieux de protéger son pays contre un attentat terroriste, il s'est même cru autorisé à palper le ventre d'Issita pour vérifier qu'il ne cachait rien d'autre qu'une grossesse.

L'histoire d'Issita et de Natacha s'est heureusement bien terminée. Les policiers se sont contentés de débiter aux deux femmes un tas d'horreurs du genre « ce sera œil pour œil, si vous nous flinguez, on vous flingue ». Le major Lioubeznov n'avait pas le temps de s'avilir davantage et la chance a voulu que je croise les deux femmes au poste de police à un moment décisif — avant qu'elles ne soient mises à l'isolement dans un centre d'interrogatoire — et que je parvienne à persuader le commissaire Vladimir Machkine (un homme tout disposé à se laisser convaincre) qu'il arrive parfois que les gens viennent chercher de l'aide humanitaire parce qu'ils sont pauvres, qu'ils ne trouvent pas de travail et n'ont pas d'endroit où loger.

Zara vendait des légumes près du métro Retchnoï Vokzal. Un beau jour, le propriétaire du petit marché lui dit : « Ne reviens pas travailler ici demain, parce que t'es tchétchène. » Zara gagnait le seul revenu de sa famille, composée de trois enfants et d'un mari atteint de tuberculose. La milice était-elle passée par là ?

Depuis le début de la guerre de Tchétchénie, Aslan Kourbanov vivait sous la tente, dans un camp de réfugiés en Ingouchie. Un été, il partit étudier à Saratov. De là il gagna Moscou, où il s'installa chez sa tante, Zoura Movsarova, qui préparait sa thèse à l'Institut technologique de l'aviation. Aslan trouva un travail et fut officiellement autorisé à séjourner dans la capitale.

Le 28 octobre 2002, des inspecteurs rattachés au district n° 172 de la police (secteur de Brateïevo) se présentèrent à son domicile. La veille, la milice locale avait relevé les empreintes digitales de Zoura, si bien que lorsque les policiers déclarèrent qu'ils voulaient emmener Aslan seul pour effectuer la même démarche, personne ne se méfia. Aslan enfila son manteau et les suivit jusqu'à leur voiture.

Toutefois au bout de trois heures, en voyant que son neveu n'était toujours pas revenu, Zoura commença à s'inquiéter et se rendit au poste, où on lui annonça qu'Aslan avait été arrêté pour détention de stupéfiants. Cette histoire ne rimait à rien. On voulait lui faire croire qu'Aslan aurait enfilé son manteau, glissé de la drogue dans sa poche et se serait sagement rendu à la police. De sa cellule, Aslan réussit à crier à sa tante qu'on l'avait conduit dans une pièce, et que là on avait sorti un sachet d'héroïne de sous la table, puis qu'on lui avait dit : « Ceci t'appartient dorénavant. Les Tchétchènes comme toi, on les lâchera plus, on vous serrera tous. »

Aslan ne fumait même pas. Pourtant le 30 octobre, il célébrait son vingt-deuxième anniversaire à la prison de Matroskaïa Tichina.

Le matin du 25 octobre 2002, la police fit irruption au domicile moscovite des Guelagoïev. Alikhan, le chef de cette famille tchétchène, fut menotté et emmené. Sa femme, Marek, courut chercher de l'aide au poste de police de Rostokino, où on lui répondit qu'aucun de leurs hommes n'était sorti. Elle téléphona à la radio Svoboda (radio Liberté), qui diffusa la nouvelle de l'enlèvement d'Alikhan. Le soir même, il était relâché. Sa femme avait su sonner à la bonne porte.

Alikhan me raconta que, dans la voiture, ses ravisseurs lui avaient mis un sac sur la tête et l'avaient tabassé pendant qu'ils roulaient jusqu'au siège central de la police de Moscou, rue Petrovka. Ils lui criaient : « Vous nous détestez, on vous déteste. Vous nous tuez, on vous tue. »

Toutefois, lorsqu'ils étaient arrivés rue Petrovka, ils avaient cessé de le battre. Puis, pendant de longues heures, ils avaient tenté de le convaincre de signer des aveux dans lesquels il reconnaissait être le cerveau de l'attentat de *Nord-Ost*. La manœuvre était digne de la police stalinienne. Comme alors, les aveux étaient déjà rédigés d'avance et Alikhan n'avait plus qu'à apposer sa signature au bas de la feuille.

Il refusa, mais pour obtenir sa remise en liberté il n'eut pas d'autre choix que de signer une déposition dans laquelle il affirmait être venu de son plein gré au poste central de police et n'avoir aucune plainte à formuler à l'encontre de ses agents.

Est-ce du racisme ? Assurément. Ce comportement est-il révoltant ? Sans aucun doute. Mais il s'apparente avant tout à une sinistre parodie de guerre contre le terrorisme. Je n'ajoute foi à aucun des chiffres publiés par la police quant à ses prétendus progrès dans son opération antiterroriste baptisée « Rafale ». Toutes ces statistiques concernant l'arrestation de complices sont truquées. Elles sont établies à partir de rapports bidons dans des enquêtes bidons menées par des policiers bidons.

Pendant ce temps-là les vrais terroristes courent

toujours. Que préparent-ils ? Nul ne le sait. La police n'a pas le temps de penser à ça. Or c'est à Poutine que nous devons ce retour aux bonnes vieilles méthodes soviétiques du bidonnage en lieu et place d'un réel travail d'investigation.

Les policiers qui l'interrogeaient se voulaient rassurants, me dit Zelimkhan Nassaïev, trente-six ans. « T'en fais pas. Tu écoperas de trois ou quatre ans et ensuite on te libérera. Qui sait, tu obtiendras peut-être une remise de peine. T'as qu'à signer ici. Te complique pas les choses. »

Zelimkhan vivait à Moscou depuis de longues années. Sa famille y avait rejoint sa sœur aînée, Inna, pour échapper à la seconde guerre de Tchétchénie.

« Vous a-t-on battu au poste de police ?

— Oui, bien sûr. Ils me réveillaient à 3 heures du matin en me disant : "C'est l'heure de passer à la presse." Pour m'obliger à signer des aveux, ils me frappaient sur les reins et sur le foie avec quelque chose de dur, mais je refusais et je leur disais : "Frappez-moi tant que vous voulez. Vous pouvez bien me tuer, jamais je ne vous laisserai me coller sur le dos un crime que je n'ai pas commis." Ils me répétaient sans cesse : "Qu'est-ce qu'un Tchétchène comme toi fiche ici ? Tu devrais être en Tchétchénie. Pourquoi tu ne retournes pas là-bas te débrouiller avec ta guerre ? — Mon pays, c'est la Russie, je leur disais. Et je suis chez moi à Moscou." Ça les mettait en rogne. Pour me pousser à bout, un policier m'a dit : "Tu sais quoi ? Je viens d'envoyer ta mère se faire voir." »

Si seulement cet agent du commissariat de Nijegorodski avait su qui était cette mère et qui était son fils qu'ils tabassaient et poussaient à avouer un forfait qu'il n'avait pas commis dans le seul but

d'améliorer les résultats de la police dans son opération de « lutte contre la criminalité tchétchène
dans la capitale » ! Mais il vaut peut-être mieux qu'ils
n'aient pas su.

Rosa Nassaïeva est la petite-fille — et par conséquent Zelimkhan est l'arrière-petit-fils — de la légendaire beauté russe Maria-Mariam de la famille
Romanov, une parente de l'empereur Nicolas II, qui
jadis tomba éperdument amoureuse d'un officier
tchétchène de l'armée du tsar, nommé Vakhou. Elle
s'enfuit avec lui dans le Caucase, se convertit à l'islam, prit le nom de Mariam, donna à Vakhou cinq
enfants, fut déportée avec lui au Kazakhstan et revint en Tchétchénie après la mort de son compagnon. C'est là qu'elle s'éteignit dans les années 1960,
considérée pratiquement comme une sainte locale.
Cette belle histoire d'amitié et d'amour entre une
Russe et un Tchétchène, connue dans tout le Caucase, n'aida pourtant pas Zelimkhan que rien ne
pouvait sauver de la milice. Quand bien même le
sang de dix empereurs aurait couru dans ses veines,
les policiers l'auraient traité comme n'importe quel
autre Tchétchène.

Il existe à Moscou des lieux que personne n'aime
fréquenter. Des endroits sinistres à proximité d'usines, dans des zones industrielles, dont le ciel est
zébré de lignes à haute tension. C'est pourtant là
que survivent des Tchétchènes qui n'ont nulle part
où aller. La rue Frezer est l'un de ces endroits. À
mille lieues des lumières de la capitale, c'est une lugubre bande d'asphalte qui, depuis l'avenue de Ria-
zan, longe des bâtiments de brique délabrés et
mène jusqu'à d'anciens hangars industriels.

Ces bâtiments n'ont pas été construits pour servir
de logements. Officiellement, ce sont les ateliers

d'une usine qui a disparu il y a bien longtemps, victime de la *perestroïka*. Ses ouvriers l'ont désertée, et aujourd'hui ses anciens dirigeants subsistent en louant les locaux en ruine. C'est en 1997 que les premiers réfugiés tchétchènes se sont implantés dans ces taudis. Ils fuyaient le désordre et la criminalité qui régnaient dans leur pays entre les deux guerres. Pour la plupart, ils appartenaient à des familles d'opposants à Maskhadov et Bassaïev qui dirigeaient alors la Tchétchénie. Les directeurs de l'entreprise Frezer autorisèrent les réfugiés à transformer les anciens ateliers en logements, en échange de quoi ils exigèrent un loyer.

Des Tchétchènes vivent toujours là-bas aujourd'hui. Les Nassaïev font partie des vingt-six familles installées dans les lieux. La police locale les connaît bien. Parmi ces gens, personne n'est en cavale, personne ne se cache, parce que personne n'en a le désir et parce qu'ils ont tous déjà assez fui.

Quand a eu lieu la prise d'otages de *Nord-Ost*, les policiers du commissariat de Nijegorodski sont venus tout droit ici. Ils ont expliqué aux habitants qu'ils avaient ordre d'arrêter un contingent de quinze hommes « dans chaque secteur ». Alors tous les hommes des vingt-six familles furent embarqués dans un autocar pour le relevé de leurs empreintes.

Zelimkhan Nassaïev-Romanov n'était malheureusement pas sur place à ce moment-là. Il était parti livrer un lot des stylos que la famille assemble à domicile et récupérer en même temps les pièces de leur prochaine commande.

Les policiers revinrent bientôt à l'atelier désaffecté qui abritait les descendants de la famille impériale. Ils avaient besoin des empreintes de Zelimkhan, disaient-ils. Alors Rosa les laissa emmener son fils sans protester. Mais la famille commença à s'inquiéter quand, les heures passant, elle ne vit pas Zelimkhan revenir. N'y tenant plus, sa mère et son père se rendirent au poste où on leur servit la salade habituelle : « Nous avons trouvé une grenade et un détonateur dans la poche de votre fils. Il est en état d'arrestation. »

« J'ai crié : "Vous n'avez pas le droit ! C'est vous qui l'avez emmené, il vous a suivi de son plein gré et il n'avait rien dans ses poches. Beaucoup de gens peuvent en témoigner", me dit Rosa. Les policiers m'ont alors répondu : "Les Tchétchènes ne sont pas des témoins." J'en ai été profondément humiliée. Que sommes-nous donc alors ? Nous ne sommes plus des citoyens ? »

Quand la mère de Zelimkhan revint au poste le lendemain matin, on lui annonça : « Ton fils est aussi un dealer. Tu ne peux plus rien pour lui. »

« À mon arrivée au commissariat, ils m'ont fait entrer dans une salle, me relate Zelimkhan. Ils m'ont dit : "Tu revends de l'héroïne." Le plus âgé des deux policiers tenait dans sa main un petit sachet et m'a annoncé : "Ce truc t'appartient maintenant." J'étais menotté, alors ils m'ont glissé le sachet dans la poche. Quand j'ai protesté, ils m'ont dit : "OK, si tu le prends comme ça tu auras droit à un détonateur de grenade en prime." Alors j'ai vu que l'agent le plus âgé essuyait un détonateur avec un chiffon pour en effacer les empreintes. Il me l'a mis dans la main et a consigné tout ça dans son rapport. J'ai protesté qu'il n'avait pas le droit. Ils m'ont répondu : "Nous avons des ordres. Nous avons tous les droits et si tu n'es pas bien sage, si tu ne passes pas à table, nous coffrerons tes parents. Nous allons retourner perquisitionner chez toi et nous allons retrouver une autre pièce de cette grenade. Alors, tu ferais bien de signer tes aveux." »

Zelimkhan refusa. Ils le tabassèrent en lui disant qu'ils continueraient jusqu'à ce qu'il ne soit plus en état d'être présenté à un avocat. Ils ne consentirent à le libérer que parce des journalistes et le député de la Douma Aslambek Aslakhanov intercédèrent en sa faveur. Aujourd'hui, Zelimkhan est rentré chez lui, dans son logement de fortune. Il est très déprimé et sursaute dès qu'on frappe à la porte.

La dépression touche tous les Tchétchènes qui vivent parmi nous. Qu'ils soient jeunes ou vieux, tous sont pessimistes. Personnellement, je n'en ai jamais rencontré qui envisagent l'avenir avec confiance. Tous ne rêvent que d'émigrer afin d'avoir une chance de se mêler quelque part à une population cosmopolite et de ne plus jamais devoir révéler leur origine ethnique.

« Le harcèlement policier à l'encontre des Tchétchènes prend des proportions délirantes », déclare Svetlana Gannouchkina qui dirige le Comité d'assistance civique d'aide aux réfugiés et aux personnes déplacées[1]. C'est vers ce comité que se tournent les

---

1. Une vague de racisme (prenant pour cible les Tchétchènes, mais aussi tous les gens qui n'ont pas le type slave) a déferlé sur la Russie après les événements de *Nord-Ost*. De nombreuses plaintes firent l'objet d'une enquête par les organisations de défense des droits de l'homme, et notamment par l'antenne moscovite du Groupe d'Helsinki, par l'organisation Mémorial pour la défense des droits humains et par le Comité d'assistance civique aux réfugiés et aux personnes déplacées. Elles n'ont servi à rien et personne n'a été puni. Si les interventions de mouvements internationaux n'ont pas réussi à endiguer la vague de racisme, c'est parce que le gouvernement n'a même pas bougé le petit doigt. Les agressions et les meurtres à caractère xénophobe se multiplient, et rien ne laisse espérer un inversement de la tendance *(N.d.A.)*.

gens dans la détresse : les Tchétchènes dont les parents ont été embarqués, prétendument pour relever leurs empreintes, et à qui l'on glisse dans les poches de la drogue ou des cartouches ; ceux qui ont été renvoyés de leur travail ou menacés de déportation. (Déporter des citoyens russes de leur capitale, n'est-ce pas insensé ?) Ils viennent trouver Svetlana Gannouchkina, parce qu'ils n'ont personne d'autre à qui s'adresser.

« Le feu vert à cette nouvelle vague de racisme institutionnalisé, officiellement appelée "Opération Rafale de lutte contre le terrorisme", a été donné au lendemain de l'assaut contre le théâtre de la Doubrovka, poursuit Svetlana. Partout, des Tchétchènes ont été expulsés. Les situations les plus problématiques surviennent quand ils perdent leur travail ou leur logement. Il s'agit d'un règlement de comptes orchestré contre tout un peuple en représailles des actes perpétrés par quelques individus. La principale méthode utilisée pour les discréditer consiste à placer sur eux de la drogue ou des armes dans le but de les faire inculper. Les policiers trouvent très malin de demander à leurs victimes : "Qu'est-ce que tu préfères, drogue ou cartouches ?" Les seuls qui parviennent à s'en sortir sont ceux qui ont une mère comme Makka Chidaïeva. Mais que vont devenir tous les autres ? »

Et nous ? Quelle nation formons-nous ?

Une famille tchétchène a trois filles. L'une d'elles a réussi l'examen d'entrée à l'école de musique, mais les deux autres ont échoué. Les parents demandent au professeur de leur première fille de donner des leçons particulières de piano aux autres. Le professeur refuse. La directrice de cette école où, là comme ailleurs, tout se sait, lui a interdit de continuer. Elle aurait reçu des instructions du ministère de la Culture. Si le professeur continue ses leçons, la Sécurité nationale s'intéressera à son cas.

Nous autres Russes sommes partie prenante de cette chasse aux sorcières. La majorité silencieuse s'arrange de la xénophobie de l'État. Pourquoi protester ? La machine de propagande gouvernementale fonctionne bien, et la plupart de nos concitoyens partagent l'opinion selon laquelle un peuple devrait porter la responsabilité collective des crimes commis par quelques individus.

Pourtant, en dépit d'une guerre qui s'éternise, en dépit du terrorisme, des catastrophes et des hordes de réfugiés, nul ne sait ce que les autorités attendent effectivement du peuple tchétchène. Veut-on qu'il reste dans la Fédération ou qu'il en sorte ?

Pour conclure, voici l'histoire de gens ordinaires qui vivent en Russie et sont victimes de l'hystérie collective orchestrée par l'État :

« On te dispute souvent à l'école ?

— Oui, soupire Sirajdi.

— Tu le mérites ?

— Oui, soupire-t-il de plus belle.

— Explique-moi ce que tu fais de vilain ?

— Par exemple, je cours dans le couloir et quelqu'un me fonce dedans. Alors je le pousse, parce que je veux qu'on me respecte. La maîtresse me demande : "Tu l'as frappé ?" Je réponds "Oui" parce que je ne veux pas mentir. Mais les autres ne disent pas la vérité, et c'est moi qu'elle punit.

— Peut-être que toi aussi tu devrais mentir, ça t'éviterait d'avoir des problèmes.

— Je peux pas, me dit-il avec un gros soupir. Je ne suis pas une fille. Si j'ai fait quelque chose, je le dis. »

« Vous savez, il fait des croche-pieds à nos enfants pour qu'ils tombent, se blessent à la tête et meurent... » Celui dont on parle en ces termes n'est pas membre d'un commando entraîné à tuer des terroristes, mais un gamin tchétchène de sept ans qui s'appelle Sirajdi Digaïev. Cette opinion est exprimée publiquement par une femme adulte, membre du comité des parents d'élèves de la classe 2b de l'école n° 155 à Moscou, celle que fréquente ce petit garçon.

« Vous savez, mon fils se plaint : "Sirajdi n'a jamais ses affaires et je dois lui prêter les miennes." »

Cette remarque est formulée par une autre mère de ce même comité.

Pourquoi son fils se plaint-il ? Si près de nous quelqu'un ne possède rien, notre devoir n'est-il pas de lui prêter ce que nous avons ?

« C'est un fauteur de troubles, vous savez. Mon fils m'a dit qu'il n'avait pas pu noter ses devoirs parce que Sirajdi faisait tant de bruit qu'il n'arrivait plus à entendre la maîtresse. Sirajdi est incontrôlable, comme tous les Tchétchènes. Vous devez le comprendre ! » renchérit une autre mère.

La conversation se poursuit dans la salle d'étude vide où nous sommes tous assis. Les élèves de la classe 2b sont rentrés chez eux, et les parents débattent de la façon dont ils pourraient exclure de l'école un petit garçon tchétchène afin que « nos enfants ne suivent pas l'exemple d'une graine de terroriste ».

Vous pensez que j'invente ? Pas du tout.

« Ne vous méprenez pas. Certes il est tchétchène, mais nous ne faisons pas de discrimination. Nous cherchons seulement à protéger nos petits... »

Les protéger de quoi ? En novembre, le comité des

333

parents d'élèves de la classe 2b a organisé une réunion avec le père et la mère de Sirajdi afin de les mettre en garde : si d'ici à la fin de l'année ils n'avaient pas repris en main leur fils, et à moins que Sirajdi, « bien que tchétchène », n'adopte un comportement acceptable selon les critères du comité des parents d'élèves, ils demanderaient au directeur son expulsion de l'école.

« Dites-moi quel besoin ils ont tous de rappliquer à Moscou. »

Nous touchons enfin au cœur du problème. Cette conversation a lieu une ou deux semaines plus tard, et un parent d'élève tente de m'expliquer la raison pour laquelle le comité a voté cette résolution.

Justement, pourquoi ne viendraient-ils pas à Moscou ? Les habitants de cette ville sont-ils si particuliers qu'on ne puisse pas leur infliger la proximité d'autres citoyens de la Russie ?

« Pourquoi dites-vous qu'ils ont la vie dure ? m'apostrophe une autre mère. Parce que vous croyez que notre vie est plus facile ? Qu'est-ce qui vous fait penser que nos enfants ont une meilleure existence que la sienne ? »

Eh bien, d'abord le fait que Sirajdi soit né en Tchétchénie en 1995. Sa mère Zoulaï, enceinte, a vécu au milieu des bombes. Elle a fui, parce qu'elle n'avait pas d'autre choix au début de la première guerre. Aujourd'hui Zoulaï ne s'explique pas bien pourquoi, bien que sa famille soit installée à Moscou depuis 1996, son plus jeune fils, qui a passé pratiquement toute sa vie ici, est terrifié par les feux d'artifice et le tonnerre. Il se cache et pleure, mais il ignore pourquoi.

« Alors comme ça, ils ne se sentent pas encore chez eux ici ? lance avec acrimonie un autre membre du comité. Ils pensent peut-être qu'ils vont imposer leurs règles dans notre monastère. Il n'en est pas question. »

L'agacement de ce parent tient au fait que le père de Sirajdi, Alvi, est venu à la réunion. Il a écouté tous les arguments, puis il a osé prendre la parole et essayé d'expliquer à ces gens les difficultés qu'il rencontrait à Moscou. Il leur a raconté que, sous les yeux de ses propres enfants, il avait été injurié par un policier entré chez eux avec ses bottes et que face à cet homme il n'avait rien pu faire. Or ses enfants avaient assisté à toute la scène.

Alvi leur a également expliqué que la principale raison pour laquelle sa famille et lui ne vivaient pas en Tchétchénie, mais à Moscou, bien que tout n'y soit pas toujours rose pour eux, était qu'il voulait permettre à ses enfants d'aller à l'école et d'échapper à la guerre. Zoulaï était professeur de mathématiques, mais elle devait maintenant travailler sur les marchés et elle n'était pas très douée pour le commerce. Ils passaient toutes leurs soirées à préparer des roulés de poulet qu'ils vendaient dans la journée. Tout ce que Zoulaï et lui faisaient, c'était pour leurs enfants.

« Regardez-les ! Ils s'incrustent en plein centre de Moscou et ils attendent qu'on les installe dans des appartements à 500 dollars par mois ! »

Voilà ce qu'a été la réaction de l'un des parents à l'intervention d'Alvi.

« Je refuse que ma fille (mon fils) fréquente la même classe que quelqu'un comme lui. »

C'est le verdict qu'entendirent Zoulaï et Alvi lors de cette réunion.

« Est-ce que ce n'est pas notre droit ? » demandèrent en chœur les membres du comité.

Oui, c'est leur droit le plus absolu.

Mais rappelons-nous une autre histoire qui s'est passée au siècle dernier. Si elle commence de la même manière, son dénouement est différent. Lorsque les nazis envahirent le Danemark, ils ordonnèrent à tous les juifs de coudre une étoile jaune sur leurs vêtements afin qu'on pût facilement les reconnaître. Alors tous les Danois cousirent sur eux cette étoile, pour sauver les juifs, mais aussi pour se sauver eux-mêmes et ne pas devenir des fascistes. Leur roi leur apporta son entier soutien.

Aujourd'hui, à Moscou, nous vivons la situation inverse. Lorsque les autorités s'attaquent aux Tchétchènes qui sont nos voisins, nous ne cousons pas d'étoile jaune sur notre poitrine en solidarité avec eux. Bien au contraire, nous faisons tout pour qu'un enfant comme Sirajdi intègre sa condition de paria.

À ma demande, il m'a montré son cahier d'apprentissage du russe. Ses notes vont d'un médiocre 2 à un passable 3[1]. L'écriture de Sirajdi est maladroite, ce que son institutrice Elena Dmitrievna lui rappelle à chaque page par des observations calligraphiées d'une main experte.

Elena Dmitrievna est maîtresse d'école depuis trente-cinq ans. Elle n'approuve pas le comité des parents, mais elle ne s'est pas non plus cousu une étoile jaune. Elle n'a pas explicitement exprimé son désaccord. Elle aurait pu le faire et ainsi mettre un frein aux persécutions infligées à la famille Digaïev par la fameuse opinion publique russe.

Sirajdi tourne comme une toupie et n'a visiblement aucune envie de me montrer son cahier. Il s'efforce au contraire d'attirer mon attention sur ses

1. En Russie les enfants sont notés de 1 a 5

336

exercices de maths, dont les résultats sont bien plus flatteurs. Sirajdi est pareil à tous les petits garçons. Il ne tient pas en place et voudrait toujours être le meilleur. Pourquoi devrait-il être différent des autres ? Pourquoi devrait-il baisser la tête et affecter la modestie comme le voudrait le comité des parents d'élèves, du seul fait qu'il est tchétchène ?

Son cahier de maths a tôt fait de l'ennuyer aussi. En me promettant de dessiner un bonhomme avec un sabre, il détale à toute vitesse. Sirajdi est du vif-argent, toujours pressé. Il revient bientôt avec un bloc de papier sur lequel il a tracé les contours d'un bonhomme gigantesque qu'il a vu dans *Le Seigneur des anneaux* ainsi qu'un grossier trait de crayon jaune représentant un sabre.

« Vous savez, c'était pour son bien », me disent à présent les parents de la classe 2b, comprenant que la presse s'est fait l'écho de leur campagne contre un petit garçon tchétchène dans la vague d'hystérie collective qui s'est emparée de notre société à la suite de *Nord-Ost*. « Nous ne voulions que son bien... »

Mais Sirajdi croira-t-il dans ce bien ? Il est vrai qu'il se bat pendant les récréations. Au cours d'expression artistique, il jette de la peinture sur les murs. Il fait des croche-pieds à ses camarades. Et, bien sûr, plus il répète toutes ces choses, et plus on lui fait sentir qu'il n'est pas à sa place dans la classe 2b.

Voici à quoi ressemble la Russie de l'après *Nord-Ost*. Les mois passant, il est devenu clair que cette tragédie servait certains intérêts, qu'elle était même très utile à beaucoup de gens et pour une multitude de raisons.

Pour commencer, elle a servi le président et son cynisme naturel. Sur la scène internationale, il a su exploiter ce drame et retirer les bénéfices de son issue fatale. En Russie même, il n'a pas hésité à utiliser le sang versé pour améliorer son image.

Au bas de la pyramide, elle a alimenté les chicaneries dans une école primaire et servi des fonctionnaires de police trop contents, à la faveur de l'opération antiterroriste, de gonfler leurs résultats avant la fin de l'année pour obtenir de meilleures primes. La flambée de violence xénophobe dirigée contre les Tchétchènes que l'on a pu constater au lendemain de *Nord-Ost* s'est muée en un racisme ordinaire et institutionnalisé.

« Devons-nous prendre les armes ? » se demandent aujourd'hui certains hommes tchétchènes. Mais, aussitôt, nous les entendons grincer des dents d'impuissance. « Je ne peux plus supporter tout ça », déplorent d'autres en inclinant la tête. C'est un signe de faiblesse qui ne leur fait pas honneur, surtout pas devant leurs enfants qui les observent. Que doivent-ils faire ?

7

Son altesse impériale
Akaki Akakievitch Poutine II

Je me suis souvent interrogée sur les raisons de l'aversion que j'éprouve à l'encontre de Vladimir Poutine. Qu'y a-t-il chez cet homme que je déteste au point de lui consacrer tout un livre ? Je ne suis ni une adversaire ni une rivale politique. Je ne suis qu'une citoyenne russe ordinaire, une Moscovite de quarante-cinq ans qui a observé l'Union soviétique en pleine décomposition, dans les années 1970 et 1980, et qui pour rien au monde ne voudrait revenir à cette époque.

J'avais pensé terminer ce livre à la date du 6 mai 2004. Le 14 mars 2004, Poutine a été triomphalement réélu à la présidence, et l'opposition s'est sagement inclinée. Demain commencera donc le règne de Poutine II, le président plébiscité pour son second mandat, puisqu'il a été élu avec une incroyable majorité de plus de 70 % des voix. Même en lui retirant 20 % des votes, pour cause de « bourrage des urnes », les suffrages en sa faveur restent suffisants pour le reconduire à son poste.

Dans quelques heures, Poutine, lieutenant-colonel du KGB et copie conforme d'Akaki Akakievitch[1]

---

1. Akaki Akakievitch, figure centrale de la nouvelle de Gogol intitulée *Le Manteau*, est un petit fonctionnaire brimé par ses chefs.

montera une fois de plus sur le trône russe. Son étroitesse d'esprit et son chauvinisme sont ceux d'un homme de son grade. Il a la personnalité terne d'un lieutenant-colonel qui n'a jamais réussi à atteindre le rang de colonel, les manières d'un homme des services secrets russes habitué à espionner ses collègues. La rancune n'est pas son moindre défaut : aucun de ses opposants politiques, pas un seul représentant d'un parti politique tant soit peu dissident, n'ont été conviés à sa cérémonie d'investiture.

Brejnev était un homme détestable, Andropov cachait le sang qu'il avait sur les mains sous un vernis démocratique. Tchernenko était idiot et Gorbatchev honni du peuple. Quant à Eltsine, il nous a maintes fois poussés à nous signer en nous demandant où ses actes allaient bien nous conduire.

Ses illustres prédécesseurs peuvent le saluer. Demain, l'ancien garde du corps de l'échelon 25 — celui dont la place était dans le cordon de sécurité autour des cortèges officiels — Akaki Akakievitch Poutine foulera le tapis rouge qui mène jusqu'à la salle du trône du Kremlin en maître absolu de la maison. Autour de lui, les ors des tsars fraîchement lustrés brilleront de tous leurs feux, les serviteurs afficheront des sourires soumis, ses compagnons d'armes — un parterre sélectionné dans les rangs subalternes du KGB qui n'auraient jamais pu s'élever jusqu'au rang qu'ils occupent aujourd'hui sans l'intervention de Poutine — se pavaneront.

On imagine de la même façon Lénine prenant possession du Kremlin en vainqueur après le renversement du tsar en 1918. Les récits historiques des bolcheviques, nous n'en avons pas d'autres, nous assurent que l'homme eut la victoire très modeste, mais je parierais que cette humilité masquait un orgueil démesuré. Regardez-moi bien, moi l'humble petit bonhomme. Vous pensiez que je n'étais personne et pourtant j'ai réussi. J'ai plié la Russie à ma volonté comme je me l'étais promis. Je l'ai forcée à me prêter allégeance.

Demain, un espion du KGB, qui même dans ce rôle obscur n'a jamais fait grande impression, plastronnera au Kremlin comme Lénine le fit en son temps. Il aura enfin obtenu sa revanche.

Mais revenons un tout petit peu en arrière.

La victoire de Poutine était annoncée de longue date, tant en Russie que dans le reste du monde, en particulier après la déculottée subie aux élections parlementaires du 7 décembre 2003 par les quelques forces démocratiques et libérales que comptait le pays. L'issue du scrutin de mars 2004 ne surprit donc personne. Des observateurs internationaux étaient présents, mais tout se joua dans la discrétion. Le jour du vote lui-même nous offrit un remake du spectacle autoritaire et bureaucratique tant de fois joué à l'époque soviétique. Sous le titre « le peuple exprimant sa volonté », il est resté gravé dans beaucoup de mémoires et notamment dans la mienne. En ce temps-là, on se rendait au bureau de vote et on glissait son bulletin dans l'urne sans se soucier du nom inscrit dessus. Tout était joué d'avance de toute façon.

Comment les gens ont-ils réagi cette fois ? Quelqu'un s'est-il secoué de son inertie le 14 mars 2004 ? Nullement. Les gens se sont rendus docilement aux urnes et ont accompli leur devoir. « Qu'est-ce qu'on y peut ? » disaient-ils blasés en ressortant du bureau de vote. Chacun est convaincu que nous sommes revenus à l'époque soviétique et que ce que nous pensons n'a plus aucune importance.

Le 14 mars, je me trouvais à Moscou, rue Dolgo-rouki, à la sortie de mon bureau de vote. Sous Elt-sine, cette rue qui s'appelait naguère Kaliaïev, en référence à un terroriste qui avait sévi sous les tsars et fut par la suite considéré comme un révolution-naire, fut rebaptisée en Dolgorouki — du nom du célèbre prince du XIIᵉ siècle, qu'elle portait, avant les bolcheviques, du temps de Kaliaïev.

J'ai parlé aux gens qui ressortaient après avoir pris part à la mascarade. Ils étaient apathiques, to-talement indifférents au fait qu'ils allaient élire Poutine pour la seconde fois. « C'est ce qu'ils atten-dent de nous. Grand bien leur fasse ! » Tel était le sentiment dominant. Mais une toute petite minorité gardait son sens de l'humour : « Eh bien, mainte-nant la rue va peut-être reprendre son ancien nom de Kaliaïev. »

Avec la confirmation de Poutine au pouvoir, c'est le système soviétique qui prend sa revanche.

Toutefois, il faut souligner que cette situation n'est pas que le fruit de notre négligence, de notre apathie et de notre lassitude après de trop nom-breuses révolutions. Elle a également été rendue possible grâce aux encouragements de l'Occident et surtout grâce à Silvio Berlusconi qui semble s'être pris de passion pour notre Poutine, dont il est le plus fervent défenseur en Europe. Mais notre président bénéficie aussi du soutien de Blair, de Schröder, de Chirac. Et aux États-Unis, Bush fils ne lui est pas franchement hostile.

Ainsi, aucun obstacle n'aurait pu empêcher notre homme du KGB de conserver sa place au Kremlin, pas plus l'Occident qu'une opposition digne de ce nom à l'intérieur de nos frontières. Pendant toute la période qui fut considérée comme celle de sa campagne électorale, du 7 décembre 2003 au 14 mars 2004, Poutine se moqua ouvertement des électeurs.

La principale marque de ce dédain fut son refus obstiné de tout débat. Il ne voulut s'expliquer sur aucun point de l'action qu'il avait menée depuis quatre ans. Son mépris s'adressait non seulement aux représentants de l'opposition, mais à l'idée même d'une opposition. Il ne prit aucun engagement sur sa future politique et tourna le dos à tout ce qui pouvait ressembler de près ou de loin à une campagne électorale. En revanche, comme sous le régime soviétique, il apparut chaque jour à la télévision : on le vit dans son bureau du Kremlin recevant des fonctionnaires de haut rang à qui il dispensait ses conseils éclairés sur la conduite du ministère ou de l'administration qu'ils représentaient.

Il y eut évidemment des ricanements dans la population. Poutine se conduisait en tout point comme Staline. Il était tout à la fois l'ami des petits enfants, le premier éleveur de porcs de la Nation, le meilleur mineur, le camarade des athlètes et le plus grand réalisateur de cinéma !

Toutefois, rien n'alla au-delà de la raillerie. Toute émotion véritable se perdit dans les sables et personne ne protesta véritablement contre l'absence de débat politique.

Comme il ne rencontrait pas de résistance, Poutine s'enhardit. C'est une grossière erreur que de supposer qu'il ne remarque rien, ne réagit jamais et se contente de foncer tête baissée vers le pouvoir, ainsi que nous sommes encouragés à le croire.

Au contraire, il fait attention à tout et tient compte de ce qu'il voit. Il surveille étroitement la Nation qu'il domine.

En cela, il se conduit comme un membre de la

police secrète de Lénine, la fameuse Tcheka. Son approche est celle d'un officier du KGB. Dans un premier temps, il sonde le terrain en laissant filtrer des bribes d'information à l'intérieur d'un cercle étroit d'individus. Dans la Russie d'aujourd'hui, ce premier cercle est constitué par l'élite politique de la capitale. Poutine mesure ainsi les réactions à son programme. S'il n'en décèle aucune, ou si elle se manifeste avec le dynamisme d'une méduse, tout va bien. Il peut alors mettre en place ses projets, diffuser ses idées et agir comme il l'entend sans avoir à surveiller ses arrières.

Une brève digression s'impose ici. Elle concerne moins Poutine que nous-mêmes, l'opinion publique russe. Poutine a autour de lui des gens qui l'aident et le soutiennent. Ces gens intéressés personnellement à le voir monter une seconde fois sur le trône de la Russie se trouvent réunis au sein de l'administration présidentielle. C'est cette dernière qui dirige aujourd'hui le pays, et non le gouvernement qui ne fait qu'obéir aux quatre volontés du président, ni le Parlement qui vote docilement toutes les lois qu'on lui demande de faire passer. Ces gens scrutent très attentivement la moindre réaction du corps social. Il est faux de s'imaginer qu'ils n'en ont cure. C'est donc bien nous qui sommes les premiers responsables de la politique menée par Poutine. Le fait que notre réaction au personnage qu'il incarne et au cynisme avec lequel il nous manipule se limite à des conversations en catimini dans la cuisine lui a servi de blanc-seing depuis quatre ans. La société russe a fait montre d'une apathie sans borne et lui a offert la complaisance dont il avait besoin. Nous avons répondu à ses actes et à ses discours par la léthargie, et pire, par la peur. À mesure que les tchékistes phagocytaient le pouvoir, nous leur avons laissé voir notre peur, et ce faisant nous les avons encouragés à nous traiter comme du bétail. Le KGB ne respecte que les forts et dévore les faibles. Ne sommes-nous pas les mieux placés pour le savoir ?

Mais revenons à présent en février 2004. À un moment donné, les moyens mis en place par le Kremlin pour sonder l'opinion ont détecté que devant le refus insolent de Poutine de participer au moindre débat et l'absence de toute véritable campagne, le peuple commençait à se lasser.

Pour revigorer un électorat languissant, le Kremlin annonça que Poutine avait décidé de « prendre des mesures radicales ». C'est ainsi que le pays assista à un remaniement ministériel à trois semaines du scrutin.

Tout d'abord la décision déconcerta. Le président avait-il perdu la tête ? La Constitution impose la démission du gouvernement, au grand complet, après l'élection. Le président désigne alors son Premier ministre, lequel soumet ensuite son cabinet à l'approbation du nouveau chef de l'État. À quoi cela rimait-il donc de nommer des gens qu'il faudrait remplacer trois semaines plus tard ? Pourquoi cette agitation qui ne pouvait que paralyser davantage l'action d'une administration corrompue qui passait déjà le plus clair de son temps à gérer ses propres affaires.

Pourtant, l'opération eut bien l'effet escompté, à savoir qu'elle donna un coup de fouet à une scène politique en pleine catatonie. Les élites étaient tout émoustillées, les pronostics sur le nom des prochains ministres occupaient tous les écrans de télévision, les experts avaient enfin du grain à moudre et la presse quelque chose à écrire sur la campagne électorale.

Mais ce regain d'intérêt pour la chose politique ne dura pas plus d'une semaine. Les conseillers en communication du président clamaient chaque jour à la télévision que Poutine avait pris cette décision parce qu'il voulait « être totalement honnête envers le public » et « ne pas se présenter au prochain scrutin avec un chat en poche ». Cette expression imagée évoquait la procédure constitutionnelle qui oblige à former un nouveau gouvernement après l'élection. Le président tenait à donner le ton de sa future politique sans attendre le 14 mars.

Même si on peut le déplorer, il faut avouer qu'une majorité de gens — grosso modo la moitié des électeurs — tomba dans le panneau. Or tous ceux qui ont accepté, voire salué ce raisonnement fallacieux et absurde, présentent une caractéristique commune : tous ont une foi aveugle en Poutine, qui confine au fanatisme. Ils croient en lui et ne veulent pas en savoir davantage.

Dans la semaine qui précéda la nomination du nouveau Premier ministre, les médias ne montraient plus que les images de ces inconditionnels, convaincus de la pureté des intentions du président, qui refusaient de voir les évidents sophismes de son raisonnement.

C'est qu'il faut être un adepte, un amoureux fervent pour ne pas se poser la question qui vient immédiatement à l'esprit : pourquoi Poutine n'a-t-il pas choisi un moyen moins théâtral de présenter la teneur de sa future politique que de limoger tout son gouvernement ? Beaucoup d'autres solutions s'offraient à lui. Il aurait pu participer à des débats télévisés. Mais il n'en fit rien. La semaine qui suivit ce remaniement nous fournit une autre grande démonstration de cynisme. Les spectateurs russes installés devant leur télévision s'entendirent assener que l'issue du scrutin du 14 mars n'avait aucune importance. De glissement sémantique en glissement sémantique, ses conseillers en communication finirent par affirmer que Poutine était le seul choix, qu'il serait forcément élu et qu'il pouvait donc dès à présent constituer son prochain gouvernement.

L'annonce de l'identité du prochain Premier ministre fut entourée de tout le suspense qui précède l'entrée en scène d'un héros d'opéra s'apprêtant à entonner sa première aria. Le président s'exprimerait demain matin... Dans deux heures... Encore dix minutes et vous saurez. Pour épicer le tout, l'homme dont le nom allait être révélé, nous affirmaient les télévisions, pourrait bien être celui qui succéderait au président en 2008.

En Russie, plus qu'ailleurs, le ridicule est le pire ennemi des hommes d'État. Que les gens commencent à raconter des histoires drôles sur votre compte et vous êtes fini, vous devenez un Brejnev. Lorsque Poutine annonça la composition de son nouveau cabinet, tout le monde, jusqu'à ses plus fidèles supporters, se pinça pour ne pas rire. Il n'échappait à personne que le Kremlin mettait en scène une très mauvaise farce. Toute cette affaire n'était rien de plus qu'un minable règlement de comptes, mais elle nous était présentée avec tout un enrobage de baratin sur la grandeur de la Russie.

En fin de compte, la montagne accouchait d'une souris. Pratiquement tous les anciens ministres conservaient leur portefeuille. Néanmoins, Mikhaïl Kassianov, le chef du gouvernement, perdait le sien. Cela faisait déjà un certain temps qu'il tapait singulièrement sur les nerfs de Poutine. Le président avait plus d'une dent contre ce Premier ministre hérité de l'ère Eltsine. Ce dernier, lorsqu'il avait assis son successeur sur le trône, l'avait prié de garder Kassianov.

Sur la scène politique russe, Kassianov avait été le seul à s'opposer fermement à l'arrestation de l'oligarque libéral Mikhaïl Khodorkovski et au démantèlement de Ioukos, son groupe pétrolier. Dans notre pays corrompu jusqu'à la moelle, Ioukos était la seule société faisant preuve de transparence, la première qui fonctionnait selon des pratiques internationalement reconnues. En outre, Ioukos reversait plus de 5 % de son bénéfice à sa fondation qui finançait une grande université, des camps de vacances pour la jeunesse et un large programme d'œuvres de bienfaisance.

Kassianov prenait donc la défense d'un homme que Poutine considérait de longue date comme un ennemi personnel, pour la simple raison que Khodorkovski contribuait très largement au financement de l'opposition démocratique en Russie, notamment du parti Iabloko et de l'Union des forces de droite (SPS).

Dans l'idée que se faisait Poutine du jeu politique, cette prise de position de Kassianov constituait une insulte personnelle. Poutine a fait maintes fois la démonstration publique de son incapacité à comprendre la notion de débat, tout particulièrement en politique. Il n'accepte pas qu'un homme qu'il considère comme un inférieur lui tienne tête. Toutefois, il n'agit pas ainsi par une volonté délibérée. Ce n'est ni un tyran ni un despote-né. Il a juste été formé à réfléchir selon des catégories qui lui ont été inculquées par le KGB, dont l'organisation représente à ses yeux un modèle idéal, ainsi qu'il l'a publiquement déclaré plus d'une fois. C'est la raison pour laquelle, lorsque quelqu'un est en désaccord avec lui, Poutine exige « qu'on coupe court à cette hystérie ». D'où son refus de participer à des débats électoraux. La discussion politique n'est tout simplement pas son élément. Il ne sait pas dialoguer. Son style, c'est le monologue de type militaire. Dans l'armée, le subalterne se tait, il écoute le chef et a le devoir de faire semblant de l'approuver. Dans l'armée, comme en politique, toute insubordination ne peut que déboucher sur une guerre ouverte. C'est ce qui est arrivé à Khodorkovski.

Mais revenons au remaniement. Kassianov étant hors jeu, les autres ministres reprirent leur portefeuille et Poutine parachuta en grande pompe un certain Mikhaïl Fradkov à la tête du nouveau gouvernement. Jusque-là, Fradkov avait coulé des jours tranquilles en tant que représentant plénipotentiaire de la Russie auprès de l'Union européenne. Personnage falot et affable, Fradkov est une sorte d'amphore aux épaules étroites et au large derrière. Le grand public ne découvrit son existence que lorsque sa nomination au poste de Premier ministre fut annoncée ce qui, selon la « tradition » russe, nous laisse supposer que Fradkov est un membre discret du service auquel Poutine a dédié la plus grande partie de sa vie.

La nouvelle provoqua l'hilarité générale en Russie, mais Poutine ne voulut pas en démordre. Pour justifier son choix, il alla même jusqu'à expliquer qu'il voulait jouer l'ouverture avec ses électeurs et aborder le prochain scrutin en présentant à l'opinion ceux dont ils s'entoureraient à l'avenir dans sa lutte contre les deux grands maux de la Russie : la corruption et la pauvreté.

Mais les gens, qu'ils fassent ou non partie de la moitié de l'électorat favorable à Poutine, ne cessèrent pas de rire pour autant. La farce du Kremlin continua. Si le pays ne connaissait pas encore Fradkov, les milieux d'affaires, eux, ne se rappelaient que trop bien ce bureaucrate bon teint, ancien membre de la nomenklatura, qui avait occupé au fil de sa carrière (commencée à l'époque soviétique) divers postes au sein de l'administration. Il ne devait son évolution professionnelle ni à son expérience ni à son savoir-faire. Fradkov était l'archétype du chef qui se moque de savoir ce qu'il conduit, du moment qu'il est aux commandes. Lorsqu'il était à la tête de la police fiscale, son service avait la réputation d'être le plus corrompu de l'administration russe. Ses fonctionnaires empochaient des pots-de-vin pour tout — pour chaque document délivré, pour chaque consultation. Le service fut par conséquent dissous, mais Fradkov, selon la bonne vieille tradition de la nomenklatura, ne fut pas abandonné. On le transféra derechef — cette fois à Bruxelles.

Rentré promptement à Moscou dès l'annonce de sa nomination, Fradkov fournit à l'opinion une nouvelle occasion de rire. Dans la première interview, qu'il donna à sa descente d'avion, il avoua benoîtement ne pas savoir comment s'acquitter de sa nouvelle mission. Non, il n'avait aucun projet. Tout cela était trop soudain. Il attendait des instructions.

En Russie, l'essentiel du spectacle se déroule dans la coulisse et le public a la mémoire courte. Nonobstant son ignorance des instructions du président, qui n'avait encore rien annoncé à ce sujet, la Douma approuva la nomination de Fradkov avec une majorité convaincante en arguant de son devoir « d'accomplir la volonté des électeurs qui accordent toute leur confiance au président Poutine ». Cette assemblée, formée à la suite du scrutin parlementaire du 7 décembre 2003, ne compte pratiquement aucun opposant à Poutine. Elle est donc entièrement soumise à ses ordres.

Puis arriva le 14 mars. Tout se déroula selon le scénario prévu par le Kremlin et la vie reprit son cours. Les bureaucrates retournèrent à leurs magouilles. En Tchétchénie, les massacres reprirent, après avoir connu pendant l'élection une brève accalmie qui avait laissé espérer ceux qui attendaient la paix depuis cinq ans. Selon la tradition orientale, deux chefs de guerre tchétchènes avaient déposé leurs armes aux pieds du grand souverain, juste avant sa réélection. Leur famille avait été enlevée et maintenue en captivité jusqu'à ce que les deux hommes renoncent à toute velléité d'indépendance et déclarent soutenir Poutine. Depuis sa prison, l'oligarque Khodorkovski adressait au président des lettres de contrition et Ioukos s'appauvrissait de jour en jour. Berlusconi nous rendit visite et la première question à son copain Vladimir fut de savoir comment s'y prendre pour être élu avec plus de 70 % des voix. Poutine ne lui donna pas de conseil très clair. Quand bien même il l'aurait renseigné, Berlusconi n'aurait sans doute pas compris. C'est un Européen après tout.

Les deux hommes d'État partirent pour la ville de Lipetsk, où ils inaugurèrent une ligne de production de machines à laver et assistèrent à un meeting aérien. À la télévision, Poutine continuait d'enguirlander les hauts responsables de l'administration. C'est ainsi qu'il est habituellement montré, recevant un rapport officiel dans son bureau du Kremlin ou bien remontant les bretelles de ses subordonnés dans l'un de ses monologues coutumiers. Toutes ces images sont méthodiquement mises en scène par les conseillers en relations publiques de la présidence. Il n'y a aucune place pour l'improvisation, rien n'est laissé au hasard.

Le service de communication du président est même allé jusqu'à organiser une révélation de Poutine au peuple, dans le rôle du Christ ressuscité. C'était lors d'une messe donnée à Moscou, à la cathédrale du Christ rédempteur, récemment reconstruite en béton à l'ancien emplacement d'une piscine publique de l'époque soviétique. Il s'était passé près d'un mois depuis sa réélection. Au début de l'office des grandes matines, on put voir, épaule contre épaule avec le président, comme à la parade, le Premier ministre Fradkov et Dmitri Medvedev, le chef de l'administration présidentielle. Medvedev, la nouvelle éminence grise du Kremlin, est affublé d'une grosse tête posée sur un petit corps. Les trois hommes se signèrent avec une maladresse drolatique. Medvedev se toucha le front puis porta sa main à son entrejambe. Le spectacle était réjouissant. Medvedev, à la suite de Poutine, serra la pince au patriarche comme à un camarade, au lieu de lui embrasser la main selon l'étiquette de l'Église orthodoxe. Le patriarche passa outre. Les conseillers en communication du Kremlin, qui sont des gens très efficaces mais bien sûr parfaitement ignorants des choses de la religion, n'avaient pas expliqué aux politiciens comment se conduire en pareille occasion. Près de Poutine se tenait le maire de Moscou, Iouri Loujkov, auquel nous devions la reconstruction de la cathédrale et qui était le seul à savoir se signer convenablement. Le patriarche donna à Poutine du « Votre Excellence », ce qui ne manqua pas de faire tiquer même les partisans du président. Compte tenu du nombre d'agents du KGB qui occupent désormais des positions clés dans le gouvernement, la vigile de Pâques devrait dorénavant remplacer la traditionnelle parade militaire du 1er mai en tête de liste des rituels obligatoires de la Nation.

Le début de l'office des grandes matines fut encore plus comique que la poignée de main au patriarche. Les deux chaînes de télévision publiques retransmirent en direct la procession autour de la cathédrale qui précède la messe. Le patriarche était souffrant, mais il y participa malgré tout. Le commentateur, un croyant féru de théologie, expliqua aux téléspectateurs que dans la tradition orthodoxe les portes de l'église doivent être fermées avant minuit, parce qu'elles symbolisent l'entrée du sépulcre où fut déposé le corps du Christ. Lorsque sonne minuit, les fidèles attendent la réouverture des portes. Le patriarche se tient sur les marches, à la tête de la procession. Il est donc le premier à entrer dans le temple vide où la résurrection du Christ vient de s'accomplir.

Alors que le patriarche venait de réciter la première prière des matines aux portes du temple, celles-ci s'ouvrirent pour révéler... Poutine, notre modeste président, entouré de ses trois apôtres : Fradkov, Medvedev et Loujkov.

Nous ne savions plus si nous devions pleurer ou rire. La veillée de Pâques était transformée en un divertissement du plus grand comique. Sérieusement, que peut-on apprécier chez un tel homme ? Il profane tout ce qu'il touche.

À peu près à la même heure, le 8 avril, deux jumelles de neuf mois furent proclamées *shahid*, martyres de la foi. Cela se passait en Tchétchénie. Les deux fillettes, nées dans la ferme de Rigakh, avaient été tuées avant de savoir marcher. L'histoire habituelle. Après l'élection du 14 mars, les opérations militaires avaient repris en Tchétchénie. L'état-major général de coordination de l'opération antiterroriste avait annoncé que l'armée tentait de s'emparer de Bassaïev : « Une action de grande envergure est orchestrée dans le but d'anéantir les bandes armées. » Ils ne capturèrent pas Bassaïev, mais le 8 avril, aux environs de 14 heures, dans le cadre de cette offensive, la ferme de Rigakh fut la cible d'un tir de missile. Tous ses occupants furent tués : la mère et ses cinq enfants. La scène à laquelle dut faire face Imar-Ali Damaïev, le père de la famille, aurait transformé n'importe qui en un pacifiste endurci ou bien en un kamikaze. Maidat, son épouse de vingt-neuf ans, était étendue par terre. Elle serrait encore contre elle quatre de leurs enfants : Djanati, quatre ans ; Jaradat, trois ans ; Oumar-Haji, deux ans ; et Zara, neuf mois. Aucun d'eux n'avait été sauvé par l'écran que leur mère avait fait de son corps. Non loin de Maidat gisait encore Zoura, la sœur jumelle de Zara. Maidat n'avait malheureusement plus de place dans ses bras et elle n'avait sans doute pas eu le temps de couvrir son cinquième enfant. Pour sa part, la petite Zoura n'avait pas pu ramper sur les deux mètres qui la séparaient de sa mère. Imar-Ali rassembla les fragments du missile antipersonnel et n'eut aucune difficulté à lire le numéro du projectile qui avait anéanti les siens : 350 F 8-90. On commença à enterrer les morts et le mollah du village voisin éleva les victimes de cette frappe au statut de martyrs. Elles furent ensevelies le soir même, dans les vêtements qu'elles avaient sur elles quand la mort les avait emportées. Comme le veut la coutume, les corps n'avaient été ni lavés ni habillés. Imar-Ali Damaïev, de la ferme de Rigakh, était maintenant le père de cinq *shahid*.

Pourquoi ai-je une telle aversion pour Poutine ? Parce que, cet été, cela fera cinq ans qu'a éclaté la deuxième guerre de Tchétchénie, et nous n'en voyons pas venir la fin. Il y a cinq ans, les enfants martyrs d'aujourd'hui n'étaient pas encore nés. Depuis 1999, aucun meurtre d'enfants dans les bombardements ou les « opérations de nettoyage » n'a fait l'objet d'une enquête. Les tueurs d'enfants n'ont jamais eu à comparaître devant la justice. Poutine, le grand ami des tout-petits, n'a jamais exigé que les coupables soient punis. En Tchétchénie, l'armée continue ses pillages, ainsi qu'elle en a reçu l'autorisation dès le début du conflit, comme si elle opérait sur un terrain de manœuvres inhabité.

Ce massacre des innocents n'a pas soulevé l'indignation en Russie. Aucune chaîne de télévision n'a montré d'images des cinq petits Tchétchènes massacrés. Le ministre de la Défense n'a pas été contraint à la démission. Cet homme est un ami intime de Poutine et certains voient même en lui un possible successeur en 2008. Le responsable de l'aviation militaire n'a pas été limogé. Le commandant en chef des armées n'a pas prononcé de discours de condoléances. Autour de nous, le reste du monde s'agitait. Des otages étaient assassinés en Irak. Des nations faisaient pression sur leur gouvernement, des États sur les instances internationales pour que les troupes se retirent d'Irak et que soient sauvés ceux qui y accomplissaient leur devoir. Mais, en Russie, personne ne bronchait.

Pourquoi je déteste Poutine ? Voilà précisément pourquoi. Je le déteste pour sa redoutable balourdise, pour son cynisme, pour sa xénophobie, pour ses mensonges, pour les gaz qu'il a utilisés lors du siège de *Nord-Ost*, pour le massacre des innocents qui a perduré tout le temps de son premier mandat présidentiel.

C'est ainsi que je vois les choses, d'autres les voient différemment. L'assassinat d'enfants n'a pas dissuadé certains de vouloir étendre à dix ans la présidence de Poutine. Tout est parti du Kremlin. C'est là que règne le responsable adjoint de l'administration présidentielle, Vladislav Sourkov, la plus grande autorité nationale en matière de relations publiques, un homme qui a tissé sa toile par la tromperie, le mensonge, la falsification de la réalité, par l'art de substituer les paroles aux actes. Au Kremlin donc, on a constitué un mouvement des jeunesses poutiniennes. La formation de mouvements politiques factices est la dernière tendance en Russie. L'Occident ne doit pas nous soupçonner d'être revenus à un système de parti unique, de manquer de pluralisme et de retomber dans l'autoritarisme. Alors nous voyons fleurir des groupes politiques baptisés « Marchons ensemble », « Chantons ensemble », « Pour la stabilité », autant de dénominations qui nous rappellent le temps des Pionniers et du Komsomol. Le point commun entre tous ces mouvements pro-Poutine, c'est la vitesse époustouflante avec laquelle, affranchis des lenteurs proverbiales de notre administration, ils sont officiellement enregistrés par le ministère de la Justice, lequel se montre d'ordinaire un peu plus circonspect dès qu'il s'agit d'autoriser une quelconque formation politique. Comme premier acte public, le mouvement nouvellement créé annonce qu'il œuvrera pour la prolongation du mandat de notre président bien-aimé. C'est précisément le cadeau que Poutine s'est vu offrir lors de son investiture du 7 mai. Fin avril, le mouvement « Ensemble pour la stabilité » a déposé un projet de loi[1] en ce sens. Leur principal argument est que Poutine est le garant de la stabilité en Russie. Parallèlement, les pantins de ce même mouvement ont exigé l'ouverture d'une enquête parlementaire sur le bilan des privatisations, démontrant ainsi qu'ils étaient opposés à Khodorkovski — et donc des amis de Poutine. Comme il se doit, la commission électorale de la Ville de Moscou s'est empressée d'accéder à la demande de ces jeunes « stabilisateurs » qui réclamaient l'organisation d'un référendum national sur la question de la prolongation du mandat présidentiel.

Telle était la situation, le 7 mai 2004, jour de la cérémonie d'investiture. Poutine a, par pur hasard, mis la main sur un pouvoir gigantesque et il en use de manière catastrophique. Je le déteste parce qu'il n'aime pas le peuple. Il nous méprise, il ne nous voit que comme un moyen d'arriver à ses fins, d'étendre et de conserver son pouvoir. Il se croit donc en droit de faire de nous ce qu'il veut, de jouer avec nous et de nous manipuler, de nous détruire s'il le juge nécessaire. Pour lui, nous ne sommes rien, tandis que lui, qui s'est trouvé fortuitement propulsé à la tête du pays, est aujourd'hui l'égal d'un tsar et même d'un dieu que nous devons adorer et craindre.

La Russie a déjà eu des dirigeants de cette espèce. Chaque fois, cela nous a conduits à la tragédie, à

1. Un projet de loi déposé devant la Douma prévoit de porter la durée du mandat présidentiel de quatre ans à sept ans.

des bains de sang, à des guerres civiles. De tout cela, je ne veux plus. Voilà pourquoi j'éprouve tant d'aversion pour ce tchékiste bon teint qui foule le tapis rouge du Kremlin et grimpe les marches qui le mènent au trône...

Un dernier mot...

Le 10 juillet est un jour comme un autre en Russie. Il se trouve que c'est la date à laquelle j'apporte les ultimes retouches à ce livre.

Hier, dans la soirée, Paul Khlebnikov, rédacteur en chef de l'édition russe du magazine *Forbes*, a été assassiné à Moscou. Il a été criblé de balles alors qu'il quittait les locaux du journal. Khlebnikov était réputé pour ses sujets sur l'oligarchie, sur l'organisation du capitalisme mafieux en Russie, et sur les sommes colossales que certains de nos concitoyens parviennent à détourner. Hier soir encore, Victor Tcherepkov trouvait la mort à Vladivostok. Député de la Douma, connu pour ses prises de position en faveur des plus démunis, Tcherepkov était en lice pour les élections municipales de sa ville natale de Vladivostok, le plus grand centre urbain de l'Extrême-Orient russe. Il avait réussi à atteindre le deuxième tour de scrutin et ses chances d'être élu étaient plus que bonnes. Il quittait son QG de campagne, quand il a mis le pied sur une mine antipersonnel placée devant la porte.

C'est indéniable, la stabilité est revenue en Russie. Une stabilité monstrueuse, telle que personne ne demande plus justice devant des tribunaux serviles et partiaux ; telle que seul un fou oserait encore réclamer la protection des forces de l'ordre gangrenées par la corruption. La loi du talion remplace désormais le droit dans les esprits et dans les actes. Le président lui-même nous montre l'exemple quand il démantèle Ioukos, notre plus grand groupe pétrolier, après avoir fait emprisonner son président-directeur général, Mikhaïl Khodorkovski. Poutine, qui se sentait personnellement attaqué par l'oligarque, s'est vengé. Mais dans sa soif de vengeance il n'a pas seulement détruit Khodorkovski, il a aussi tué la poule aux œufs d'or qui alimentait les coffres de l'État. Khodorkovski et ses partenaires ont proposé de céder leurs parts dans la société au gouvernement en le suppliant de ne pas anéantir Ioukos. Ils n'ont pas été entendus, car il fallait que des têtes tombent. Le 9 juillet, Poutine installait son fidèle serviteur Moukhamed Tsikanov dans le fauteuil de vice-président de Ioukos-Moscou, la société mère du groupe. Il ne fait aucun doute que l'ancien vice-ministre du Développement économique a été parachuté là dans un seul but, celui d'organiser le transfert de la compagnie vers des hommes de confiance de Poutine. Le marché est dans la tourmente, les investisseurs courent se mettre aux abris et tous les hommes d'affaires plus ou moins fortunés que je connais ont passé les mois de mai et juin 2004 à chercher tous les moyens d'évacuer leurs capitaux vers l'Ouest.

Ils ont été bien inspirés. Les 8, 9 et 10 juillet, des files d'attente interminables se sont formées devant les distributeurs automatiques de billets. Il a suffi que les pouvoirs publics laissent filtrer la rumeur d'un grand ménage dans le secteur bancaire[1] pour qu'en l'espace de soixante-douze heures les déposants retirent l'équivalent de 200 millions de dollars d'Alpha-Bank, l'établissement jusque-là considéré comme le plus solide du pays.

Il n'avait fallu qu'un tout petit bruit. Parce qu'en Russie tout le monde s'attend toujours à un sale coup de l'État. Ce mouvement de panique nous en dit long sur la prétendue stabilité de la nouvelle Russie.

Si nous nous fions aux sondages d'opinion officiels réalisés par des instituts qui n'ont pas la moindre envie de perdre leur contrat avec l'administration présidentielle, la popularité de Poutine est au plus haut. Il est soutenu par une écrasante majorité des citoyens. Tout le monde a confiance en notre président et tout le monde approuve son action.

---

1. Dans le cadre de sa réforme du secteur bancaire, le gouvernement a annoncé pendant l'été la publication d'une liste blanche des établissements « vertueux » admis à participer au fonds de garantie des dépôts.

Post-scriptum

Après la tragédie de Beslan

Le 1er septembre 2004, un attentat d'une cruauté sans précédent était perpétré en Russie, dans la petite ville de Beslan. Désormais le nom de cette localité d'Ossétie du Nord restera associé à des visions de cauchemar que même Hollywood n'aurait pas imaginées.

Le 1er septembre au matin, un commando de terroristes de diverses nationalités a investi l'école n° 1 de Beslan en exigeant l'arrêt immédiat du conflit en Tchétchénie. Le choix avait été fait de frapper lors de la fête de la *Lineïka* qui célèbre chaque année en Russie le jour de la rentrée des classes. La tradition veut que les familles, grands-parents, mais aussi oncles et tantes, se joignent à la fête et accompagnent les enfants, en particulier les plus jeunes d'entre eux qui vont à l'école pour la première fois.

C'est ce qui explique comment le commando a pu prendre en otages mille cinq cents personnes : des écoliers, leurs parents, leurs frères et leurs sœurs, des instituteurs et leurs propres enfants.

Tout ce qui est arrivé entre le 1er et le 3 septembre, mais aussi tout ce qui en a découlé, était une conséquence parfaitement prévisible de la politique de Poutine et d'un régime qui impose le pouvoir d'un seul homme au détriment de la raison et de l'initiative personnelle.

Le 1er septembre, les autorités, s'appuyant sur les informations fournies par les services de renseignement, ont annoncé que les otages n'étaient pas plus de trois cent cinquante-quatre. En apprenant cela, les terroristes ont dit aux gens qu'ils détenaient . « Trois cent cinquante-quatre, c'est ce qui restera quand nous en aurons fini avec vous. Vous pouvez en être sûrs. » Les proches des otages qui s'étaient rassemblés autour de l'école ont affirmé que les autorités mentaient et qu'il y avait bien plus de mille personnes prises au piège à l'intérieur.

En voyant qu'ils n'étaient pas entendus, ils ont tenté de faire passer leur message par le biais des journalistes venus en nombre à Beslan, mais ceux-ci se sont contentés de reprendre la version officielle. Alors, excédée, la foule s'en est pris aux représentants de la presse.

Le 1er septembre ainsi qu'une bonne partie du 2 septembre, les autorités désorientées et sous le choc ont fait preuve d'une inertie impardonnable. Elles n'ont tenté aucune négociation avec les terroristes, parce que le Kremlin n'avait pas donné son aval. Ceux qui voulurent préparer le terrain à d'éventuels pourparlers subirent des intimidations, pendant que ceux avec qui les terroristes demandaient à négocier — le président de l'Ingouchie, Ziazikov, le président de l'Ossétie du Nord, Dzassokhov, le conseiller du président Poutine pour la Tchétchénie, Aslambek Aslakhanov, et le Dr Leonid Rochal (qui avait joué un rôle de médiation lors de précédents sièges) — se faisaient tout petits et préféraient fuir le pays, apportant ainsi la preuve de leur lâcheté à un moment où leur courage était indispensable. Par la suite, chacun trouva à fournir un prétexte à sa désertion, mais le fait est qu'aucun d'eux n'a franchi l'enceinte du bâtiment.

Confrontés à la couardise des officiels, les parents des otages redoutaient plus que tout que le gouvernement ne recoure à la tactique déjà employée à la Doubrovka en 2002, lorsque l'assaut des forces de l'ordre avait causé la mort de dizaines de victimes innocentes.

Le 2 septembre, Rouslan Aouchev, l'ancien président ingouche, pénétrait dans l'école assiégée. Honni par le Kremlin pour ces incessants appels à l'ouverture de négociations de paix et à un règlement politique de la crise en Tchétchénie, Aouchev avait été contraint de démissionner « de son plein gré » en faveur du poulain du Kremlin, le général du FSB Ziazikov. À son arrivée à Beslan, comme il l'a raconté plus tard, Aouchev découvrit une situation désastreuse. Il s'était écoulé un jour et demi depuis que les terroristes avaient investi l'école, pourtant au QG de l'« opération de libération des otages », personne n'était libre de décider qui participerait aux négociations. Tous attendaient des ordres du Kremlin. Tous tremblaient de peur à l'idée de déplaire à Poutine et de tomber dans une disgrâce qui sonnerait le glas de leur carrière politique. À l'évidence, ces considérations avaient primé sur le souci de mettre fin au calvaire de centaines d'otages. Si des gens se faisaient tuer, on trouverait bien un moyen de mettre ça sur le dos des terroristes, tandis que la défaveur de Poutine signait un arrêt de mort politique.

En résumé, tous ceux qui au moment des faits se sont trouvés à Beslan pour y représenter le gouvernement se souciaient davantage de devancer les désirs du président que de travailler à trouver une solution pour sortir de la crise. Quand Poutine prenait la parole, nul n'osait le contredire. Ainsi Dzassokhov a-t-il confié à Aouchev que Poutine l'avait personnellement appelé au téléphone et lui avait interdit d'entrer dans l'école en le menaçant de poursuites pénales s'il désobéissait.

Dzassokhov se tint tranquille. Le Dr Rochal ne se distingua pas davantage. Ce pédiatre ne parvint à sauver que sa propre peau. Averti par une source anonyme des services secrets du fait que les terroristes ne l'appelaient comme médiateur que pour le tuer, lui aussi resta tranquille.

Tous les officiels du QG des opérations réussirent à préserver leur carrière, mais ils échouèrent quant à la vie des enfants. Bien avant le dénouement du 3 septembre, il devint évident que la « verticale du pouvoir » instaurée par Poutine, ce système fondé sur la peur et la soumission totale à un chef unique, ne fonctionnait pas. Elle fut incapable de sauver des vies, alors que c'était précisément ce qui était attendu d'elle.

Confronté à cette situation, Aouchev alla chercher sur Internet une déclaration de Maskhadov, au nom duquel les terroristes prétendaient agir. Le chef de la résistance tchétchène y condamnait en termes très clairs la prise d'enfants en otages. Brandissant ce document, il alla trouver les membres du commando. Il sera le seul à avoir tenté de négocier et de prévenir la catastrophe.

Pour sa peine, il fut voué aux gémonies par le Kremlin qui l'accusa de collaboration avec l'ennemi.

« Ils ont refusé de me parler en vaïnakh[1], relate

---

1. « Vaïnakh » est la dénomination commune du groupe ethnique et linguistique formé par les Tchétchènes et les Ingouches.

Aouchev, alors que tous étaient soit tchétchènes soit ingouches. Ils n'acceptaient de parler que le russe. Ils ont exigé qu'au moins un ministre vienne négocier avec eux. Par exemple Foursenko, le ministre de l'Éducation. Mais personne n'a voulu se mouiller et encourir les foudres du Kremlin. »

Aouchev resta dans l'école environ une heure. Il réussit à en faire sortir trois bébés. Vingt-six autres enfants furent autorisés à le suivre.

À 14 heures, le 3 septembre, l'assaut était donné. Les combats se poursuivirent dans la ville jusque tard dans la nuit. Beaucoup de terroristes furent tués, mais une grande partie d'entre eux réussit à forcer les barrages et à s'échapper. Alors commença le décompte des victimes qui n'est encore pas terminé à l'heure où j'écris ces lignes. À la sortie de la ville, on défricha un champ qui fut transformé en un vaste cimetière destiné à accueillir des dizaines et des dizaines de tombes. Plus d'une centaine d'otages sont toujours portés disparus. Ils se seraient volatilisés. La rumeur prétend qu'ils auraient été enlevés par les terroristes ou bien qu'ils auraient été carbonisés par les charges thermobariques des lance-roquettes *Shmel* utilisés par les unités spéciales d'intervention.

Les jours qui ont suivi Beslan ont fourni au Kremlin l'occasion de donner un grand tour de vis. Poutine affirma que le drame était un attentat terroriste international. Il démentit tout lien avec la Tchétchénie et mit ce qui était arrivé sur le compte d'al-Qaida. La courageuse intervention d'Aouchev fut dénigrée. Les médias, sur ordre du Kremlin, firent de lui le principal complice des terroristes au lieu de rendre justice au seul héros de ce drame. Et puisque les masses ont malgré tout besoin d'un héros à admirer, on fit endosser ce rôle au Dr Rochal.

Beslan n'a pas incité le Kremlin à analyser ni à corriger ses erreurs. Bien au contraire. La tragédie a servi de prétexte à un jeu de massacre politique.

« À la guerre comme à la guerre », tel fut le slogan adopté par Poutine au lendemain de Beslan. Il était urgent de renforcer « la verticale du pouvoir ». Mieux que quiconque, il savait qui se cachait derrière tout ça, et lui seul devait tenir les rênes afin de protéger la Russie d'une nouvelle attaque terroriste. Le Kremlin fit voter par la Douma une loi abolissant l'élection au suffrage direct des gouverneurs de province. Selon le chef de toutes les Russies, ces élus s'étaient conduits de manière irresponsable.

Nul ne songea à rappeler que, lors du siège de Beslan, les présidents Ziazikov et Dzassokhov — tous deux nommés par Poutine — avaient détalé devant le danger, menti comme des arracheurs de dents et apporté la preuve de leur totale incompétence.

La proposition du nouveau système de désignation des gouverneurs s'accompagna d'une vaste campagne de lavage de cerveau, visant à faire pénétrer dans les consciences l'idée que durant la tragédie de Beslan les autorités s'étaient montrées en tout irréprochables. Rien n'aurait pu être fait différemment, rien n'aurait pu donner de meilleurs résultats. En guise d'écran de fumée, une commission d'enquête du Conseil de la Fédération de Russie (la chambre haute du Parlement) fut chargée de suivre les investigations sur la prise d'otages de Beslan. Son président, Alexandre Torchine, fut convoqué au Kremlin, où il reçut les conseils du chef de l'État.

La commission ne s'est jamais écartée de la ligne qui lui avait été fixée.

La population de Beslan commença à se sentir ignorée. La télévision n'évoquait que les bonnes nouvelles : l'aide que recevaient les otages, les montagnes de bonbons et de jouets qu'on envoyait aux enfants. Quant à élucider ce qu'il était advenu des otages qui avaient disparu sans laisser de trace, on se garda bien de s'aventurer sur ce terrain.

Quand les quarante jours de la traditionnelle période de deuil se furent écoulés, des cérémonies officielles furent organisées à la mémoire des victimes. Mais les télévisions occultèrent les images du chagrin déchirant des familles.

Puis arriva le 26 octobre, le deuxième anniversaire de la prise d'otages de *Nord-Ost*, dans laquelle cent trente victimes innocentes ont péri.

Après ce drame, les seules actions entreprises par les pouvoirs publics avaient été de se dédouaner, de se décerner des médailles et de se congratuler. Non seulement on ne tenta rien pour mettre fin à la deuxième guerre en Tchétchénie, mais on resserra plus étroitement l'étau autour d'elle. Une campagne fut organisée en vue d'éliminer ou de neutraliser quiconque était susceptible de faire avancer les pourparlers de paix et d'empêcher que la crise tchétchène n'alimente le terrorisme dans la région. Or celui-ci n'était rien d'autre qu'une réaction prévisible au terrorisme d'État pratiqué par la Russie dans le cadre de son opération « antiterroriste » dirigée contre les populations de Tchétchénie et d'Ingouchie. Entre la tragédie de *Nord-Ost* et celle de Beslan, la tautologique « terreur antiterroriste » est devenue le cœur de notre vie en Russie. Nous nous sommes trouvés pris entre la terreur et l'antiterreur.

Le nombre des attentats a connu une progression exponentielle. Il faudrait être aveugle pour ne pas voir que le chemin menant inexorablement de *Nord-Ost* à Beslan était tout tracé.

Le 26 octobre 2004 à 11 heures, sur les marches du théâtre de la Doubrovka, se tenait un rassemblement des proches de ceux qui avaient péri et des anciens otages, dont la vie avait été détruite à jamais par la tragédie de *Nord-Ost*. Un peu plus tôt, ce matin-là, ils s'étaient rendus sur les tombes des disparus, comme le veut la tradition russe. C'est pourquoi la messe du souvenir avait été prévue, au théâtre, pour 11 heures. L'association de défense des victimes de *Nord-Ost* avait annoncé l'événement à la radio et envoyé des faire-part au maire de Moscou, ainsi qu'à l'administration présidentielle. Elle avait reçu l'assurance que des représentants des pouvoirs publics assisteraient à la cérémonie.

Mais le pope attendait, et les aiguilles de l'horloge tournaient : 11 h 20, 11 h 30, 11 h 50. Il fallait commencer. Des murmures indignés se faisaient entendre dans l'assistance : « Ils ne peuvent tout de même pas ne pas venir. »

Puis midi sonna. La foule s'agitait. Beaucoup de gens avaient des enfants avec eux, les orphelins des victimes.

« Nous voulons parler aux autorités, nous sommes venus leur poser des questions, les yeux dans les yeux. » Puis l'exaspération allant crescendo, on put entendre : « Nous avons un besoin urgent d'aide. On nous oublie. Nos enfants ne sont même plus pris en charge gratuitement à l'hôpital. »

Toutefois les officiels ne montraient toujours pas le bout de leur nez. Il était inutile d'attendre plus longtemps, personne ne viendrait. Ces gens-là avaient-ils peur de rencontrer face à face les victimes ? L'enquête n'avait mené nulle part. La vérité sur le désastre et sur les gaz employés lors de la prise d'assaut demeurait un secret d'État bien protégé. Mais l'absence des personnalités politiques avait peut-être une autre explication.

Le périmètre autour du théâtre était gardé par la police. Ces jeunes gars tout ce qu'il y a d'ordinaire devaient veiller à prévenir les débordements. Ils entendaient ce que disaient les gens dans la foule et leur malaise se lisait sur leur figure. Finalement, ce sont ces policiers qui expliquèrent à l'assistance que les officiels étaient déjà venus et qu'ils étaient repartis. Ils avaient bien tranquillement assisté à *leur* cérémonie du souvenir, pendant que les familles étaient encore au cimetière, pour éviter d'avoir à affronter les victimes de leurs agissements. À 10 heures, les représentants du maire de Moscou et de l'administration présidentielle étaient venus à la Doubrovka faire leur numéro devant les caméras des plus grandes chaînes de télévision. Des gerbes avaient été déposées, la garde d'honneur avait été impeccable, les discours très corrects et approuvés par les plus hautes autorités. Tout avait été très digne. On n'avait vu ni pleurs ni manifestations d'un chagrin peu télégénique. Cette mascarade aseptisée fut retransmise en boucle pendant toute la soirée du 26 octobre. Le bon peuple russe pouvait être sûr que les plus hautes instances du pouvoir restaient particulièrement sensibles à cette tragédie et qu'il ne se trouvait personne pour contester leur action. Le travail de mémoire collective concernant les événements de *Nord-Ost* fut ainsi officiellement récupéré et ramené à un « show » de quelques minutes.

Certes, nul n'empêcha le millier d'anciens otages et de proches des disparus, auquel s'étaient joints de nombreux journalistes, de rendre hommage à leurs morts. On alluma des bougies sur les marches du théâtre où avaient agonisé les victimes des gaz et où beaucoup avaient succombé avant l'arrivée des secours. Leur flamme vacillante éclaira d'une douce lueur les portraits des cent trente victimes. Il se mit à pleuvoir, comme il avait plu deux ans plus tôt. Le ciel pleurait avec nous, comme il avait pleuré, deux ans plus tôt.

Mais l'averse n'arriva pas à laver l'affront infligé à ces gens par une idéologie pleine de cynisme. En guise de réponse à l'immense chagrin de ceux qui avaient souffert par son incompétence, l'État avait apporté une fois de plus la preuve de son mépris, et il avait choisi pour le faire l'endroit même où les victimes avaient péri.

Toutefois, il ne faut pas s'y tromper. Sous ce dédain apparent du pouvoir se cache la peur que nous lui inspirons. Il ne peut affronter notre chagrin, il ne peut reconnaître ses erreurs ni sa propre responsabilité envers les trop nombreuses victimes d'un terrorisme qu'il ne parvient pas à juguler.

Cela est, hélas, l'avenir qui attend les victimes de Beslan. Il y aura une version officielle, bien différente de la réalité. Le chagrin pourra s'exprimer, mais dans certaines limites. La vérité ne sera jamais dite. Le pouvoir suprême décidera de ce qui pourra être révélé. Les démonstrations d'émotions spontanées sont désormais malvenues, tout comme elles l'étaient à l'époque de l'Union soviétique. La position idéologique adoptée par l'État depuis la tragédie de Beslan est que rien ne doit filtrer qui puisse laisser croire à l'incompétence des autorités (bien que celle-ci soit patente). Les larmes sont autorisées, mais en quantité raisonnable, puisque la situation après tout est entièrement sous contrôle. On ne peut effacer la tragédie, mais on s'efforce d'occulter les effusions excessives qui pourraient être perçues comme l'expression d'un désespoir. Or, dans le pays des soviets, il ne peut y avoir de place pour le désespoir. Poutine veille sur nous et sait mieux que nous comment régler nos problèmes. Nous voyons la lumière au bout du tunnel. Nous sommes tous engagés dans une guerre contre le terrorisme international, et dans cette mission nous sommes aujourd'hui « plus unis que jamais », etc.

Le 29 octobre, une nouvelle loi était votée par la Douma, avec une écrasante majorité. Elle stipulait que Poutine nommerait dorénavant les candidats au poste de gouverneur, et que les parlements régionaux n'auraient plus qu'à approuver l'unique nom qui leur serait soumis. S'il arrivait qu'une assemblée ait l'impudence de rejeter par deux fois le candidat du président, elle s'exposerait, pour avoir exprimé une « motion de défiance », à un décret de dissolution signé par Poutine. Évidemment.

Tout cela est bien sûr un affront caractérisé à la Constitution, et démontre un mépris certain pour les citoyens. Mais le bon peuple russe a pris tout cela avec une grande placidité. L'opposition s'est un peu agitée. Elle a tenu quelques meetings, mais à l'échelon local et sans grand tapage, si bien que personne n'y a prêté attention. Poutine a réussi son coup. La Russie soviétique de l'après-Beslan est en marche.

Quelle est donc la situation après la sanglante prise d'otages ? Jamais le peuple n'a été aussi éloigné du Parti et pourtant jamais les écrans de télévision ne les ont montrés plus proches l'un de l'autre. La bureaucratie de style soviétique nous revient dans une forme éblouissante et avec elle l'immobilisme politique d'antan. Le gel s'installe. La Russie a gobé tous les mensonges des lendemains de *Nord-Ost*. Aujourd'hui, elle n'exige ni la justice ni une enquête impartiale sur le massacre de Beslan. Pendant les deux années qui se sont écoulées depuis les événements de la Doubrovka, la population a paisiblement ronflé dans son lit douillet, elle est sortie faire la fête dans les discothèques et s'est occasionnellement secouée de sa léthargie le temps d'aller glisser dans l'urne un bulletin en faveur de Poutine. Par notre peu d'empressement à connaître la vérité, par notre indifférence vis-à-vis des victimes de *Nord-Ost*, nous avons envoyé un signe aux autorités. Celles-ci ont compris que nous étions de nouveau sous sa coupe, et c'est dans cette ambiance qu'est survenue la prise d'otages de Beslan.

Il est impossible de rester sans réagir tandis qu'un long hiver de glace s'installe sur la Russie. Nous voulons continuer d'être libres. Nous voulons que nos enfants et nos petits-enfants naissent libres. C'est pourquoi nous espérons un prochain dégel, mais pouvons-nous changer seuls le climat de la Russie ? Il est illusoire et absurde d'attendre encore que ce dégel vienne du Kremlin, comme ce fut le cas sous Gorbatchev. Il est tout aussi illusoire d'attendre que l'Occident nous tende la main. C'est à peine s'il réagit à la politique antiterroriste de Poutine. Du reste, la Russie telle qu'elle est aujourd'hui est parfaitement à son goût. Tant qu'il l'approvisionne en vodka, en caviar, en gaz et en pétrole, le marché russe, tout exotique qu'il est, fonctionne en tout point comme l'Occident le veut. L'Europe et le reste du monde sont parfaitement satisfaits de la manière dont les choses se passent sur un sous-continent qui représente un sixième des terres émergées de la planète.

« Al-Qaida, al-Qaida », entendons-nous partout psalmodier. Une litanie bien commode pour expliquer toutes les tragédies à venir, un chant hypnotique qui endort la conscience d'une société toute disposée à se laisser bercer...

DU MÊME AUTEUR

VOYAGE EN ENFER, Robert Laffont, 2000

TCHÉTCHÉNIE, LE DÉSHONNEUR RUSSE, Buchet/ Chastel, 2003 (Folio Documents n° 24)

LA RUSSIE SELON POUTINE, Buchet/Chastel, 2005 (Folio Documents n° 33)

DOULOUREUSE RUSSIE. JOURNAL D'UNE FEMME EN COLÈRE, Buchet/Chastel, 2006

Composition Nord Compo.
Impression Société Nouvelle Firmin-Didot
à Mesnil-sur-l'Estrée, le 5 janvier 2007.
Dépôt légal : janvier 2007.
1ᵉʳ dépôt légal dans la collection : avril 2006.
Numéro d'imprimeur : 83123.

ISBN 978-2-07-030992-4/Imprimé en France.